U0525414

走出美元陷阱

一尘 ◎ 著

中国经济出版社
CHINA ECONOMIC PUBLISHING HOUSE

图书在版编目（CIP）数据

走出美元陷阱 / 一尘著 . -- 北京：中国经济出版社，2023.12（2024.6 重印）
ISBN 978-7-5136-7613-7

Ⅰ.①走… Ⅱ.①一… Ⅲ.①美元 – 研究 Ⅳ.① F827.12

中国国家版本馆 CIP 数据核字（2024）第 000332 号

选题策划	高　旭
责任编辑	李　强
责任印制	马小宾
封面设计	新成博创 XIN CHENG BO CHUANG

出版发行	中国经济出版社
印　刷　者	北京富泰印刷有限责任公司
经　销　者	各地新华书店
开　　本	710mm×1000mm　1/16
印　　张	23.75
字　　数	260 千字
版　　次	2024 年 1 月第 1 版
印　　次	2024 年 6 月第 5 次
定　　价	89.00 元

广告经营许可证　京西工商广字第 8179 号

中国经济出版社　网址 www.economyph.com　社址 北京市东城区安定门外大街 58 号　邮编 100011
本版图书如存在印装质量问题，请与本社销售中心联系调换（联系电话：010-57512564）

版权所有　盗版必究（举报电话：010-57512600）
国家版权局反盗版举报中心（举报电话：12390）　　服务热线：010-57512564

美元作为世界货币，使美国具备了无限量扩张货币信用的任性特权、在全球吸血和财富收割的超能力、肆意制裁他国的控制力。美元霸权既能成为美国的武器，也不可避免地带来反噬，激化自身各种内在矛盾。如同"资源的诅咒"，我把美元特权的这种反噬力量称为"美元的诅咒"。当美元这种特权或武器运用到极致，美元的信用不可避免地会受到伤害甚至崩塌。

——作者

序一　探寻金融强国之路

金灿荣

很高兴看到一尘同志新书《走出美元陷阱》出版。金融是国家利器、大国重器，去年底中央召开金融工作会议，明确指出金融是国家核心竞争力的重要组成部分。《走出美元陷阱》提出了很好的问题，揭示了美元霸权对全球经济掠夺和控制的本质，对我国金融体系如何抵御和避免美元肆意扩张和回流对我国经济的冲击和对国民财富的侵蚀作了理论思考，对国际货币体系改革的方向与趋势提出了自己的判断。本书对读者理解当前国际经济领域的重大事件、演进趋势及内在逻辑，具有鲜明的启示意义，对推进我国金融强国建设和金融理论创新是及时的、有益的。

俄乌冲突后，美西方凭借在全球经济金融体系的主导地位，对俄罗斯实施极限制裁，让世界看清了美元霸权对其它主权国家的威胁和对全球经济稳定的冲击，也暴露出当今国际货币体系不公正的一面。美西方制裁不仅没有摧垮俄罗斯经济，相反俄罗斯经济保持了稳定增长，而美元信用却遭受前所未有的质疑，越来越多国家掀起"去美元化"行动。国际学界也开始反思"货币"的本质以及"货"与"币"的关系，国际货币体系面临重大转折关头。有学者甚至预言：世界正在重回"商品货币"时代。

我是做美国问题研究的，这其中离不开对中美经济金融的比较观察。我在以前的节目中讲过，中国作为世界超级制造业大国、世界第一货物贸易大国，贡献了世界最大份额的工业产品，但是我们从中却拿到很少的利润，我们的劳动者拼命地生产劳作，苦哈哈的，收入却很低。我还讲过，我们去年GDP增长5.2%，美国增长2.5%，但我们经济总量与美国的差距反而进一步拉大了，我在节目中也分析了原因。虽然这些现象成因很复杂，但金融是其中很重要的因素，很多秘密藏在金融里。作者一尘在这本书里对这些现象和问题都给出了自己的分析和回答。

从我研究中美关系的视角，我觉得这本书有几点值得引起大家的思考和讨论，也能够给读者启发：

一是深刻地揭示了美元霸权的掠夺性。大家知道美国在疫情三年中，美联储开启无限量化宽松，说得直白点就是疯狂开启印钞机，三年中增发8万多亿美元。现在美元的增发不像1970年以前金本位时代，需要等价值的黄金作为储备，而是仅仅由美联储购入的国债做基础，就可以发行美元货币，等于是凭空"生产"美元。我们一年辛辛苦苦出口那么多商品，才能赚回两三千亿美元顺差，这都是中国人民汗水和劳动凝结成的，是货真价实的实体财富。而美联储的手指动一动，数万亿的美元就像魔法一样变出来了。依靠美元的增发，美国对其国民和企业进行救助和补贴，开启直升机撒钱模式，支撑着美国人的福利生活，所以作者说"美国是可以躺着挣钱的"。因为美元是世界货币，美国凭空增发的美元，冲到世界就能够拿回自己所需的资源、资产与财富，这是对世界的一轮财富收割。美元的无限量扩张，随即引发全球大通胀，美国自己也没能幸免，通胀直线飙升，一度达到9%的历史记录。为了遏制通胀，美联储又开启激进加息模式，引发美元回流美国，导致全球美元荒和资产价格下跌，本国货币贬值，而美国凭借庞大的资本实力，抄底收购和控制别国的优质资产。这是美元霸权对全球财富的又一轮收割。

二是揭示了美元霸权的反噬性。作者认为，美元作为世界货币，给美国带来超级特权。但另一方面，美元既能成为武器，但同时又是"双刃剑"，也给美国自身带来伤害，最终导致美元信用下降甚至可能崩塌。作者借用"资源的诅咒"一词，把美元的这种反噬力量称为"美元的诅咒"。这种反噬包括：

首先是美国政府债务无止境的上升，不断突破债务上限。到现在美国国债已经突破34万亿美元，相当于每个美国人背着10万美元的政府债务。因为现在美元利率很高，光是偿付国债利息，美国政府就不堪重负。所以美联储主席最近出来说，"美国财政正走在不可持续的路上"。美国两党基本上每年都要为是否放开债务上限吵个不可开交，严重时导致政府停摆和关门，这样的闹剧几乎每年都会重演。作者把这个称为美国的"债务黑洞"。今年内美国财政部到期国债高达8万亿美元，所以它的财政部长耶伦就很焦虑，她得四处寻找美债承接者，把新发行的国债兜售出去，不然的话美国财政就没法运转。

第二个就是高通胀。美元作为世界货币，由于中国等制造业国家对美国出口大量物美价廉的商品，长期以来尽管美元持续增发，美国仍然能够保持较高增长和低通胀，通胀率长期保持在2%以下。比如2008年美国金融危机时，美国同样采取了量化宽松来转嫁国内危机，也没有导致通胀问题。因此有句话叫"美国的美元，永远是别国的问题"。但这一次不同了，可以说美国第一次尝到了过度增发美元酿成的通胀苦果，通胀最高时达到9%。美国一般民众也感受到了物价高涨的煎熬。作者在多数人认为美国"通胀是暂时的"时候，较早撰文指出美国的高通胀不可避免。

第三个是美国经济的过度虚拟化、金融化、泡沫化以及制造业的空心化。以金融资本和高科技为支柱的美国经济生态，已经不是适宜制造业生存的土壤了。服务业在美国GDP中占比高达85%以上，而金融业占比已经超过21%，这个数字在1987年仅为5.7%，1997年上升至6.73%。现在股市成为美国的造富工具，美股一路高升，取得惊人的财富效应。美股"七姐妹"（苹果、微软、Alphabet、亚马逊、英伟达、特斯拉和Meta）去年市值增长4万多亿美元，股价涨幅基本在60%~80%。由于凭借美元这个工具，通过金融投资，美国能够轻松获取巨额利润，积累大量财富，如同吸毒成瘾，美国反而把自己的看家本事——制造业给废掉了。美国曾经是全球第一制造大国，二战结束的时候，美国制造业产值按联合国1948年发布的《世界经济报告》，几乎和"其他国家"两分天下。但现在制造业在美国GDP中占比仅11%左右。其中标志性事件就是美国汽车城底特律沦为萧条的"铁锈带"。现在美国政府想起来重振制造业，采取各种刺激和补贴政策试图实现"制造业回流"，但产业链再造，基础设施的完善，劳动力、技术工人和大批工程师的养成，绝非短期内能够实现。

第四个就是社会分配的极端两极分化。美国的金融造富模式，使美国的财富日益集中在极少数华尔街金融精英和硅谷科技精英手中。美国最富有的1%的人所拥有的财富超过了整个中产阶级的财富。中产阶级和底层民众收入增长有限，成为被财富"抛下"的群体。财富的两极分化导致社会的不稳定，并引发了早些年席卷全美国的"占领华尔街"运动、"黑命贵"运动、国会山骚乱以及无处不在的种族仇恨等等。

三是印证了"百年未有之大变局"的主要特征之一，就是东升西降，尤其是以中国为代表的发展中国家的强势崛起，这也是我一再阐述的观点。作者对中美经济结构进行了深入比较，尤其是对中国全面工业化的成就、产业升级、科技创新的迅速进步与超越进行了全面分析，指出中国已进入"世界工厂2.0时代"，我对此高度认同。最近美国一个经济学家、瑞士洛桑IMD商学院教授，理查德·鲍德温，发表了一篇分析文章——《中国是当今世界唯一的制造业大国：崛起的轮廓》，他提出了一个观点：中国是工业领域的至尊王者，是世界唯一的工业超级大国。他用客观严谨的数据表明，**中国的工业产值超过了世界工业产值第二到第十的9个工业强国的总和**。同时我们也看到，中国制造业正全方位向高端挺进，光伏、风电产业碾压全球，新能源汽车实现换道超车，并在国际市场绝对领跑，高铁、造船、量子计算、5G应用、机器人、智能制造等在全世界领先，人工智能已经能够与美国并驾齐驱，这是我们产业上的优势。中国科技创新实力也实现快速追赶与超越，中国专利申请数量稳居世界第一，中国科研论文数量（论文总数、引用次数进入前1%的"顶尖论文"数量、引用次数进入前10%的"受关注论文"篇数三大关键指标）全面超越美国，跃居全球首位。

四是流淌在字里行间的深厚家国情怀。作者满怀对民族伟大复兴的坚定自信，文中充满昂扬的奋斗精神与历史主动精神。作者的论述饱含深沉宏阔的大历史观，展示了强大的文化自信和历史自觉。作者认为，**当今世界正处于动荡变革期，"百年未有之大变局"进入关键临界点，世界走到了一个关键的十字路口，美元独霸天下的旧的国际货币体系正走向黄昏**。但是我们也要清醒地认识到，越是接近民族复兴，越是面临风高浪急甚至惊涛骇浪的挑战。

我们不能期望美元霸权会自动退出历史舞台，这需要一个过程和艰苦顽强的斗争。毛主席说过："扫帚不到，灰尘不会自动跑掉。"在重大的历史转折关头，我们要发扬斗争精神，敢于斗争，敢于胜利，勇于冲破"美元陷阱"，推动国际货币体系向着公平、公正、多元、有序的方向改革，这既是建设中国式现代化的需要，也是构建人类命运共同体的前提。这种志气、骨气和坚定自信，正是新时代新征程上推进强国建设、民族复兴伟业所不可缺的精神气质。

因此，我认为这本书对读者理解国际金融的复杂博弈和当今国际格局的急剧演变，有较高的参考价值和思想营养。

金灿荣
著名美国问题研究专家、中美关系专家，中国人民大学杰出学者A岗特聘教授，中国未来学会理事长

序二 怎样走出"美元陷阱"

王 文

独立经济学者一尘最近出版《走出美元陷阱》一书，以金融业内人士的视角，对最近三年美国经济和中美经济博弈的重大事件进行了深刻独到的分析，深入揭露了美元霸权剥削性、掠夺性、寄生性、腐朽性的本质。

作者认为，美元作为世界货币，使美国具备了无限量扩张货币信用的任性特权、在全球吸血和财富收割的超能力、肆意制裁他国的控制力。但是，美元既能成为美国的武器，也不可避免地会带来反噬，如美国债务无止境地攀升，通胀率的飙涨，美国经济的空心化、高度金融化、虚拟化，并由此带来社会的极端两极分化。当美元这种特权或武器运用到极致，美元的信用不可避免地会受到伤害甚至崩塌。

"美元陷阱"一词，出自美国经济学家克鲁格曼。他在2009年发表的一篇文章《中国的美元陷阱》中，描述了中国巨额外汇储备面临的困境：中国已持有超过2万亿美元外汇储备，其中70%为美元资产。如果在外汇储备资产中继续维持或增加美国国债，那么随着美元的扩张，会面临美元贬值的风险，导致投资损失，这无疑是中国所担心的；但由于中国持有的美元太多，如果中国选择实行外汇储备多元化，抛售美国国债，则导致持有美债资产的价格下跌和价值缩水，那么马上就将面临投资损失。因此，克鲁格曼断言中国已深深陷入"美元陷阱"。他多次公开警告，**中国作为美国的第一大债权国处境危险，无论是美元贬值或美债评级下降，都将可能导致中国投资美国国债的账面减值达20%至30%**。

"美元陷阱"的概念始于中美经济的失衡。中国经济的外部失衡，突出表现为中国经济对外需的过度依赖。改革开放开始的1978年，中国进出口贸易总额占GDP的比重仅为9.7%，到2006年该比重达到65.2%的历史高位。全球金融危机后受外需减少影响，这一比例有所下降，但2010年仍然在50%以上。中国作为出口大国，积累了大量外汇储备，在具体的资产摆布上基本没有太多选择，只能投资于美元国债。但按照克鲁格曼的分析，持有过多美债资产不得不面临投资损失的风险。这实际上提出了一个中国经济发展模式的问题，继续维持出口导向型经济还是转向更多依靠内需，从而扭转对外经济失衡？

　　实际上，"美元陷阱"一词代表了世界各国经济被美元绑架的尴尬。由于美元具备了世界货币的地位，任何国家想要融入国际经济循环，都离不开美元。但中国的情况最突出，因为中国是世界第一货物出口大国，常年保持高额贸易顺差，而外汇储备中美元资产必然占据最大份额。一个发展中国家成为最发达国家美国的最大债主，这无论如何都让人感到惊愕。

　　法国著名经济学家雅克·胡耶夫（Jacques Rueff）在上世纪六七十年代针对后布雷顿货币体系的实质，曾经讲过一个裁缝与顾客的故事。裁缝为顾客做衣服，卖给顾客后，再把顾客所付的钱借给这个顾客。然后顾客再用这笔钱回来向裁缝买新衣服，如此循环往复以至无穷。胡耶夫说，如果我是那位顾客，这样的好事我为什么不干呢？

　　多少年来，中国与美国就反复重复着这样的故事：中国负责生产，而美国支付美元，我们拿美元来购买美国国债或其他美元资产，美国再用我们借给的钱继续购买我们的产品。如果没有意外发生，或者中国不去刻意改变这样的发展模式，我们对美国的债权将无休止地扩大，实际上美国将无限期地无偿占有中国人民的劳动和物质财富。

　　这是一尘先生描述的"美元陷阱"，也是中国与美国经济联系的本质。

　　一尘先生早在2011年就撰文提出中国必须《走出"美元陷阱"》，这成为他孜孜以求的理论原点与归宿。他那时提出的政策建议是：允许人民币稳步升值，这有助于缓解贸易顺差和外汇储备快速增加的局面，有助于调整经济结构，减少对出口的依赖，扩大内部需求和消费需求，使消费成为经济增长的主要拉动力量，从而扭转中国对外经济失衡；同时，积极推进人民币国际化，让人民币在更大范围内发挥国际贸易结算和价值储备的功能。

到今天，美元霸权仍然主导世界经济，美国在国际金融领域拥有垄断性的全球性权力：一是主导全球金融规则的制定，并对国际货币基金组织、世界银行等国际金融组织掌握操控权；二是对国际支付清算体系的控制权，美元全球使用的系统外部性形成国际贸易计价、结算的路径依赖；三是美国具有深度与广度的金融市场体系，拥有全球最强大的金融机构和金融服务网络；四是控制着全球性的信用评级机构；五是不受约束的金融制裁权力。美国凭借美元作为世界货币的绝对主导地位，发展出长臂管辖权，对他国经济肆意进行干预和制裁，推行霸凌主义，以实现自身政治目的。这是当今国际货币体系下全球经济真正的"美元陷阱"。

"美元陷阱"真的不可打破吗？或许，俄乌冲突下俄罗斯所经历的情形能给出一种答案。在被美西方施加超过一万多项制裁，国际贸易结算被踢出SWIFT体系之外，俄罗斯仍然保持了与外部世界的经贸联系，且经济不仅没有被摧毁，反而依然保持稳定增长，卢布汇率也维持了基本稳定。

针对美西方制裁，俄罗斯采取了一系列有针对性且效果极强的反制举措，有效保护了其金融独立与安全。俄罗斯对美欧制裁的系统反制，标志着俄罗斯与美西方主导的现存经济、贸易、金融体系的全面割席与彻底决裂。

这是世界上第一次有一个国家挺身而出，向以美国为首的西方主导的、不平等的全球经济体制与秩序发起全面反抗与挑战，**在美西方所把持的贸易、金融体系的制裁、控制与封锁的严密铁幕上撕开第一道口子，有可能成为打破旧全球经济体制的历史进程的开端。**

俄乌冲突爆发及美欧对俄实施极限金融制裁以后，越来越多的西方人士认为，滥用金融制裁将损害美元的垄断地位。摩根大通银行首席执行官杰米·戴蒙（Jamie Dimon）警告，将俄罗斯银行与SWIFT结算系统断开，不仅难以取得预期的效果，反而会破坏美元和欧元的储备货币地位，全球投行高盛也持类似观点。而美国著名投资家罗杰斯则直言美元霸权将迈向终结。

美国财政部和纽约联储任职的瑞士信贷全球短期利率策略主管佐尔坦·波

扎尔（Zoltan Pozsar）在2022年一份报告中称，世界正在进入"布雷顿森林Ⅲ"体系——以金块和其他商品为支撑。换言之，世界正在重回"商品货币"时代，以内部货币为信用的"布雷顿森林Ⅱ"体系正在坍塌。英国《金融时报》刊发拉纳·福鲁哈尔（Rana Foroohar）的评论文章《去美元化后的世界》，指出俄乌冲突是一个关键的经济转折点，将会产生许多深远影响，其中之一是促使世界加速向两极金融体系转变：一个体系基于美元，另一个基于人民币。

随着俄罗斯的揭竿而起，今天一股汹涌的"去美元化"浪潮正在全球兴起。巴西总统卢拉在多个国际场合呼吁在国际贸易中放弃使用美元，并找到可替代美元的货币。卢拉反复表示，"当可以用我们的货币这样做时，为什么我们还要在与阿根廷或中国的贸易中使用美元？为什么人口总和占全球总人口一半的国家就不能讨论这一问题？"国际货币基金组织2023年7月发布的报告显示，全球110个国家已采取一种或多种形式"去美元化"。在国际储备方面，各国央行正在加快增加黄金储备。多个新兴经济体在贸易结算领域推进本币结算，东盟在探讨如何减少金融交易对美元、欧元的依赖，转向当地货币结算。在结算渠道方面，金砖国家为了降低对美元跨境支付结算的依赖，通过整合中国、俄罗斯、印度、巴西的银行卡支付系统，建立了金砖国家支付系统（BRICS Pay）。截至目前，全球已建立30多个可绕开美元的结算体系。

美欧与俄战略对抗及在金融战场上的制裁与反制裁，将成为全球货币体系的一个分水岭：以美元霸权为特征的现有国际货币体系面临重塑，一个"后美元化时代"正在加速到来。这是美国逆全球化而行、滥用美元霸权、不断侵蚀美元作为世界货币公信力的必然结果。

我想，一尘先生所期待的中国和世界"走出美元陷阱"的时刻，正在加速到来。

王　文
中国人民大学重阳金融研究院执行院长

序三　拜登经济新思维及应对三策

翟东升

一尘兄大作付梓，嘱我写几句推荐语。

我与一尘的相识始于学术观点的互动，我俩的知识结构和关注点有不少重叠之处，观点也比较一致。2022年5月某天，我在浏览某知名网站评论文章时，偶然读到一尘兄的论作，因主题是我关注的中美经济关系，直觉论述深刻精当，风格清丽流畅，细读之下竟深感我俩精神上的默契与思想上的共鸣。他在文内引用了我的观点并作精彩阐发，令我击节赞叹，遂在我的学术公号上对该文作了点评。后来一尘兄告诉我，我的点评与他的文章一起在各大财经平台广为传播。

一尘兄说，他在海外工作期间曾长期研读我的著述，我的学术思想陪伴着他对当下一些重大国际问题，尤其是国际经济、金融问题进行思考，对他思想观点的形成和发展有重要影响，他视我为"学术导师"。实际上，我们之间更主要的是精神上的共鸣和共同的家国情怀，而学术观点上我感觉我们是殊途同归。他比我年长，因此在我眼里把一尘兄引为"同道"。后来我们多次围炉煮茶，相谈甚契，由同道而挚友、而莫逆。一尘兄既邀我作序，我亦欣然为之。

数年笔耕，一尘兄以其驻外一线深厚金融业内经验根基和长期经济金融理论研究的功底，跟踪美国金融、经济政策演变及其影响，细察百年变局及国际大势，写下一批观点鲜明、逻辑严谨、影响广泛的评述文章，笔力更加精进，观点更加成熟，屡屡引发读者热评和积极反响，在各主要财经媒体广泛传播。一尘兄感于当下国际局势风云激荡，美国对我国科技打压、政治经济围堵日甚一日，认为这些文章可以为读者理解当前中美经济关系以及国际政治经济领域的重大事件、演进趋势及内在逻辑，提供某种具有启发性的角度，决定精选过去3年发表的关于中美经济关系的评述文章结集出版。

这本书的风格与大学教师为评职称做课题而写的那些学术专著大不相同：作者不是为了功利，而是在海外常驻时期纯粹出于对学术的兴趣和对专业的热爱而积累下来的大量评论与随笔。因此，阅读本书，扑面而来的是作者的真诚和热爱，既包括对读者、对问题的真诚，也包括对祖国、对专业的热爱。而且，一尘先生的履历和立场再一次印证了我长期以来的一种印象：每一个真诚的爱国者，越是对西方世界有深入了解，越是敢于斗争、善于斗争。

作者以独立学者和金融业内人士的视角，对最近3年美国经济和中美经济较量的重大事件，如美国无限量化宽松政策、美国债务的急剧扩张、中美经贸摩擦、科技战、金融领域的无声较量等进行了深刻且独到的分析。本书对中美关系中若干重大事件的观察与剖析，在一定程度上记录了最近3年美国经济和中美关系风云变幻的历史。

作者在本书中对美国经济本质的敏锐观察与深刻揭示，对美元霸权及其剥削性、掠夺性的深刻批判及其衰落趋势的犀利分析，对美国经济内在矛盾及深刻危机的剖析，对中美关系竞争性全面上升及紧张关系加剧的预判，展现出作者独到、深刻、敏锐与犀利的眼光，给人以思想的营养与启迪。**作者在这些文章中的见解、理论分析以及对历史趋势的判断，正在被美国经济、中美关系及国际形势所发生的变化一一印证，包括美国通胀的飙升、银行业倒闭乱象、世界"去美元化"浪潮的加速到来等。**

本书的主题是关于中美之间的政治与经济较量，写作时间段大致截至2022年中。在此之后，中美经济关系又有了新的发展，这是本书未论及的。而我作为一个从经济角度研究国际政治关系的学者，对中美经济关系的演变保持着紧密的跟踪与观察。借此机会，谈谈美国拜登政府新近提出的所谓"新华盛顿共识"、拜登经济学以及我们的应对之道，算是对本书内容的一个续貂之作。

美国民主党核心提出治国理政新思维的时代背景

"拜登经济学"一词，最初是2021年末共和党评论人士用来攻击拜登经济政策的说法，但美国文化乐于以自嘲来反证自己的"伟光正"，于是到了2023年6月底，拜登当局唾面自干，主动用这个词来概括自己的经济理念，并作为其连任竞选的核心概念。而所谓"新华盛顿共识"，则是他的国安顾问杰克·苏利文在2023年4月底提出的概念。两者存在内在的一致性，只是侧重点有所不同。

任何新思维、新理念的提出都有其独特的时代背景。拜登政府执政两年半之后提出"新华盛顿共识"和"拜登经济学"，离不开美国民主党政府所处的独特时代。

首先，自1979年里根经济学诞生以来，新自由主义经济理念或者说旧华盛顿共识已经主导了美国内外经济政策40多年，其后果是贫富分化、产业外移、政治极化，白人蓝领阶级作为经济全球化的受损者抛弃了民主党，转而跟随特朗普投向了共和党民粹派。

其次，以中国为首的新兴大国的群体性崛起，对美国的单极霸权提出了实质性的，甚或超越想象的挑战。其中，俄罗斯以武力手段反击和挑战其军事霸权，而中国的科技与产业进步则被美国上下视为其经济和科技霸权地位的首要威胁。

最后，以生成式人工智能和新能源为核心的新一轮科技和产业革命，正在大国之间掀起新一轮财富和国力的再分配。前者的迭代演进正在大幅压缩白领劳动者的工作就业岗位，而后者的进步则不仅让中国获得新的产业优势，而且使中国在节能减排应对气候变化等领域有资格与美欧中左翼政党竞争旗手角色。

拜登政府经济新思维或所谓"新华盛顿共识"的提出，恰恰反映了长期以来美国所奉行或标榜的自由主义经济学的失败，以及美国经济长期面临的制造业外流、工业空心化、基础设施老旧、经济虚拟化、过度金融化、贫富极端两极分化、国家债务率高涨并最终导致高通胀等问题。本书对这些问题都作了深入独到的分析，因此可以说为理解拜登政府经济新思维提供了一个比较全面的经济视角。

拜登政府经济新思维的核心内容

最具有政治风向标意义的，是拜登当局对新自由主义经济学和旧华盛顿共识的反思。拜登政府对新自由主义的批判包括以下几个方面：

过去40年美国社会过度关注经济增长，却不关注这种增长成果是否合理地分配，以后应该关注收入中位数的增加而不是平均值。

以经济增长为核心的内政外交忽略了地缘政治、国家安全和生态环境，贸易政策优先考虑工人阶级而非消费者福利。

旧华盛顿共识所提倡的"涓滴经济学"是错误的，先富并不能带动后富。

自由市场并非万能，认为资本市场主导的市场竞争中，企业以股东利益最大化为导向，必然难以兼顾气候环境、供应链韧性、地缘政治脆弱性等考量，所以应以规则、补贴和其他全政府干预措施引导私人资本，等等。

从财富再分配的角度看，拜登当局的口号是"自中（中产）而外，自下而上"：主张在公共福利体系上投入更多资金，如医保、教育、失业保障、托幼，让中下层人民成为有钱可花、敢于消费的中产阶级；加强劳动力培训，帮助他们迎接再工业化和技术变迁；强调对底层民众的长期收入支持，既要救急，也要救穷。

在产业政策上，拜登当局认为，为了提升美国的国际竞争力，需要大力投资制造业和基础设施，并提出"在美国创新，在美国制造"的口号。拜登当局执政两年半以来，已经鼓动了5000多亿美元的私人投资承诺，其产业政策的重点是抓新能源和半导体。他所推出的三大法案，包括《基建与就业法案》《通胀法案》《芯片法案》，都包含了引导公私部门投资相关制造业的内容。如同20世纪30年代罗斯福新政在全美各地普及电力一样，拜登当局致力于在美国家庭中普及高速宽带。2008年国际金融危机之后，奥巴马和特朗普都表示要大搞基建，要振兴制造业，但是他们都没有拿出拜登政府那么多的真金白银和政治资本去搞产业振兴。

拜登当局强调，应强化美国企业的真实市场竞争力，而不是让其靠垄断发财。对于企业税收，主张适度加税而不是像共和党那样减税，并且为了避免因为较高税率而影响美国企业的竞争力，致力于推动国际最低企业税率的设定。他们认为，各种形式的垄断以及对市场准入的限制都应该纳入监管，从而保护并强化企业间的市场竞争。甚至连企业与核心技术人员之间常见的竞业禁止协议，拜登政府都主张作废或予以限制。对于已然形成寡头垄断格局的互联网企业，拜登政府中不乏主张强化监管和反垄断的旗手人物。

既要搞福利政策，又要大手笔补贴产业，靠从大企业加税获得的仨瓜俩枣是根本不够的，那么钱从哪里来？拜登政府受民主党左翼人物如伊丽莎白·沃伦和桑德斯等人的影响，事实上信奉"现代货币理论"（MMT），不再为赤字和债务所吓倒，不再相信财政赤字会挤出私人投资的逻辑。2023财年的8个月里，美国联邦政府的赤字已经达到1.2万亿美元，全年必超1.5万亿美元。如此巨大的财政开支，难道不担心通胀失控吗？实际上，在2022年秋季之前，拜登政府的确担忧过通胀失控的问题，但是在2022年秋季之后，拜登政府意识到本轮通胀不但不会失控，而且是一种"好通胀"，因为这是劳动者工资增长驱动的通胀，劳动者获得越来越多的收入，有助于消费、就业和家庭部门的资产负债表修复。正因为这个认识上的转变，《通胀法案》在后期作了比较大的修正，发力重点不再是抑制通胀，而是聚焦到拜登经济学的新能源产业。

如果说拜登经济学的重点是国内经济政策，那么沙利文提出的所谓"新华盛顿共识"则侧重于对外战略和对外经济政策，尤其是如何与中国竞争，如何继续扮演世界领导者的角色。"新华盛顿共识"是要拉国际小圈子，主张"超越传统的贸易协定，建立着眼于时代核心挑战的、新的国际经济伙伴关系"，其实就是要将中国排除在外。沙利文主张向新兴经济体调动数万亿美元的公私投资，革新这些国家的基础设施。不仅如此，他还找到了一个战略抓手，即所谓"致力于解决越来越多的脆弱国家面临的债务困扰，需要所有双边官方和私人债权人分担负担"。这其实是想要拉拢广大南方国家一起来赖中国的债务，同时也想破坏中国的"一带一路"倡议。

拜登政府经济新思维的绩效与潜在困境

短期来看，拜登经济学似乎取得了不错的成绩，包括通胀率冲高回落，2023年8月已经回落到3%；利率虽处于高位，但是股市不跌反涨，即将创历史新高；消费旺盛，企业业绩增长；失业率处于历史最低位，基本实现充分就业。

但是，从长期看，拜登政府的新思维在未来也面临若干难点与困境。

首先，拜登政府的政策虽然切中了当下美国经济政治问题的要害，但是其可持续性将成为问题。所谓"新华盛顿共识"并非真的是共识。因为目前美国的几个民意调查显示，2/3甚至3/4的民众对拜登经济学不认可。一旦其在2024年大选中落败，则共和党政府背后的传统能源利益集团，比如科赫兄弟所引领的富人们，将要求抹除掉拜登产业政策的大部分内容。有美国媒体评论说，新华盛顿共识背后以罗斯福研究所和休利特基金会为代表的进步主义知识分子，在未来的共和党政府领导下可能会被更激进的民粹主义者所压倒，使得拜登当局的新政策出现倒退。

其次，尽管沙利文试图团结美国各方盟友，但是拜登经济学带有明显的经济民族主义色彩，他以邻为壑的经济政策对开放的世界市场体系是一种反动措施。法国《世界报》专栏作家西尔维·考夫曼（Sylvie Kauffmann）评论说，在如今中美欧的三角关系中，欧洲未必会一如40年前支持旧华盛顿共识那样，成为新华盛顿共识的支持者。随着中美脱钩向纵深发展，拜登政府要获得欧日韩等国家（或地区）的充分配合是有难度的。欧洲提出的"去风险化"概念被美国政府违心接受，这一事实足以说明问题。

再次，拜登政府的新思维还存在进一步分裂美国政治体系的风险。《国家利益》主编卡洛斯·罗阿（Carlos Roa）将沙利文的新华盛顿共识与戈尔巴乔夫的改革相类比：戈尔巴乔夫提出一套剧烈的变革方案，并使得苏联"根据新的任务和整个社会的根本性变化进行自我重组"，然而苏联社会与政治体系根本没有能力完成如此大规模的变革，反而加速了其崩溃。拜登政府的变革构想从经济学的理论逻辑上看起来很美，但是实施起来是否会导致社会的进一步分裂？这种可能性不能排除。

最后，拜登经济学存在内在的逻辑悖论。居民高福利加产业大补贴，其联邦财政成本非常高，那么资金从哪里来？答案是现代货币理论，也就是依赖于美元霸权向全球储蓄者征收铸币税，让美国国债的平均利率低于通胀率。但是从全球市场竞争的角度来看，只要不放弃美元霸权，只要美国保持双赤字，那么美国的制造业产品一定是缺乏国际竞争力的，这便是拜登经济学的内在悖论。

对中国的影响与我们的应对

对于拜登政府的"经济政策新思维"，我们应该承认其可取之处，毕竟在他的政策理念中可以看到不少中国经验和中国道路的影子。在强调科技创新、有为政府、绿色发展等方面，拜登政府的理念与中方政策理念之间存在同频共振的机会，所以在拜登政府执政时期，中美双方既有斗争的一面，又有合作的一面。

那么，中国如何应对？我认为存在下、中、上三策，分别对应不同的难度、风险和收益。

先说下策：接受拜登政府的沟通诉求，稳住中美关系的局面，努力扩大合作与缓和的一面，尽量控制风险和斗争的一面。

中策：在保证整体关系不至于滑向全面对抗的前提下，竞争与合作两手抓，在外交、舆论等领域，针对其软肋进行适度、适时的进攻。比如，可向全球强调美国理念的不稳定性和不可靠性，由于党争和选举政治，任何路线都有可能每4年或者8年自我否定一轮。此外，我们还应当利用拜登新思维对旧华盛顿共识的反思，借力打力，鼓动广大发展中国家向美国索赔，用美国人的思想武器来打美国的"土豪"、分美国的"田地"。美国曾经借助国际制度和规则劝诱或强迫发展中国家走新自由主义的道路，许多国家就范并实施了紧缩性的政策；如今拜登政府认为当年宣扬的新自由主义是错的，那么作为负责任的大国，美国就应该为自己的错误理念和政策要求对他国造成的伤害与误导做出必要的补偿。

上策：用货币体系变革来造美国的反，将拜登的军。中国应该联合上合组织成员国与金砖体系中有相似理念的国家，积极推动全球货币体系的变革，以此来限制美国的财政政策空间。正如前文所述，拜登政府的新思维之所以玩得转，是因为它可以借助美元霸权向全球储蓄者征收铸币税，它可以不断滚动并扩张其债务而无破产之虞。换言之，在1971年以来的无锚货币体系下，以本币计价的国债多多益善，债权人与债务人之间的关系与千百年来的常态是颠倒的，富国以本币欠债，穷国则积累他国债权。一旦国际货币体系重新回归硬锚，等于在全球尺度上以实物资产来挤兑虚拟资本，则美国、日本、英国等国的高额国债将成为巨大的负担，其国内福利无法维系，全球霸权必然坍塌崩溃。所谓回归硬锚，就是货币重新与某种实实在在的一揽子大宗商品挂钩，当然最好是与以一揽子大宗商品为基础资产而形成的某种标准化、可转让、可交易的证券化金融资产挂钩。这是因为实物财富本身是有限的，本质上对于经济体而言是外生的，无法适应经济体内生的、无限的货币需求。21世纪的货币硬锚不一定是历史上的黄金白银，而可以是在期货市场上兑付的一揽子大宗商品的加权平均价，货币发行者有义务确保其货币的购买力与该加权平均价保持锚定。那么，美国不同意怎么办？没有关系，中俄等国另起炉灶搞硬锚货币，并将铸币税收入与参与国公平共享，而不是像美元那样独吞好处，这样就可以最大限度地夯实并扩大人类命运共同体，最终实现以良币驱逐劣币的逆格雷欣法则。此策风险高，但收益也高。

以上三策，都是中国可选的应对之道，只不过低风险、低难度一定获得低收益，高风险、高难度则必然获得高收益。

一尘兄在本书中，对如何应对美元霸权和反制美国的科技、经济围堵，也提出了自己的主张和见解。以我的了解，他是个敢想敢干、敢于斗争的人。相信他会偏好我的中策乃至上策之议。

是为序。

翟东升
中国人民大学国际关系学院教授、副院长，区域与国别研究院院长

序四　见证历史之作

汪　涛

世界处于"百年未有之大变局"，是习近平总书记在2018年6月召开的中央外事工作会议上提出的重要论断。过去几年，当人们一再感叹"我们正在见证历史"时，这个大变局的含义正在一步步变成现实，那就是一个以美元霸权为支柱的旧体系衰落，以中国为代表的新兴市场国家和发展中国家群体性的崛起。

从我所推崇的经济测量学的角度来说，研究经济学的最大困难是获得第一手的准确的经济测量数据，一个最有效的方法是研究者本人就是处于经济活动中的从业者。只是一般来说，这样的从业者往往不是经济学的学术研究者。

令人欣喜的是，一尘先生是拥有工学、经济学、金融学的教育背景，有25年深厚金融从业经验，同时又长期进行相关学术研究，并在各相关主流媒体和期刊长期发表理论著述的难得的经济学研究者。这使一尘先生具有独特的业内人视角来对这一大变局进行观察（经济测量）。《走出美元陷阱》是一尘先生过去3年发表的文章撷取精品结集成书，可以说是百年未有之大变局的见证历史之作，并且书中提出了诸多独到的、有先见性的见解。例如：美国在过去几十年不断地对美元按不同的节奏放水，从来都是"美国的美元，别人的问题"，导致的是他国的通胀。作者提前撰文预测了这一轮的美元放水将会导致美国本身的通胀，并给出了系统的理论分析。

理论界普遍认为中国产业是"大而不强"，但作者认为这是用老眼光看待今天的中国现实，"大"本身就是"强"，况且中国的核心技术研究与创新早已今非昔比。对中国产业的核心竞争力，作者给出了系统的分析，其早已不是人们简单认为的劳动力成本优势。

　　我对此观点深以为然，并且感触颇深。经济学研究不应落于抽象和偏狭的制度、模式等话语体系，中国经济与他国最大的区别和特点是其规模。因为有规模优势，所以在很多经济基本规律上边界条件的差异巨大，即使完全相同的经济规律也会有显著不同的外在表现。例如，中国在新技术上的发展往往以"所有技术方向全投入""众多厂家群体突破"等方式出现，这可以使各种潜在技术方向、各个不同企业仅通过市场来选出最优的技术和企业。这是其他国家包括美国都很难采用的模式。事实上，这才是最纯粹的真正市场经济规律优势的体现。但过去中国经济学界的话语权完全被西方经济学界把控，把"市场经济"法治化的一面完全交由西方去制定，纯粹变成一种本质上反市场经济的国际贸易壁垒借口。这使我们很难认识到，只有中国这么庞大的单一经济规模，才有可能展现真正接近理想的市场经济规律。

　　因中国真正市场经济的优势，使得中国一旦在某个领域获得突破，往往就在全球居于市场垄断地位。但这种垄断是整个中国在某个行业上的总体优势地位，而不是单一企业的垄断。因此，中国企业很难通过这种国际市场地位获取超额垄断利润。垄断利润的获得，往往被错认为是"强"的主要标志。但垄断利润并不一定仅靠科技的强大来获取，它是众多价格话语权综合作用的体现。例如，澳大利亚铁矿石、中东石油的高额利润，并不是意味着这些国家一定有相关行业强大的科技进步，而是因为其矿藏的天然高品质、低开采成本的巨大资源优势，以及一些如OPEC行业组织进行产能控制，甚至对中国进行行业间谍渗透带来的谈判优势等形成。中国的科技进步，往往体现为打破以往不合理的各种超额垄断利润，这是市场经济规律有利于中国和全人类社会福利的最重要体现。中国科技和产业进步显著扩大市场规模却没有形成超额垄断利润，应当是中国最能体现市场经济优势的证明，而不是作为"大而不强"的证据。

　　在这一点上，最能体现出中国经济学界严重缺乏自主理论分析能力，被西方经济学话语权深度捆绑的现实。本来中国是全世界最有资格谈论和直接验证市场经济所有规律的国家，中国经济学界却在这个问题上总是不断地以

"反思"甚至"低头认错"的态度来面对西方经济学界，至今不敢面对"只有中国特色的社会主义市场经济，才是真正的市场经济。除了中国，没有其他国家再有资格和条件来谈什么是市场经济"这个客观现实。

过去，由于美国可以利用美元作为国际货币的地位，在遇到困难时可以轻易通过增发美元来解决问题，而由此带来的问题却基本由其他国家买单。如果美元增发的能力没有上限，美国的这一优势就是无解的。虽然人们很早就从抽象的角度谈到美元不能无限地增发，但却无法确认这个上限到底在哪里。这使很多人面对美国的压倒性优势时深感绝望。但就在过去3年中，美元增发的上限被全世界真切地感受到了。其间，美国的衰落尤其是美元的落幕不仅表现出明显的迹象，而且目前来看没有逆转和解救的可能性。这就是过去的3年非常关键的原因所在。

起始于2018年年初美国与中国的经济贸易摩擦无果而终，使全世界真切感受到了美国经济能力的严重限制和虚弱。

随后，COVID-19疫情的暴发，美国还是简单地采用增发甚至"无限量地增发"美元的方式来解决问题，在短期之内让美元的潜力被消耗殆尽。美债余额从2019年底的23.166万亿美元，狂增到2022年底的30.93万亿美元。如果这多增发的近8万亿美元被用于美国基础设施建设和芯片制造业回归等，无疑会极大地增强美国的内在实力，但如此海量的美元不仅被意外地浪费掉，而且引发了40多年来未见的高达9.1%的通胀率。

在2022年爆发的俄乌冲突中，美国又将美元武器化推向极致，对俄罗斯部分银行切断SWIFT系统。这一系列动作使美元的信用降到冰点，迫使全球许多国家极力寻求摆脱美元的枷锁。

另外，布雷顿森林体系瓦解后，美元的支柱变为石油。而过去多年，美国在制造业回归上步履维艰，却偏偏在页岩油气技术革命上一骑绝尘，这使美国从主要石油进口国变为石油出口国，使其与中东产油国由过去最大的客户关系，变成同行产业竞争关系。这个变化从根本上破坏了石油美元的根基。2020年美国石油贸易从长年的逆差转变为顺差，这是中东产油国开始放弃美元结算的根本原因，标志着石油美元的根基被彻底动摇。

以上几个方面汇集在一起，形成了愈演愈烈的全球"去美元化"浪潮。

不仅中国在持续减持美债，而且美国的大多数盟国都在持续地减持美债，并且寻求美元之外的贸易结算、国际储备货币的替代方案。

美元和美国的衰落并不简单地意味着中国和人民币的崛起。如何抓住这个"百年未有之大变局"的历史机遇，顺利实现中华民族伟大复兴，并且能够从美国身上吸取经验教训，使中国的崛起之路走得更顺畅、内在质量更高，是值得每一个中国人深思的问题。这些新的挑战是当前中国政府、理论界、产业界迫切需要面对和解决的问题。因此，本书不仅是大变局的见证历史之作，而且有大量面向未来的深入理论思考。

作者呼吁中国学术界尤其是经济学界，跳出西方体系和理论话语与框架，坚持立足中国实际，勇于创新和建构，创建符合实际的经济理论中国学派。作者在书中指出："面对世界之变、时代之变、历史之变，很多人们已经习惯的理论、观念、思维和经验都需要重新审视、重新建构。""在历史大变局的新时代，走在复兴路上的中华民族，自立自强的中国人民，应该有更加自信豪迈的气概，更加坚定果敢的勇气……发挥历史主动精神，立足中国发展实际……打破惯性思维和路径依赖，跳出西方理论窠臼和制度框架，不迷信不盲从，勇于进行理论创新和制度创新，建构适应中国式现代化道路的中国经济学派和货币政策理论体系。"

作者因其深厚的从业背景，在观点的阐述和判断上有独到的见解。更可贵的是，他把复杂生涩的金融、经济问题用一般读者容易理解的语言娓娓道来，风格通俗流畅，表达犀利深刻，思想观点独特，理论逻辑严谨，阐述清新隽永，读之如沐春风。

我与作者因同在一个学术交流群而有幸结识，因众多经济学观点的高度接近而有更多深入交流，在交流中彼此感受到思想的共振与价值观的和鸣。作者在书中的大量理论分析，值得学术界和产业界作为重要参考。我与作者有着迫切的"创立中国经济学派"的共同理念和历史责任感，因此欣然接受作者邀请，为其新作写下本序。

汪 涛

著名学者，《超越战争论》《科学经济学原理》《实验、测量与科学》作者

自 序

2020年新冠肺炎疫情笼罩世界的时候，我还在驻外工作。新冠肺炎疫情让世界静了下来，大部分时间也把人们隔离开来，你不得不习惯独处，而独处给了人思考的机会。

这个时期，为应对新冠肺炎疫情的冲击，美国连续出台企业和民众纾困法案，美联储大手笔开启无限量化宽松政策，短时间内数以万亿的美元被迅速批量"制造"；特朗普执政的最后一年，他发起的对华经贸摩擦不断升级，从增加输美商品关税到出口芯片限制、制裁华为等中国高科技企业和大学、限制中国学生赴美留学等。

新冠肺炎疫情对各国都是严峻的冲击与考验，对经济的打击尤为直接。为减轻新冠肺炎疫情对经济的影响，各国都试图采取一些救助措施，但核心是要有钱。多数国家政府在维持正常运转之外，能够用于救助纾困的财力是有限的，因此他们的民众不得不在新冠肺炎疫情肆虐下艰难忍耐。美国的图景则截然不同，当时的特朗普政府出台一轮又一轮纾困法案，一次救助的支出就高达2.3万亿美元。靠着补贴和救济金，美国民众的生活水平几乎不受影响，美国家庭和企业的存款也大幅上升。每月额外600美元的失业补贴甚至使不少人主动选择失业。很多家庭利用不上班的空闲时间，开始用心装修自己的房子。

美国政府动辄数万亿美元的救助资金从哪里来？答案是政府负债。财政部与美联储左手发债，右手印钱，美联储的资产负债表动一动，数万亿美元的资金就"生产"出来了。别国负责生产商品，美国只管生产"美元"。美债与美元相表里，像插在世界经济上的一根无形的管子，使财富源源不断地流向美国。新冠肺炎疫情是世界的灾难，却成为美国劫掠世界的又一次"良机"。

为什么美国可以这么做，这合理吗？能够一直持续下去吗？面对美元的任性扩张，如何最大限度保护我们的财富不被洗劫？带着这些追问，我开始思考美元、美债的运行逻辑，探究美国经济的结构与内核，剖析美国经济产业空心化、过度金融化、极端两极分化等弊端的根源，从《美元大考》（发表于《财经》杂志）开始，写下了系列深度分析文章，揭示美元霸权的剥削性、掠夺性和腐朽性，论证了美元霸权不可避免地走向衰落的宿命。

在美国单方面挑起经贸摩擦的情况下，我开始深入思考国际经济联系的本质，尤其是中美经济联系的真相，对比中美经济的实与虚、优势与劣势，一个问题接一个问题钻进去，抽丝剥茧，洞幽烛微，把其中的道理逐一掰扯明白，进而寻觅中美经济竞争的应对之策，并尝试给出自己的答案。

围绕这些事件与思考，在2020年及其后的3年中，我陆续在财经、观察者网、中国发展观察、中国金融、东方学刊、环球时报、证券时报、第一财经、星图金融等重要媒体发表专栏文章或时评，这些文章均受到读者热烈反响和好评，也被各主要新闻和财经媒体大量转发，获得广泛传播。

今天，中美经济博弈更趋激烈，俄乌冲突加剧国际政治经济局势演变。在当今的局势下，我在那些文章中阐述的观点，得到越来越多事实的印证，也越来越容易被认同和接受。我相信，这些观点对人们理解当下很多风云变幻和错综复杂的国际事件与历史趋势，仍然具有某种思想与精神价值。当我们更深入地了解美元霸权的实质、美国经济的内在矛盾，更多地了解中国经济的优势与短板时，我们就更能把握中国经济前进的方向，进一步增强推进中国式现代化的勇气与信心。

因此，我决定把这些文章进行精选，并根据内容加以系统整理，把自己的观点体系化地呈现，遂有此书问世。

美元作为世界货币，使美国具备了根据自身经济需要无限量扩张货币信用的任性特权、在全球吸血和金融收割的超能力、肆意制裁他国的控制力。美元霸权既能成为美国的武器，但不可避免地也带来反噬，如债务无止境地攀升，通胀率的飙涨，美国经济的空心化、高度金融化、泡沫化，并由此带来社会的极端两极分化。2023年，随着美国持续激进加息，引发新一轮银行倒闭潮，并波及美国科技产业衰退，危机正在慢慢浮现。如同"资源诅咒"，我把美元特权的这种反噬力量称为"美元的诅咒"。当美国把美元这种特权或武器运用到极致，美元的信用不可避免地会受到伤害甚至崩塌。随着中国经济迅速崛起、世界经济格局与地缘政治关系出现巨变，美元霸权走向衰落的趋势愈加清晰，更多国家主动"去美元化"的行动开始形成一股世界潮流。

俄乌冲突爆发后，这种趋势更加明显。2023年我国发布《美国的霸权霸道霸凌及其危害》的报告，向全世界正式吹响反霸的号角。当今国际政治风云激荡，纵横捭阖，瞬息万变，"百年未有之大变局"进入关键临界点。如果大国博弈紧张态势进一步升级，则美元霸权的倾覆，仅差相关大国的合力一击。

在我看来，美元、美债的庞氏游戏能够存在，根源在于对美元的迷信和依赖。作为世界第二大经济体，中国强大的实体经济、制造业能力、长期出口拉动的经济增长方式，很大程度上为美元的国际货币地位提供了主要支撑。不少中国人对自己国家的长处、优势不了解，甚至视而不见。这在中国经济理论界尤甚，我国大学的经济学教育基本被西方经济学占领，主流经济圈也被西方经济理论主导，对市场原教旨主义的迷信与尊崇，以及在此基础上对美西方主导的国际经济体系、货币体系的主动接受、顺从、维护甚至臣服的观点，弥漫经济理论圈。

改革开放以来中国快速全球化，经济迅速增长，经济金融与世界深度融合，变得密不可分。中国实体经济发展取得了举世瞩目的成就，科技创新追赶的步伐也令世界惊叹，这些成为中国面对未来世界变局各种风险挑战的坚实基础。相比之下，中国的金融体系、金融市场发展仍落后于中国经济发展，与中国在世界经济中的地位不相称，受西方金融理论和模式影响很深，被制约的地方很多，短板是比较明显的。

中国要迎接"百年未有之大变局"，经受住风高浪急甚至惊涛骇浪的考验，迫切需要一场经济理论界的思想革命，迫切需要建构立足中华大地，并基于中国实践、中国经验、中国道路的中国经济学派。如果不能走出一条摆脱西方主导的中国特色金融之路，依然追随西方的理论，跟在别人的后面，中国式现代化就很难顺利推进和实现。

对于中国的未来，我们没有理由不自信。这本书写作用了大约3年时间，但它是用了我全部的人生经验来写的，包含着我对我们这个伟大民族苦难与崛起的历史认知。我全部的信念来自于：让历史照亮未来。我生于20世纪60年代末，亲身见证了我们国家从物质贫困到经济繁荣、从农业社会到工业社会和信息社会的飞跃。我们国家从来是披荆斩棘、迎难而上的。如果说，新中国成立后我们在西方经济封锁和技术禁运的条件下，仍然能够自主完成"两弹一星"的奇迹，依然取得哥德巴赫猜想、反西格玛负超子、人工合成牛胰岛素结晶等一批世界前沿科技成果，能够独立研制出第一部通用数字电子计算机、第一代喷气式歼击机、万吨水压机、万吨级远洋轮船、第一艘核潜艇、第一颗洲际导弹等，那么以中国人勤奋、智慧的特质和集中力量办大事的制度优势，未来我们没有理由不能突破美国的科技围堵，掌握半导体与芯片等关键领域的"卡脖子"技术。

在新时代，我们依靠自主创新，继续取得北斗卫星导航、空间站、探月工程、大飞机制造等举世瞩目的成就。如今，中国制造业正全方位向高端挺进，光伏、风电产业碾压全球，新能源汽车实现弯道超车并在国际市场绝对领跑，高铁、造船、量子计算、5G应用、机器人、智能制造等在全世界领先，人工智能已经能够与美国并驾齐驱。而在科研方面，中国科学论文量质齐升，论文数量和质量均已超过美国。据日本经济新闻网站2022年8月10日报道，日本文部科学省科学技术和学术政策研究所9日发布的报告称，在引用次数进入前1%的"顶尖论文"数量、论文总数和引用次数进入前10%的"受关注论文"篇数三大关键指标上，中国全部超越美国，跃居全球首位。这些都是我们面对美西方科技封锁的信心之源、力量之源。

近代先贤在"睁开眼睛看世界"的震惊中，发现了我们的差距。今天，在几代人顽强奋斗、艰苦创业的基础上，我们不仅要"睁眼看世界"，在学习别人长处的基础上有所创新、有所超越；也要"睁眼看自己"，从而对世界、对自身有全面客观的认知，尤其要看到我们独有的优势：产业优势、市场优势、规模优势、创新优势、制度优势，看到中国前进的稳健脚步、向上的澎湃力量和不可阻遏的崛起之势。

谨以本书致敬这个伟大的时代和不懈的奋斗者！

目 录

序一 探寻金融强国之路	I
序二 怎样走出"美元陷阱"	VII
序三 拜登经济新思维及应对三策	XI
序四 见证历史之作	XIX
自序	XXIII

第一部分 1

风云变幻——美元霸权走向衰落 / 1

美元大考	3
货币狂欢与财富幻象	11
美元体系的黄昏	19
世界可以去美元化，但一天也离不开中国制造	27
美欧挥起金融制裁大棒，会不会打自己的脚？	36
俄罗斯反制裁戳破美西方霸权神话	43
美国金融制裁的陷阱和应对	48

第二部分

帝国黄昏——美国经济的本质与沉疴 / 59

债务催生财富，谁支撑了美国人的幸福生活？ …………… 61
透视美国"债务黑洞" ………………………………………… 69
美国国债收益率飙升预示着什么？市场正划出边界 …… 76
美国通胀盖不住了，全球危机恐将重演 ………………… 82
美国经济危局恐怕不止于"滞涨" ……………………… 87
美国经济正站在悬崖边上，该怎么办？ ………………… 94
对美国经济的警告并非危言耸听 ………………………… 103
透视美国供应链危机 ……………………………………… 106
靠债务堆起的美国经济复苏成色不足 …………………… 113
美国2021年GDP增长5.7%，"惊艳"数字背后藏着多少水分？ … 116
不平等议题在西方主流学界的回归 ……………………… 122

第三部分

中美经济的"实"与"虚"——发挥中国独特优势 / 131

中美经济，到底谁更需要谁？ …………………………… 133
中美经贸竞争，攻守已经易势 …………………………… 142
贸易战还打吗？美国自己先撑不住了 …………………… 150
制造业回流美国，"从良"没那么容易 ………………… 154
中国产能一枝独秀，应该站着把钱挣了 ………………… 163
中国经济：稳的压舱石与进的发动机 …………………… 171
告别经济增速迷思 ………………………………………… 176
"缺芯"之痛与世界半导体江湖 ………………………… 179
华为，一个企业的悲壮突围 ……………………………… 187

目录

第四部分

美元与人民币——世界货币体系面临改革关头 / 197

当全球货币洪水泛滥，如何保卫我们的财富？ ………… 199
中国如何抵御"输入性通胀"？ ………………………… 210
汇率升值影响出口？理论不应成为教条 ………………… 220
SWIFT牵手中国央行数字货币，意味着什么？ ………… 226
人民币国际地位上升大有潜力 …………………………… 231
人民币长期稳步升值的大趋势不可阻挡 ………………… 234
走出"美元陷阱" ………………………………………… 241
中国制造是强势人民币的可靠支撑 ……………………… 251

第五部分

大国博弈——中国优势与制胜之道 / 261

挖一挖1万亿美元美债背后的深层逻辑 ………………… 263
世界变局下的中国优势与制胜之道 ……………………… 274
美国经济陷"死局"，中国三招可制美 ………………… 283
美国重现"西贡时刻"，说明了什么？ ………………… 292
捍卫国家利益，必须勇于斗争 …………………………… 299
美国拒绝中国留学生，我们值得非去不可吗？ ………… 307
美欧对俄罗斯金融制裁加速全球经济体系重构 ………… 315
论大国崛起中的精神力 …………………………………… 331

后　记 / 343

第一部分

风云变幻
——美元霸权走向衰落

CHAPTER
1

美元大考

2020年3月以来，美国新冠肺炎疫情暴发导致股市连续熔断，经济衰退，失业率剧增，为减缓美国公司及居民经济压力，美国政府推出3万亿美元纾困救助计划，美联储实施无限量化宽松政策，大举购进美国国债及公司债券，开启天量印钞模式。美国国债总额创下历史新高，美联储迅速扩表。

美元作为全球体系的公共产品，必须保证美元信用的公信力，发行应该受到严格约束。美国不顾美元作为世界货币的外溢效应，通过美元扩张转嫁国内危机，势必推高美国金融泡沫，加剧国际金融风险，引发国际社会对美元信用的质疑。如果美国不能通过新冠肺炎疫情的大考，不能保持经济稳健增长，不抛弃单边主义的国际经济政策，美元独霸国际货币体系的局面将难以维系。

美国经济的真相

美国经济与美元地位互为因果。美元的国际货币地位基于世界对美国经济的信心，而美国经济依赖美元的绝对垄断地位获得超常的贸易特权和金融特权。

现行全球贸易体系是二战以后由美国主导一手打造的，包括美国主导的世界银行、国际货币基金组织、世界贸易组织等国际组织，建立国际贸易和国际金融规则，打造美元结算、支付、清算网络体系，使美元在国际储备货币、支付手段、清算方式等金融领域占据绝对主导地位。随着美元国际货币地位的确立，一方面美元成为全球贸易体系得以建立和稳定运行的基础，另一方面美元也逐步成为服务美国国家利益的工具。

在美元主导的全球经济贸易体系下，世界贸易成为一种美国发行纸币，其他国家生产商品和服务供给美国消费的游戏。美国对外输出纯信用的美元，在全球占有实际财富。主要的出口国与美国形成了以美元为纽带的共生关系。主要的出口导向型国家，以低工资和低环境成本为代价，向美国提供价廉质优的商品，为美国源源不断地输送消费品和各类资源，同时保证了美国长期的低物价、低通胀。美国对外贸易导致的巨额贸易逆差，又通过出口国以购买美国国债或公司债等形式回流到美国来弥补。通过"美元—商品—国债—美元"的循环，美元的一出一进实现了世界实体财富流向美国的目标，形成了其他国家生产、美国消费，其他国家高储蓄、美国高消费的经济格局。这意味着美国可以依赖美元输出、发行债务等金融手段而长期占有其他国家的实体财富，换句话说，依托美元，美国是可以"躺着"挣钱的。这就是以美元为核心的全球贸易体系的运行模式。

美元作为世界货币的地位，决定了美国贸易必须长期处于逆差地位，这是美元体系的一个内在矛盾，即美元充当世界货币与美国贸易平衡不可兼得。美元要充当国际货币，各国发展国际贸易用美元作为结算货币，用于美元作为储备货币，就会导致美元必须持续流出美国，并在海外不断沉淀，对美国国际收支来说就会出现长期逆差。这一内在矛盾决定了，美元虽然可以依靠其在国际货币体系的独霸地位获取垄断收益（国际铸币税、长期维持国内低通胀、通过纸币发行对冲国家负债、转嫁国内经济危机等），但也必然付出长期保持贸易逆差的代价。从1976年开始，美国进出口进入了贸易逆差阶段，在长达40多年时间里，美国一直保持对外贸易逆差。美元的这一特性，导致美国经济出现脱实向虚、制造业外流等现象，美国经济成为高度虚拟化的经济。

美元的国际垄断地位使得美国能够通过金融和跨国投资轻松在全球聚敛

财富，因而金融资本成为美国经济和政治的支柱。但金融资本的强势也抑制了工业资本的发展，由此导致美国经济的"空心化""虚拟化"。在20世纪前半期，制造业是美国经济增长的主要动力。20世纪下半期特别是80年代以后，由于美国劳动力成本高企，产业资本出于追求超额利润的目的，开始在全球范围内转移和布局产业链，美国制造业大规模向亚洲地区转移，形成了美国经济"去工业化"，经济发展主要依赖服务业尤其是金融业，美国经济高度金融化，形成金融立国的经济模式。美国金融创新飞速发展，而金融衍生品的过度与泛滥，最终导致了次贷危机的爆发，并演化成世界性的金融危机。

当美国政府认识到"去工业化"的后果而提出"再工业化"之时，却发现美国制造业产业基础已经大幅削弱。其中，重振美国工业的一个必要条件，即劳动力资源特别是熟练的技术工人根本无法得到满足。同时，美国虽有高科技产业优势，但缺乏完整的制造业产业链，而美国再造产业链并非朝夕之功且代价高昂。这决定了美国的"再工业化"困难重重。美国经济的金融化和实体经济的"空心化"，暴露了美国经济空虚和脆弱的一面。

美国经济的"空心化"以及经济结构的问题导致美国收入分配严重不平衡，社会财富日益集中在以华尔街为代表的少数金融精英和跨国资本集团手中。美国的经济发展并没有使普通美国人受惠，甚至让他们处于不利地位。研究表明，美国的收入分配差距达到了非常严重的地步，最顶尖的1%的人口所获得的收入占国家总体收入的21%，这远超西方发达国家的平均水平。这种收入差距的不平衡在2008年美国金融危机之后进一步加剧。美国收入分配的严重失衡，既暴露了美国经济不平等的一面，也带来深刻的经济矛盾和社会矛盾。近年来，美国民粹主义和反全球化声浪抬头，正是美国经济内在矛盾的反映。

从长期的历史发展来看，世界见证了新兴市场的崛起和美国经济的相对衰落（从1960年占世界GDP的近40%降至2021年的25%）。美元的国际货币地位，既成就了美国经济在全球的霸主地位，也为美国经济带来"诅咒"，并导致其自身难以消除的各种矛盾。

美国撒钱，全球买单

美元体系的又一个弊端是美元的外溢效应。美国可以通过货币超发转嫁国内危机，使美国的国内危机扩散为国际危机和全球金融动荡。

2008年美国金融危机后，为挽救陷入危机的美国金融机构，2008年11月至2012年12月，美联储先后推出四轮量化宽松政策，美联储总资产规模从2008年的1万亿美元左右骤然增加到2012年末的2.85万亿美元（数据来源：彭博社），美元发行急速扩张。

2020年3月，受新冠肺炎疫情冲击及经济衰退影响，美国股市短短10天连续4次熔断，大批企业面临债务危机。为救助股市，美联储祭出无限量化宽松手段，不仅购入国债，而且大量购买企业风险资产，包括垃圾级债券。不到3个月时间，美联储增加购买国债和企业债3万多亿美元，美联储资产规模急速扩张，释放出巨量美元流动性。美国开启印钞模式，骤然增发3万多亿美元，用于联邦政府对企业、个人"大把撒钱"的救助计划。到2020年6月美联储资产规模最高达到7.22万亿美元。

美国政府一手发债、一手印钞的模式，像魔法一样变出美元。美元流动性扩张稀释了美国原有的对国外的负债，美元无限量化宽松政策的外溢效应，相当于对世界财富的公然洗劫。美联储天量放水虽然短期内可以帮助美国走出金融危机，刺激股市短期回升，但并不能反映经济真实的基本面，实际上推升了美国股市的泡沫化。如果美国继续放纵运用这种无限量化宽松特权，势必导致全球美元流动性泛滥，冲击他国金融市场，加剧全球金融市场的风险。

美联储放任运用无限量化宽松特权，严重削弱美元的信用基础。如今的美元纯粹是信用货币，不同于布雷顿森林体系时期的与黄金挂钩，而是以美国国家信用为支撑。美元发行的依据是其持有的联邦政府债券、公司债等，而美国负债规模不断创下历史新高。2020年3月美国联邦政府推出总额约2.2万亿美元的经济纾困计划，通过直接发放现金补贴、增加失业救济金、减税、贷款援助等多种方式为家庭和企业提供援助，这是美国历史上规模最大的财政支出法案。随着美国财政支出大幅增加，到2020年6月美国政府债务累计已经达到26万亿美元，为美国2019年GDP的121%，相当于欧盟GDP的141%、中国GDP的181%。在2020年3月推出首轮3万亿美元经济刺激计划之后，特朗普政府正在考虑推出新一轮刺激计划，预计美国联邦政府2021年的预算赤字总额将超过3.8万亿美元（是2020财年的4倍，占GDP的18.7%），美国政府债务规模将进一步攀升。如果是其他国家，这样的负债水平已经要发生债务危机了。

美元成为世界货币，植根于美国经济活力以及稳健的财政政策，由此保证美国经济在全球的公信力。如果美国政府债务规模继续攀升，美债将陷入依靠发新债偿还利息的"庞氏融资"模式，存在引爆美元信用危机的危险。

美国财政部前部长鲍尔森针对美元前景撰文指出，美国能否战胜新冠肺炎疫情，以及疫情后美国能否保持稳健的宏观经济政策，管理好国债并控制住结构性财政赤字，是对美元地位的重大考验。如果美国不能做到这些，随着时间的推移，美元的地位将岌岌可危。

美元武器化

美国凭借美元独霸国际货币体系的绝对主导地位，还发展出长臂管辖权，对他国经济肆意进行干预和制裁，推行霸凌主义，实现自身政治目的。美元体系成为美国推行单边主义和强权政治的工具，成为攻击竞争对手的"金融核武"。

美元体系的建立使得美国在国际金融领域拥有垄断性的全球性权力：一是主导全球金融规则的制定，并掌握对国际货币基金组织、世界银行等国际金融组织的操控权；二是对国际支付清算体系的控制权，美元全球使用的系统外部性形成国际贸易计价、结算的路径依赖；三是美国具有深度与广度的金融市场体系，拥有全球最强大的金融机构和金融服务网络；四是控制着全球性的信用评级机构；五是不受约束的金融制裁权力。

美国依靠美元和金融霸权，使其能够动用各种金融手段打压其他国家、企业及个人。美国实施金融打击和制裁，包括攻击他国金融制度及政策，冲击他国资本市场和金融机构；利用资本做空并促使非美货币大幅贬值，资金恐慌性外逃，引发金融市场动荡；制裁经济和金融主体，采用多种手段对金融机构、实体企业及个人实施金融制裁，冻结被制裁实体的资产；利用对SWIFT、CHIPS和Fedwire系统等金融基础设施的主导权，切断他国政府、企业或个人的美元结算与支付渠道，将其排除在美元体系之外。

例如，美国曾于2018年宣布对俄罗斯38个个人和公司实施制裁，冻结其在美国管辖区域内的所有资产。美国还对伊朗政府、企业等发起金融制裁，限制伊朗对外的金融交易，并将制裁扩展到与伊朗发生商品或服务交易的第三方国家实体或个人。美国曾以向伊朗提供金融服务为由对我国某银行实施制裁，导致其与美国金融系统的联系被切断。美国对朝鲜、伊朗、委内瑞拉等国采取金融制裁，对这些国家的经济金融造成沉重打击。金融战是美国在贸易战、科技战之后更具杀伤力的经济打击武器。

在中美竞争和对抗不断加剧的形势下，随着对华贸易战、科技战的升级，美国已经出现对中国实施金融战的苗头。例如，特朗普总统签署的《中国香港自治法案》，其中包括对与被制裁个人和实体有业务往来的银行实施制裁。在美国新冠肺炎疫情危机和经济衰退进一步加深的情况下，不排除美国动用更加极端的"金融脱钩"手段，如对我国企业和金融机构实施冻结资产、切断美元渠道等制裁手段。对此我们必须保持足够的警惕，未雨绸缪，做好应对的制度安排和系统安排。

货币体系多元化

正如美国财政部前部长鲍尔森所说，美国能否经受新冠肺炎疫情的考验，能否保持经济持续增长，并合理控制财政赤字，是美元地位是否持续的一次大考。

在应对新冠肺炎疫情方面，美国交出了一份让世人瞠目的答卷，美国感染人数及死亡人数全球第一。2020年6月末，美国各州迫于新冠肺炎疫情高峰复发，不得不延缓开放经济的计划。

在对外经济政策方面，特朗普政府推行"美国优先"政策，无视其他国家的正当利益诉求，推行单边主义贸易路线，与中国、欧盟贸易战火力全开。这种以邻为壑的对外经济政策势必导致美国在世界上更加孤立和自我封闭，既扰乱全球经贸秩序，也无助于美国经济健康发展。

受新冠肺炎疫情冲击以及美国经济自身矛盾加深，美国债务不可避免继续攀升，如果这种情况不能扭转，美元独霸世界的局面终将瓦解。德国战略分析专家冈特·舒赫撰文指出，新冠肺炎疫情以及美国的应对措施似乎开启了一个新的时代，美元作为全球储备货币的时代正走向倒计时。

笔者认为，压垮美元的最后一根稻草，是美国巨额债务的不可持续。一方面，美国新冠肺炎疫情危机使政府财政赤字进一步激增，美债偿债能力堪忧；另一方面，美国无限量化宽松政策使美债收益率大幅下降，10年期美国国债收益率一度只有0.35%，而2年期美国国债收益率更低至0，美国国债对国际市场的吸引力大大降低。在这样的情势下，谁还愿意为美国国债托底呢？

美国财政部2020年5月16日公布的报告显示，3月底，在其公布的34个持有美国国债的国家中，有28个国家减持，单月减持规模达2257亿美元，创下历史纪录。一种不难设想的前景是，在美国经济下滑与债务持续上升的双重压力下，如果多个国家不愿继续持有美国国债，将引发美国债务违约风险，从而引爆美元体系崩溃的多米诺骨牌。不要以为这样的情形不会发生，新冠肺炎疫情之下我们已经见证了一批历史的"黑天鹅"。其实，美元信用的倒塌很久以前就发生过。布雷顿森林体系后期，由于美国发行的美元已经超出了所拥有的黄金的价值，1971年尼克松总统宣布美元与黄金脱钩，这是美元对世界的一次公然赖账。法国总统戴高乐率先觉察端倪，于是赶在美元与黄金脱钩前，把法国的美元储备换成了黄金。

对于美国滥用美元霸权作为打压、遏制他国的工具，美国财政部前部长鲍尔森警告说，美元的霸主地位固然使美国拥有单边制裁的能力，但这并非没有成本，把美元当作制裁他国的武器，会鼓励甚至逼迫包括美国盟友在内的其他经济体发展能替代美元的国际储备货币。

随着美国单边主义政策及制裁加剧，世界各国期望改变美元主导的国际货币体系的意愿日益强烈。一些饱受美国制裁之苦的国家以及主要石油出产国，甚至包括美国盟友，已经悄然启动"去美元化"进程。俄罗斯、伊朗已经开始实施去美元化。2018年俄罗斯几乎抛光美国国债，外汇储备用黄金替代美元，国际支付改用欧版金融体系等。沙特阿拉伯央行2021年以来大幅减持了美国国债资产。欧盟在2018年底公布一项旨在提高欧元地位的计划草案，要求各成员国在能源、大宗商品、飞机制造等"战略性行业"增加使用欧元的频率，并提出创建绕过美元的新支付渠道。土耳其宣布用人民币支付从中国进口商品的费用，反映出新兴国家在新冠肺炎疫情引发美元流动性短缺和支付危机情况下，谋求新解决方法的动向。

美元地位削弱后，取而代之的将是多个区域主导货币并存，为全球经济活动提供新的信用和流动性，人民币在国际货币体系中的地位与作用将得到提升。中国作为世界第二经济大国，拥有足够的经济规模和巨额贸易顺差，人民币已经成为国际储备货币之一，新冠肺炎疫情形势下经济继续保持稳定增长，国际市场对人民币信心可望增强，具备进一步国际化的基础。当前，我国应进一步推进人民币计价石油期货市场的发展和人民币跨境支付系统（CIPS）的建设，为人民币在国际贸易结算及跨境投资中的更广泛应用创造条件。

《财经》杂志　2021年第5期

货币狂欢与财富幻象

2020年是个非凡的年份。在我们见证的诸多历史中,西方主要央行轮番上演的史诗级"货币大放水",力度足够震撼,刷新人们三观。货币池子水位陡升,你手里的钱还是昨天的钱,但它们代表的价值已然不同于昨日。

在西方央行的弹指一挥间,世界的财富版图被悄然改写、重置,而你我的财富,特别是储蓄、债权,也在无声无息之间被人动了,或者可以说是被"大摇大摆地偷走了"。

不平等的财富转移

新冠肺炎疫情暴发以来,美联储开启无限量化宽松进程,进入大举购债模式,短短几月内资产负债表扩张了65%,总额最高达到7.22万亿美元,基础货币一下子多冒出来3万亿美元。这个规模绝对是史无前例的。要知道2008年美国金融危机后,美联储用了3年多时间,经过四轮量化宽松,也才由1万亿美元扩张到2012年末的2.85万亿美元。

欧洲央行早在2014年开始实行负利率,2020年3月以来继续开足马力放水。3月12日宣布扩大1200亿欧元量化宽松,3月18日推出7500亿欧元新冠肺炎疫情紧急购债计划,到目前欧洲央行总资产已由1月末的4.67万亿欧元扩张至

8月末的6.44万亿欧元。

日本央行本是量化宽松的祖师爷，2020年以来更是不遑多让。截至8月底，日本央行增加购买政府债、企业债等各类资产64.51万亿日元，总资产达到580.3万亿日元。到目前日本央行总资产已相当于日本GDP的107%以上，而美联储总资产占美国GDP的比例也才将近20%。

西方央行这些增发的钱都流向了哪里？当然，它不会流向别人的腰包。达利欧说，"储备货币赋予一个国家不可思议的力量。凭借美元的世界储备货币地位，美国有权将所需要的美元交到美国人的手中，从而可以比其他国家的政府更有效地帮助本国公民"。

央行凭空增发的货币，作为美欧日政府经济救助资金来源的支撑，都流向了这些国家的企业和居民。比如，自2020年3月以来，美国已实施四轮财政刺激和经济救助方案，总额达到2.9万亿美元。这些救助包括直接发放现金补贴、增加失业救济金、减税、贷款援助等各种方式，为因新冠肺炎疫情陷入困境的美国家庭和企业提供援助。其中，拨款5000亿美元给大企业纾困，3500亿美元给中小企业借贷，2500亿美元为低收入家庭发放现金补贴，每人可领取1200美元现金；另外2500亿美元作为失业救济金，失业者每周可额外获得600美元的失业救济金。这形成了无偿的财富转移。随着这些救助计划到期，新的至少1万亿美元的财政刺激计划正在路上。

底层民众拿到了救命的小钱，更多的钱流向了大企业、大金融机构。美联储购买的资产不仅限于美国国债，还包括大量公司债等风险资产，这就导致美联储增发的货币部分直接流向了美国的大型企业或资产管理公司，成为这些机构的现金资产。美联储的货币增发直接补贴了这些大型机构，不仅使它们避免了债务到期的偿债危机，而且拥有了更强大的资金实力。

新冠肺炎疫情发生以来，美国银行体系的存款暴增。美国商业银行每周存款数据显示，2020年8月末美国银行体系存款总额高达15.55万亿美元，比2019年同期增加了2.61万亿美元。

新冠肺炎疫情暂时压抑了美国这架庞大的消费机器，而大量的注水已经形成一个可怕的资金堰塞湖。巨量的美元正趴在美国大型机构的账户中，伺机扑向全球的投资目标。一旦美元资金的洪水冲出堤坝，它会席卷世界买买买，吞没各国的商品和优质资产，成为美国金融资本又一次收割全世界韭菜的机会。笔者陡然想，新冠肺炎疫情是世界的灾难，却有可能成为美国劫掠世界的又一"良机"。

美国经济已经陷入深度衰退，而新冠肺炎疫情的反复打断了美国经济的复苏。没有财政救助，美国经济就会奄奄一息。美国财政赤字将继续攀升，预计2020年将达到GDP的20%。在美国财政揭不开锅的情况下，政府救济支出只能靠央行印钞来买单，美联储的购债和扩张计划也将无法停下脚步。摩根士丹利的研究报告预测，本次美联储量化宽松规模可能达到7.8万亿美元，2021年底美联储总资产将达到12万亿美元，而据德银的估算，美联储在未来4~8年总资产将扩大到19万亿美元。可以预期，天量的美元资金洪水正在汹涌而来。

西方央行大放水，对人们的财富是一次新的洗牌。首先，它更有利于富人，加剧了财富向少数人的集中。荷兰中央银行2019年对一个世纪以来的数据进行分析表明，扩张性货币政策将有利于收入最高的1%的人，他们收入和财富的占比会提高1~6个百分点，而其中最大的财富效应来自资产泡沫。其次，宽松货币政策使利率走低，而进行储蓄的多为中下阶层人士，导致穷人补贴富人，这加剧了财富分配的不公。

更重要的是，在开放经济模式下，一国的货币扩张不只是该国自己的事情，还会产生强烈的外溢效应，特别是像美元、欧元这样的世界储备货币。美国是全球最大债务国，而且均以美元计价，美元的量化宽松直接导致了美国巨额对外负债被稀释，使美国可以轻松化解债务，而债权国家财富随之缩水。通过放水、贬值的魔幻大法，美国把自己的危机变成他人的难题，这是赤裸裸的洗劫。美国在历史上多次这么干过，最近的例子是2008年金融危机时，其也是通过量化宽松把本国的债务危机向全世界转嫁。

央行大放水，都是以刺激经济、防止衰退的名义进行，似乎有着天然的正当性。然而，这样的政策真的有用吗？日本早在20世纪90年代就奉行量化宽松，同时实行零利率，安倍执政期间更把大规模货币宽松这支箭用到极致。

虽然日本经济勉强走出了衰退，近年维持了1%以下的微弱增长，但并未帮助日本走出"失落的20年"困局。而政府负债已经超过GDP 200%，日本央行承担了大约一半的政府债务。日本实施的超宽松货币政策，并未有效刺激实体经济投资和居民消费，有效需求依然不足，出口在全球的份额也在下降。大量资金流入股市，或在金融体系内自循环，任凭如何放水，对实体经济已经起不到任何刺激作用，陷入了"流动性陷阱"。

不少人对日本的超大规模量化宽松大为拥护，但他们似乎忘记了，日本"失落的20年"正是源于股市和房地产等泡沫经济的破裂。批评者如日本作家池田信夫在其《安倍经济学的妄想》中尖锐地指出：其量化宽松政策只是一时打鸡血的"安慰剂"，不能解决日本经济的现实问题；安倍经济政策带来的只是股价短暂上升，不啻虚妄的回光返照。

欧洲的情形也不容乐观。欧洲央行的传统政策工具箱早随着应对欧债危机而弹尽粮绝，于是几年前就开始了超出底线的货币政策"创新"，开了"负利率"的先河。放水还倒贴钱，这不免让一般民众感觉时光错乱。现实呢？欧洲经济依然在停滞与危机中挣扎。2018年以来欧洲经济陷入持续萎缩，加上新冠肺炎疫情的打击，到2021年也未恢复到衰退前的水平。

债务、泡沫堆起的虚幻繁荣

全球货币大放水，是否会引发新的通胀？有人说，过去10多年西方国家多次搞量化宽松，并未引发通胀，因此断言这次的西方央行大放水也不会带来通胀，这种观点未免失于机械和偏狭。他们忘了，美元、欧元作为世界储备货币，资金洪水淹的绝不是他们自己，而是由全球经济来兜底。通过全球贸易和投资，他们可以把通胀输出给其他国家承担。而此次欧美货币宽松的规模史无前例，历史的经验也未必具有参照意义。

实际上，随着美联储的天量放水，美国的通胀已现端倪。衡量货币是否增发的一个标准是M2与GDP的增速差。截至2020年7月，美国M2达到18.28万亿美元，同比增速达到创纪录的23.30%，与名义GDP增速差更达到32%的历史新高，这为通胀带来上升压力。据路透社报道，美国7月核心通胀指标呈现近30年以来最大涨幅，商品和服务价格普遍上涨。7月消费者物价指数较6月上涨0.6%，较2019年同期上涨1.0%，汽油价格上涨占整体涨幅的1/4。扣除食品和能源价格后，7月核心CPI较2019年同期上涨1.6%。如果不单纯看消费品，那么物价上涨的趋势更明显。由于美国利率降至历史新低，刺激了购房需求，7月美国典型房屋价格同比增长4.5%，是2019年5月以来最高增速，美国房屋销售增长也创下24.7%的历史新高。

在全球范围内，黄金、白银等贵金属价格飙升，原油、铜等大宗商品价格也呈现快速上涨势头。黄金价格由2020年初的1514美元上升到8月初的2075美元，最高涨幅为37%。黄金价格的飙涨，等于直接说："美元已经成了注水肉。"

美国经济在新冠肺炎疫情下风雨飘摇，而股市却牛气冲天。在货币天量放水刺激下，美股快速收复2020年早期4次熔断的巨量跌幅，并不时试探新的高点，全然无视经济狂泻的基本面。而科技股更是一骑绝尘，美国科技股的市值已经超过欧洲股市总市值。苹果市值突破2万亿美元，较新冠肺炎疫情冲击后的低谷回涨超过了100%。亚马逊、微软和Alphabet的市值都超过1万亿美元。这些科技巨头的总市值已超过6万亿美元，而特斯拉的市盈率更是超过了惊人的1000倍。

在笔者看来，美国股市就是在货币疯狂注水后堆起来的一个泡沫幻象。股市的虚拟性就在于，它不纯粹基于公司业绩和真实价值，而是混合了投资者想象和复杂投机心理以及诸多外部因素的一个估值结果。而新冠肺炎疫情发生以来美国股市有悖常理地疯涨，背后是上市公司和金融资本的魔幻操作。凭借量化宽松形成的超低利率环境大举融资回购股票，是这场股市疯牛的幕后推手。

美国上市公司回购股票的市值，从2010年以前年均千亿美元左右连年飙升，到2018年创纪录地突破了8000亿美元。2008年以来，标普500上市公司的回购市值超过6万亿美元，占该指数最新市值的20%。这种通过回购股票推高每股业绩，用债务和资本运作而不是经营来制造高成长的幻觉，就是极低利率环境下孵化出的一头怪兽。无论是传统行业如钢铁、银行业，还是高科技公司如苹果、亚马逊，只要公司经营收入大于融资利率，发债回购的游戏就能让上市公司持续高成长；同时，大股东分红收入增加，拿着股票期权的上市公司高管身家也能水涨船高。

2020年在新冠肺炎疫情冲击之下，上市公司股票回购大戏重新上演。2020年第二季度以来，谷歌的母公司Alphabet回购股票69亿美元，同比增长92%；微软回购58亿美元股票，同比增长25%；苹果2020年以来回购了160亿美元股票。美联储开动"直升机"撒钱，在消费、投资仍旧疲软的真实基本面下，上市公司再度通过回购大法，人为导演了一场"水牛"大戏，经济加速脱实向虚。

眼下，美国股市已经处于高风险区。看看"巴菲特指数"吧，即股票总市值对GDP的比值。巴菲特认为，该指数超过120%表示股市高估，指数越高，泡沫风险越大。2000年互联网泡沫破裂前，该指数高达146%，2008年金融危机前该指数也曾达到137%。如今美国股市按该指数衡量再度突破130%，这意味着美国股市泡沫化已经非常严重。

美国走出2008年金融危机后，已经历长达11年的长增长周期。人们只看到美国繁荣的光鲜表象，却很少看到其内里膨胀着的"水分"，那就是债务的高涨。美国是一个伫立在高额债务上的"巨人"。美国是高消费、低储蓄的国家，人们习惯于借债消费，房贷、车贷、信用卡账单成为人们生活的日常。居民负债总额与美国GDP的比率在美国金融危机前高达98.6%，当前为75%左右。企业部门负债总额与GDP的比率由70%上升至75%。2008年金融危机以来，美联储量化宽松与政府发债协同，美国债务急速扩张，政府债务与GDP的比率由2008年的58.2%上升到2019年末的108%。随着新冠肺炎疫情发生以来数轮财政救济支出，美国财政债台进一步推高，到目前已经超过121%。如果把居民、企业和政府部门债务加起来，总债务水平超过美国GDP的270%。

于是我们看到，从2000年互联网泡沫危机、2008年金融危机到2020年新冠肺炎疫情后股市熔断崩盘，美国政府和美联储都冲在前台，无一例外开闸放水，向市场注入大量流动性。一次危机暂时平息，借着美联储大水漫灌，借着上市公司信用扩张，股市再次爬高，吹起一个更大的泡沫，而债务也一次次刷新历史纪录。美国经济正在新冠肺炎疫情下煎熬，而股市却一路狂奔，靠放水和债务堆起来的虚幻"繁荣"，能够持久吗？

谁来约束央行

随着美欧日央行量化宽松大行其道，西方开始出现新的理论——现代货币理论，为其央行的货币实践寻找理论依据，以证明其正当性。该理论的核心是"功能财政+通胀稳定"，央行可以充分发挥货币创造功能，为功能财政铺路，以实现充分就业。货币发行只要不引起过高的通货膨胀，就可以无限制地发行。这彻底颠覆了人们对传统货币理论和经济理论的认知。

但这个理论的一个重大缺陷，就是把货币发行的约束仅限于"通胀稳定"，这就太局限了。通胀所考察的物价范围毕竟有限，而随着世界经济、人口结构、消费结构、信用创造机制、货币流向的演变，通胀的发生机制已与过去大不相同，货币更多的不是流向商品，而是流向不动产、股票、债券等资产。把通胀的波动作为货币发行的主要约束显然不充分，为金融风险留下太多隐患。另一个重大缺陷是，它忽略了开放经济模式下一国货币政策的外部性。如果是一个小型经济体，它放任发钞，影响仅限于本国；而作为美国和欧洲这样的大型经济体，主权货币又是世界货币，它们出于解决自己问题和危机的需要，无底线地放任发钞，货币的泛滥对他国商品和资产就会是一场洗劫，这无疑是一种把自身危机向别国转嫁的政策阴谋。它扭曲了价值标准，掩盖了国家之间债权债务的真实水平，把通胀的祸水引向别国，造成国家之间、不同人群之间财富的重新定义和不平等转移。

美欧日任性放水，凭空释放出巨量货币，不由得让人重新思考货币的意义到底是什么。货币本应是价值标准，它应该有一个至少看起来相对稳定和相对客观的锚。古老的金本位早已走进历史，货币当局再也不必受到它的约束，具备了无限印钞的可能。各国法定货币成为信用货币，没有了客观的锚定物。货币发行成为各国政府依据自身经济周期和经济运行状况自主决定的权利，而货币的价值与信用也不再那么刚性与恒定。于是，现代货币成为国家信用支撑的一个承诺，是货币当局签发的一纸欠条。

信用，它可以很坚固，也可以很脆弱；可以很真实，也可以很虚幻；可以很稳定，也可以很飘忽。认清这一点，可以帮助我们认清现代货币的本质，并理解货币世界那些怪诞的现象与迷局。

过去危机的源头，在于企业、居民部门的信用扩张和金融机构的过度创新。2008年金融危机之后，西方政府加强了对银行和金融创新的监管，银行的花式创新和盲目扩张被套上缰绳，而政府和央行走上了扩张的前台。美欧日政府负债与GDP的比率都超过100%，背后的支撑都是央行增加资产购买，货币供给与债务水平同步攀升。旧的危机源头被抑制，而央行信用扩张正在成为推高风险的新源头。那么谁来监管和约束央行？这是国际社会迫切应该追问和思考的问题。

面对即将到来的外币洪水，如何保卫我们的财富？中国财政政策和货币政策稳健，政策空间充足，经济稳定复苏，无须加入美欧货币放水的游戏。而保持人民币坚挺，是我们能够筑起的一道坚强屏障，有助于抵御西方货币泛滥带来的伤害。笔者认为，在未来一段时间，人民币稳定和适度升值，有足够的经济基本面支撑，且有利于增强人民币的国际地位，促进人民币在国际贸易和投资中扩大使用；同时，转变经济发展战略，构建以内循环为主体的"双循环"新发展格局，中国经济增长与人民币价值会步入一个相互促进的良性循环。未来中国经济的增长，应牢牢把握满足和扩大内需这个战略基点，不宜再追求贸易顺差和过多的外汇储备，使中国由出口大国转向进口大国，有利于中国战略利益。

美欧经济的复苏仍然十分艰难和漫长。美国联邦储备委员会主席鲍威尔说："要不惜一切代价支持经济复苏。"看来西方央行的大放水，远未到结束的时候。它可能对当下的经济困境是一针"强心剂"，帮助延迟危机的发生，但却埋下另一场更大危机的种子。

《财经》杂志　2020年第21期

美元体系的黄昏

自二战以后，美元一统国际货币体系的江湖，奠定了经济全球化的基础。70多年来，美国巩固了美元在全球经济体系中的绝对主导地位，并获得了无与伦比的利益和超级特权。但随着美国肆意把美元霸权作为制裁对手、霸凌盟友和推行单边主义的政治工具，美元霸权也日益成为扰乱全球经贸秩序的顽疾。

自2008年美国金融危机以来，美国多次放任使用量化宽松作为挽救本国经济、应对金融危机的手段，特别是2020年美国暴发新冠肺炎疫情以来，美联储开启史无前例的美元大放水。这种不负责任、以邻为壑的行为，不仅损害了世界各国利益，严重影响国际市场和金融稳定，也损害了美元信用的基础，动摇美元霸权的根基。自2020年3月以来，美元指数一路下行，全年下跌10.5%。2021年迄今又下跌4.5%。

春江水暖鸭先知。敏锐的华尔街投行们率先发出"美元行将崩溃"的警告，而一些国际学者开始认真讨论"后美元时代"的到来。

"后美元时代"或许言之过早。但今日之美国已经不是过去的美国，"百年未有之大变局"下国际格局正在加速重塑。新冠肺炎疫情危机、经济复苏乏力、种族矛盾、社会撕裂、政治极化等重重矛盾交织，美元霸权气已弱，势已颓，美元体系的黄昏已经悄然来临。

欧洲觉醒

据英国《金融时报》报道，2021年1月19日欧盟委员会通过了一份旨在强化欧元地位与金融体系建设的战略文件。文件指出，欧盟对美国政府通过美元在全球金融体系中的主导地位"非法施加域外影响"的政策深感失望，为避免美国金融制裁的影响，维持自身独立性，欧盟需降低对美元的依赖。文件同时警告，全球金融市场过度依赖美元，无法缓解金融紧张局势和经济稳定风险。欧盟对美元霸权公开表达不满，宣示其"去美元化"的决心，表明欧盟不想再忍了。

在美国眼里，欧元问世本身就是对美元霸权的挑战，是动了美国的奶酪，因此美国对欧盟一体化和欧元的警惕与防范从未停止，双方由此展开的角力与恩怨纠葛使欧盟有苦难言，如鲠在喉。

远的如，欧元甫一诞生，美国即发动科索沃战争，将欧洲卷入战乱，导致短短3个月欧元兑美元汇率直线下跌30%，由1.07美元/欧元跌到0.82美元/欧元。2008年，美国金融危机期间，美联储数轮量化宽松迫使欧元被动升值，欧盟出口受到打压。2009年，美国通过其控制的三大评级机构接连下调降低希腊主权信用评级，引爆希腊债务危机，并随即蔓延至葡萄牙、爱尔兰、西班牙、意大利，导致了欧洲主权债务危机。2012年初，标准普尔将法国等9个欧洲国家主权评级下调，债务危机席卷整个欧洲。欧洲从此进入痛苦而漫长的调整期，经济元气大伤，内部纷乱不休，险些导致欧元区解体。

近年来的例子，2018年特朗普政府无视欧盟的反复游说，单方面退出伊核协议，同时宣布重启对伊朗全面制裁，并威胁欧洲企业必须停止与伊朗的经贸往来，否则将面临美国制裁。欧盟与伊朗有投资与进口业务的企业被迫撤出伊朗市场。与此类似的例子，为阻挠欧盟与俄罗斯合作的"北溪2号"天然气管道项目，美国制裁俄罗斯，同时要求欧洲公司退出"北溪2号"项目，否则将冻结这些企业的美元结算账户，结果"北溪2号"管道工程一波三折，就差最后190千米却无法完成。

美国对欧盟大搞单边主义和美国优先，无理的利益挤压，强硬的贸易争端，霸道的"长臂管辖"和随意的制裁威胁，使欧盟受够了。美国的单边主义不仅给国际治理和正常的国际经贸往来带来威胁，也给欧洲经济和货币主权敲响了警钟。欧盟也终于看清，如果欧元不"另起炉灶"，将永远被束缚在别人划定的跑道上。

2018年8月22日，德国外长撰文呼吁建立一个独立于美元的支付体系，以加强"欧洲的自主性"。2018年12月5日，欧盟委员会发布《朝着欧元更强国际化地位前行》的行动倡议。倡议明确指出，欧盟要在能源、大宗商品、飞机制造等战略性行业更多使用欧元，并计划创建欧元定价的原油基准价格方案。

此后，欧盟开始打造美元以外的独立支付体系和机制。为避免美国制裁，维持与伊朗的合法贸易，2019年1月，法国、德国、英国三国成立INSTEX（贸易互换支持工具）机制，用于欧盟与伊朗之间药品、医疗器械和农产品贸易。该系统绕开美元和美国金融系统，欧盟进出口商之间无须与伊朗方发生直接的资金结算，而采取"记账"方式，使用欧元结算。2020年8月，比利时、丹麦、芬兰、荷兰、挪威、瑞典6国宣布加入INSTEX结算机制，该机制进一步扩容。INSTEX机制是欧盟摆脱美元控制、增强金融自主性的一种努力。

在原油贸易领域，欧元区部分国家已经展开"去美元化"布局。例如，土耳其与伊朗开启了黄金交易石油的新法则，土耳其与俄罗斯也达成了类似的交易协议，而欧元区和挪威的原油贸易早已采用欧元结算。同时，欧盟准备寻求原油的替代能源，如天然气和氢能等，以减少原油的需求量和交易量，从而降低美元的使用。

在外汇储备领域，一方面欧洲央行及德国、法国、比利时和西班牙等多国中央银行不断增加人民币外汇储备，另一方面欧盟及各国央行在积极增加黄金储备。近几年，德国从美联储金库运回黄金743吨，法国央行从美联储手上提取的黄金超600吨，意大利也把近400吨的黄金运回国内。欧盟不少成员国运回黄金，并减少美元储备资产，释放出对美元信用担忧的信号。

欧盟"去美元化"的努力，正在冲击美元在国际支付体系中的独霸地位。

SWIFT数据显示，2020年10月，37.82%的SWIFT现金转账使用欧元支付，比2019年底上升6个百分点；而美元的支付比例为37.64%，比2019年末下降约4.6个百分点。这是欧元在全球支付的份额首次超过美元。

欧盟提升欧元国际化、减少对美元依赖的举措，是欧盟坚定寻求强化战略自主的政策主张的一个侧面。欧盟经济体量超过美国2/3，欧盟进出口以美元结算的比例仍然非常高。如果欧盟坚定推行"去美元化"，对美元独霸国际支付体系可谓"釜底抽薪"。

制裁之痛

美元在全球经济金融中的主导地位，使金融制裁成为美国手中的一个"超级特权"，美国由此成为全球发起金融制裁最频繁、执法最严厉的国家。美国基于"长臂管辖""二级制裁"等霸权和单边原则，滥用国家安全和反恐怖名义，肆意挥舞制裁大棒，打压战略对手、推行强权政治，金融制裁沦为服务美国政治和战略利益的一种工具。

长期以来，美国对伊朗、委内瑞拉、俄罗斯、古巴等国家持续施加金融制裁，使这些国家对外经贸往来隔绝于美元体系外，经济发展受到沉重打击。

例如对伊朗的制裁。美国对伊朗实施全面制裁，切断SWIFT对伊朗国际贸易结算通道，封锁伊朗与外界的经贸关系。2012年2月，伊朗中央银行、其他金融机构和伊朗政府在美国的所有资产遭到冻结，并被关闭美元支付结算通道。美国同时警告他国金融机构，不得与伊朗央行有业务往来，否则将一并受到金融制裁。伊朗进出口业务基本陷于停滞，石油出口受到重创。2018年5月以来，美国政府单方面撤出伊核协议，宣布对伊朗实施最高级别经济制裁，覆盖能源、金融、汽车等多个领域并重点针对伊朗原油出口。2020年10月8日，美国财政部宣布制裁伊朗18家银行，导致伊朗金融业与国际金融市场隔绝，伊朗疲弱的经济雪上加霜。制裁令同时要求与被制裁名单上的银行有生意往来的外国企业在45天内结束有关业务，否则将一同面临美国制裁。

俄罗斯也深受制裁之苦。自2014年"克里米亚危机"以来，美国对俄罗斯发起持续多轮金融制裁，制裁对象包括俄罗斯政府高级官员、能源公司、金融机构、军工企业等。制裁措施包括冻结制裁对象在美资产，禁止美国实体、个人与被制裁对象开展任何交易等。

美国实施金融制裁，受影响的绝不仅限于被制裁国家本身，所有与这些国家有贸易往来和投资业务的企业都将受到制裁。美国的"长臂管辖""二级制裁"等不合理规定，赋予美国的制裁对境外实体产生法律管辖权，凡与被制裁者（国家、企业或个人）进行金融交易或向其提供金融服务的非美国金融机构，均会受到制裁。这大大增加了全球贸易、金融业的制裁"合规"成本。美国要求加拿大无理扣押华为孟晚舟女士并寻求引渡至美国，就是以华为涉伊朗业务为借口。

自2019年以来，随着特朗普政府对中国在贸易、科技、政治、军事等各方面极限施压，美国将金融制裁的黑手伸向中国。美国以人权、言论自由等为借口，在涉港、涉疆等问题上粗暴干涉我国内部事务，宣布对我国有关人员、企业进行制裁。

美国将金融制裁政治化、武器化，严重损害其他国家利益，破坏国际经贸体系正常运行，扰乱国际贸易秩序和金融市场稳定，增加了全球经济金融活动的成本。对美元霸权之弊，各国既深感无奈，又如芒刺在背。

美元的自残

天下苦美元霸权久矣，但美元体系根深蒂固，撼之殊非易事。但美国任性乖张，终将自毁长城。

美元作为世界货币，植根于美国经济实力及稳健的财政政策，以及由此保证的全球信用。但美国自2008年金融危机以来，放任使用量化宽松挽救本国危机，美元发行成为脱缰的野马。2020年，美国陷入新冠肺炎疫情危机，为刺激濒于崩盘的股市，救助新冠肺炎疫情困境中的民众及濒临破产的中小企业，避免经济长期衰退，美国实施了数轮新冠肺炎疫情纾困和救助计划，财政支出骤然扩张。而美联储推出无限量化宽松配合，开启了史无前例的美元大放水进程。

自2019年3月以来，美国已实施四轮财政刺激和经济救助法案，总额达2.9

万亿美元。美国联邦债务创下历史新高。2020财政年度，美国联邦政府支出增加47.3%，达到6.55万亿美元。财政赤字激增逾两倍，总额超过3.1万亿美元，赤字占GDP之比跃升至15.2%，已是连续第五年增加，为1945年以来的最高水平。截至2020年11月末，美国联邦债务总额已高达27.4万亿美元，占GDP比重达到134%。

2020年12月27日晚，时任美国总统特朗普签署总额约2.3万亿美元的一揽子支出法案，其中包括9000亿美元新冠肺炎疫情纾困资金。2021年初，拜登还未就职，就提出总额为1.9亿美元的"美国拯救计划"，后续还将推出新的基础设施建设计划，美国政府巨额赤字和债务高涨仍在路上。

为配合财政扩张，美联储启动无限量化宽松，大笔购进美国国债，启动了史无前例的美元大放水。仅2020年3月，美联储的资产负债表就增加了3万亿美元。到2020年底，美联储总资产规模达到7.35亿美元，比2019年末扩张3.14万亿美元，其中持有美国财政部发行的债券资产4.69亿美元，比2019年末增加2.36万亿美元。美国财政新增加的债务基本由美联储承接。

对比2008年美国金融危机，美联储通过四轮量化宽松，总资产规模从2008年的1万亿美元左右增加到2012年末的2.85万亿美元，美联储此番无限量化宽松，用力之猛刷新世人想象。如今，美联储仍然维持每月1200亿美元的购债计划，并承诺货币政策超宽松的基调将长期持续。

美国新冠肺炎疫情的持续反复，经济复苏的不确定性，加剧了人们对美国经济前景的忧虑，美国债务的急剧膨胀也引发各国投资者对美元的不信任。自2020年以来，高盛、摩根等国际投行不断发出美元"崩溃"的警告，著名经济学家、耶鲁大学高级研究员斯蒂芬·罗奇坚定看低美元。2020年6月，他预言未来一两年美元将暴跌35%。他表示，2021年美元指数仍会下跌15%到20%，理由是经济堪忧及美元的超低利率环境。

美国的高债务率不仅体现在联邦政府，美国的企业和家庭债务也处于历史高位。美国企业债务总额达17.5万亿美元（2020年第三季度末），约占GDP的92%，家庭债务总额达到创纪录的13.95万亿美元，约占GDP的73%。随着新冠肺炎疫情下失业率居高不下，美国高达1.6万亿美元的学生贷款面临坏账危险，有可能成为引爆新的银行业危机的源头。

美国债务的膨胀，美元实际的负利率，以及美国新冠肺炎疫情蔓延无法遏制、经济大幅下滑，改变了国际资金的流向。联合国公布的数据显示，2020年海外企业对美国的投资下降了49%。随着美国国债急速扩张和收益接近零利率，美国玩了几十年的"发债—印钞—美元回流"的庞氏金融游戏能否持续，已经成疑。

美元地位走到十字路口

在世界格局巨变的今天，美国经济在全球地位下降已是大势所趋，政治领导力和影响力已大不如前。美国深陷新冠肺炎疫情泥潭，经济复苏举步维艰，联邦财政债台高筑，美元价值持续走低，信用基础摇摇欲坠，美元体系的维系靠美国本身已经独木难支，美元已经走到一个十字路口。美元的地位和前景取决于大国博弈中的政策选择。

中国经济崛起并超越美国已成定局。中国进出口贸易在全球市场份额长期居世界第一，而人民币在全球支付市场占比仅为2%上下，外贸进出口绝大部分以美元结算，中国外汇储备中持有1万亿美元美债。因此，长期以来中国实际上是美元体系最主要的支撑力量。

欧盟已公开举起"去美元化"大旗，在此之前，深受制裁之痛的俄罗斯、委内瑞拉、伊朗、土耳其早已走上完全"去美元化"之路。中国正在稳步推进人民币国际化，2015年建成的人民币跨境支付系统（CIPS）技术上已成熟完善，实现了对全球各时区金融市场的全覆盖，截至2020年末，CIPS已吸引1092家参与者，覆盖全球99个国家和地区。

2020年12月，中国陆续签署RCEP协定和完成中欧投资协定谈判，中国与东亚、欧洲的经贸联系进一步深化，中国在美国之外的国际经贸合作空间更加巩固。人民币国际化在亚洲迎来重大机遇，而中欧两大经济体的合作大大加重了双方"去美元化"的砝码。

在这样的国际格局下，美元能否继续保持独霸天下的地位，既取决于美国的选择，也取决于与其他大国的合作，中国的选择也至为关键。如果美国不放弃单边主义和霸权主义思维，不选择合作共赢的道路，继续在历史错误的方向上一意孤行，那么美元霸权的崩溃为时不远。

"青山遮不住，毕竟东流去。"当今国际政治风云激荡，纵横捭阖，瞬息万变。如果大国博弈紧张态势升级，则美元霸权的倾覆，仅差相关大国的合力一击。世界处于"百年未有之大变局"，各种"黑天鹅"随时可能出现，美元霸权的崩溃只是时间早晚而已。

星图金融研究院　2021年2月1日

世界可以去美元化，但一天也离不开中国制造

俄乌冲突爆发后，随着美西方与俄罗斯展开制裁与反制裁的对抗和博弈，俄罗斯经济没有如西方所预期的那样被打垮，欧洲却深陷能源危机，并引爆了"通胀核弹"。

2022年4月，欧元区整体通胀率升至7.5%。德国达到了7.4%，其中燃料价格上涨50%，食品油价格上涨20%。有欧洲学者预计，对俄制裁可能导致1亿欧洲人缺电，西方政客开始呼吁民众减少洗澡时间，以应对能源短缺危机。

在史无前例的通胀危机、供应链中断及经济面临严重衰退风险的压力下，欧洲终于一改其最初在对俄制裁上一马当先的勇武与强硬姿态，悄然接受俄罗斯的"无理要求"：用卢布结算天然气。

2022年4月22日，英国财政部授权个人和公司向俄罗斯天然气工业银行及其子公司在5月底前用卢布支付天然气款项；同日，欧盟主席冯德莱恩也签署法令，允许欧盟成员国在与俄罗斯的天然气贸易中使用卢布结算。

这是"布雷顿森林体系"建立以来的一次石破天惊的事件，它标志着美西方凭借货币霸权，肆意对他国实施金融制裁从而胁迫世界的做法，第一次

遭遇了"滑铁卢"。俄罗斯通过强力而有效的反制裁，在美西方织起的严密制裁的铁幕上撕开了一道巨大的口子。

这打破了美元霸权和西方强权政治的神话，对全球经济体系和秩序的重塑具有分水岭般的深远影响。

俄罗斯的反制裁戳破美元霸权神话

长期以来，在人们眼中，美元是神一般的存在，地位不可撼动。美国也倚仗美元霸权，以金融制裁为武器，以违反国际法的"长臂管辖"手段肆意打压、胁迫竞争对手，对他国生杀予夺。美国是当今世界实施金融制裁最多的国家，随着全球经济金融的深度融合，金融制裁越来越成为美国推行霸权主义和强权政治的工具。

俄乌冲突爆发后，美西方对俄罗斯发动极限经济、金融制裁，对俄罗斯制裁的规模与烈度是空前的。冻结资产、禁止交易，将俄罗斯踢出SWIFT系统等，甚至放言永久没收俄罗斯被冻结的资产。美欧已经撕下了"自由市场""契约精神"的伪装，直接露出强盗的本性。

历史上，美西方对一些力量弱小的国家实施经济和金融制裁，对方往往无还手之力，只能被动承受痛苦和损失，**但美欧这次对俄罗斯发动的全面制裁，第一次踢到了铁板。**

面对美欧极限制裁，俄罗斯以其人之道还治其人之身，显示出高超的斗争策略。一是用卢布清偿"不友好国家和地区"的外债，且按俄罗斯官方汇率支付，此举对美欧制裁可谓"绝杀"，初步稳定了卢布汇率。二是对参与制裁国家，天然气供应以卢布结算，这对美欧有极强的震慑力，对提振卢布汇率起到立竿见影的效果。三是停止向"不友好国家和地区"支付"专利费"，并禁止向列入名单的国家和地区出口小麦、化肥等。四是对试图撤离的美欧企业启动国有化，对列入黑名单的西方企业实施"账户及资产查封、引入外部管理、财产国有化"等措施。五是考虑冻结"不友好国家"在俄罗斯的资产。随着这些措施宣布并逐步实施，俄罗斯迅速扭转了被动局面，卢布币值已恢复至冲突前水平，保持了俄罗斯外汇储备总体稳定。

随着美国宣布没收俄罗斯被冻结的海外资产，俄罗斯也对等升级反制措施。据俄罗斯卫星通讯社 2022 年 4 月 16 日消息，普京签署禁止在外国股市配售和流通俄罗斯发行人的股票存托凭证的法律。根据该法，在国外交易的俄罗斯公司和银行将启动退市程序，股票存托凭证持有人可以将它们换成在俄罗斯股票市场上交易的股票。这使美欧投资人持有的俄罗斯公司的股票权益面临"打水漂"的可能，但形式上又与美方赤裸裸的"明抢"不同：如果投资者不能把存托凭证转回俄罗斯国内股市，只能埋怨美国政府。

欧洲跟随美国对俄罗斯实施制裁，在遭遇俄罗斯强硬的反制裁后，其面临内部出现的能源紧缺、油气价格飙升、经济下滑等巨大压力，这使他们明白：**自己才是美国挑起的这场冲突的真正买单人**。他们发起的严厉制裁，件件都像"回旋镖"，伤害到自己身上。

欧盟及英国被迫同意以卢布结算天然气，标志着美欧对俄罗斯经济和金融制裁的失败。这证明貌似威力无比的美西方制裁霸权不过是一个传说。

俄罗斯对美欧制裁的全面反制，标志着俄罗斯与美西方主导的现存经济、贸易、金融体系的全面割席与分道扬镳。俄罗斯外长拉夫罗夫直言："俄罗斯在乌克兰进行特别军事行动的最终目的，是为了结束由美国主导的全球旧秩序。"面对冷战后的美西方霸权，这是世界上第一次有国家揭竿而起，向不公正的旧全球经济体制与秩序发起挑战，将成为全球经济体系重构的开端。

美国发动对俄罗斯的极限金融制裁，短期来看可能收获一定的政治和经济利益，但长远来看却严重损害了美国的国家信用和美元信誉，实际上是拿美元在全球经济体系中的垄断地位做赌注。**美国越是玩弄金融制裁的嚣张霸权，就越是动摇美元信用的根基**。

英国《金融时报》2022 年 3 月 1 日刊发评论文章《去美元化后的世界》指出，俄乌冲突是一个关键的经济转折点，将会产生许多深远的影响，其中之一是促使世界加速向两极金融体系转变：一个基于美元，另一个基于人民币。文章指出，随着俄罗斯被西方市场拒之门外，中俄将形成更加紧密的金融联系。两国在 2019 年达成协议，以各自的货币而不是美元结算所有贸易。俄乌冲突爆发将加速这一进程。俄罗斯将成为以人民币结算所有交易的众多国家之一。

越来越多的西方人士认为，滥用金融制裁将破坏美元的垄断地位。摩根大通银行首席执行官杰米·戴蒙（Jamie Dimon）警告，将俄罗斯银行与SWIFT系统断开，不仅难以取得预期的效果，反而会破坏美元和欧元的储备货币地位。全球投行高盛也持类似观点，美国著名投资家罗杰斯则直言美元霸权将走向终结。

曾在美国财政部和纽约联储任职的瑞士信贷全球短期利率策略主管Zoltan Pozsar在一则报告中进一步指出，俄罗斯与美欧围绕制裁与反制裁的博弈显示出，石油、天然气以及真实的商品的价值意义正在超过拥有虚拟信用的货币，世界正在回归"商品货币"时代——将黄金和其他商品作为价值支撑的时代，而以美元信用为基础的"布雷顿森林体系"正在坍塌。在新的全球货币体系里，美元趋微，人民币趋强。

俄罗斯宣布以卢布清偿外债，将卢布作为对"不友好国家和地区"能源及战略资源出口的结算货币，直接挑战了美元霸权，打破了美元在全球贸易及金融体系中不可撼动的垄断地位。美欧将俄罗斯排除出美元体系，并不能使俄罗斯孤立于世界贸易之外，也根本无法"摧毁"俄罗斯经济。那些长期不愿忍受"霸权主义""单边主义""美国优先"霸凌的国家，将建立一个"去美元化"的货币支付结算体系。

美元的蜕变

布雷顿森林体系确立以来，美元获得了公认的"世界货币"地位。随着美元这一新的国际货币地位的确立，美元成为全球贸易体系得以建立和顺利运行的基础：全球贸易投资得以便利进行，世界经济因美元而相互联通，真正意义上的全球化得以迅猛发展。二战后美元取代英镑成为"世界货币"，对促进世界贸易发展发挥了巨大作用，也成为全球经济体系得以确立的支柱。

不得不说，美元成为"世界货币"不是凭空得来，而是靠实实在在的绝对经济实力"挣来"的。二战结束时，**美国的GDP约占全世界的1/3，制造业产值几乎占全球的一半，并拥有全球3/4的黄金储备**。美元最初成为"世界货币"，并不是强迫他国接受的，而是作出过"真金白银"的承诺：美元作为黄金的等价物，美国承担以美元的法定含金量向各国兑换黄金的义务。由此，美元处于国际货币体系中心地位，成为国际清算的支付手段和各国主要储备货币。

以美元中心地位为基础，全球在美西方主导下成立了世界银行、国际货币基金组织、世界贸易组织等国际组织，打造了美元结算、支付、清算网络体系，形成了延续至今的国际贸易和全球金融体系。

20世纪60—70年代，美国连年对外战争导致财政赤字暴增，国际收入恶化，黄金储备大量外流，美元信誉受到冲击，爆发多次美元信任危机。1971年7月第7次美元危机爆发，尼克松政府于8月15日被迫宣布停止履行美元向外国政府或中央银行兑换黄金的义务。布雷顿森林体系宣告瓦解，美元成为脱离黄金"硬通货"支撑的纯信用货币，但美元作为"世界货币"和国际货币体系中心的地位已然确立。

美元地位与美国经济互为因果。美元的国际货币地位基于世界对美国经济的信心，而美国经济依赖由美元的绝对垄断地位所获得超常的贸易特权和金融特权。随着美元国际储备货币地位的确立，美元逐步成为服务美国国家利益的工具。

凭借美元"世界货币"的地位，美国对外输出纯信用的美元，就能进口世界各国生产的商品和服务，并通过大举投资轻而易举占有世界各种资源和优质资产。1971年美国终止美元兑换黄金后，美元成为信用货币。失去了"金本位"的约束，美元发行变得任性，美元的超发导致贬值，美国也由此迎来第一波通胀高峰。通胀率在20世纪70年代一度高达13.55%，并经历了长达10余年的"滞涨年代"。

得益于经济全球化，借助美元的"世界货币"地位，美国屡屡通过货币超发转嫁自身的危机，公然攫取全世界尤其是发展中国家的财富。达利欧表示："储备货币赋予一个国家不可思议的力量。凭借美元的世界储备货币地位，美国有权将所需要的美元交到美国人的手中，从而可以比其他国家的政府更有效地帮助本国公民。"

2008年金融危机以来，美国发起数轮量化宽松，美元基础货币发行两年内扩大了2.8倍。2020年新冠肺炎疫情暴发以来，美国开启无限量化宽松模式，进行史无前例的货币大放水，到2022年3月美联储结束无限量化宽松模式，两年中美联储资产负债规模由4.2万亿美元骤然扩张到超过9万亿美元，增发货币5万多亿美元。**美元的疯狂大放水，引发全球大通胀，各国财富遭受大洗劫。**

美国一手发债、一手印钞，像"魔法"般创造出天量美元，它们流向世界就能换回实体商品和服务。美债与美元相表里，像插在世界经济上的一根无形的管子，使财富源源不断地流向美国。**美国借助美元在全球"吸血"，暴露出美国经济的"寄生性"和"剥削性"。**

如今，美元的滥发叠加全球新冠肺炎疫情及供应链危机，美国通胀率飙升至40年来高位的8.5%。在巨大的通胀压力下，美联储被迫退出无限量化宽松模式并启动加息周期。美联储货币政策的转向，引发全球美元回流，全球金融市场面临考验，脆弱的发展中国家将遭遇资本外流和资产价格贬值的冲击，美国借机又可以开启新一轮血雨腥风的财富收割。在美元扩张放水和紧缩回流的循环中，美国避免了自己的危机，并实现了对世界财富的掠夺，这样的历史一次次重演。

美元作为"世界货币"以及现行全球贸易与金融体系的主要支柱，曾经对便利全球贸易与投资、促进经济全球化发挥重要的基础作用。但随着美国固守"冷战思维""强权政治""单边主义""美国优先"等极端利己主义和"霸权主义"立场，美元已经一步步演变成美国在全球经济体上吸血的"寄生工具"和实施"霸权主义"的武器。这暴露出美元居于主导地位的现行国际货币体系的不平等性，美元继续占据国际货币体系中心地位和作为全球化基础货币的功能、价值和意义被严重侵蚀。**建立一个更加公正、公平、合理、安全、稳定的国际货币体系，是全球经济治理改革的方向，也是国际社会日益强烈的呼声。**

俄乌冲突爆发后，美西方与俄罗斯围绕金融制裁与反制裁的斗争，凸显出美式霸权与特权越来越成为全球化的障碍，成为世界经济稳定与发展的威胁，这坚定了部分国家摆脱对美元依赖的决心，因而对全球经济治理提出新要求。新的国际货币结算体系、新的国际支付方式呼之欲出。

人民币国际地位提升将加速

美西方与俄罗斯围绕制裁与反制裁的激烈对抗，将引发世界各国尤其是大国之间贸易、经济、金融及政治的复杂博弈，并将深刻影响全球贸易体制、货币体系。

世界"百年未有之大变局"加速演进。伴随全球化的发展，特别是进入21世纪以来，中国及新兴市场国家经济崛起，世界经济增长多极化、发展动力多元化，美国在世界经济中的比重持续下降，世界经济格局发生深刻调整。美国虽仍然主导着全球化的主要机构、组织和重要议程，但其对世界经济的掌控力、干预力明显下降。

过去几十年，美国经济结构也发生了深刻变化。**伴随美国跨国资本推动的全球化，美国金融资本与工业资本携手走向世界**，制造业开始向劳动力成本更低的其他国家转移，在世界攫取超额利润，加剧美国制造业的外流，由此形成了美国工业的"空心化"，传统的美国工业地区如今成为"铁锈带"。同时，金融业的影响力迅速膨胀，成为对美国经济贡献最大的第一产业，美国经济出现过度"金融化""虚拟化"特征，股市总市值达到GDP的两倍以上，对美国经济发挥着举足轻重的作用。

如今，美国对世界输出的已经不再是实体商品和财富，而是美元、美式价值观、损人利己的"美国优先"以及君临天下的强权政治与霸权思想。各国对美式全球化的不满在不断累积，对摆脱美国挟持、追求自主发展的愿望日益增长，这些趋势使美国对全球化的领导力、公信力日益下降。

美国冻结俄罗斯国家资产、宣布没收俄罗斯富商的资产，以及2022年2月拜登总统签署行政命令，没收阿富汗央行储存在外资银行的70亿美元资金，其中35亿美元留在美国。这些"明抢"和"强夺"行径，使美国国家信誉碎了一地。

在俄乌冲突爆发前，长期遭受美国制裁的伊朗、俄罗斯、委内瑞拉等国已经开启"去美元化"行动，包括减少国际储备中的美债、在国际贸易中采用非美元结算等。**俄乌冲突爆发后,世界"去美元化"行动将由点成片,范围也将加速扩大。**

欧洲与俄罗斯的贸易合作受到严重影响,但在石油、天然气、粮食及重要矿产资源方面欧洲对俄罗斯的依赖短期内难以消除,受俄罗斯卢布结算令影响,欧洲与俄罗斯的交易将被迫转为卢布结算。中俄作为背靠背的全面战略合作伙伴,尽管国际局势风云变幻,中方强调将一如既往同俄方加强战略协作。2022年4月,俄罗斯外长来华与王毅会见后,中国外交部宣布中俄合作、争取和平、维护安全、反对霸权4个"无上限"。中俄在经贸领域的合作将不会受美西方胁迫而止步。另外,2021年中国与伊朗签署25年《战略合作协议》。以中俄、中伊、俄伊为基础将形成一个"去美元化"的贸易区,其他国家与俄罗斯的贸易与投资也将以"非美元"为基础,并形成新的货币支付体系。

人民币在国际货币体系中的地位将加速提升。中国是世界第一贸易大国,是130多个国家的最大贸易伙伴。中国是全球唯一拥有联合国产业分类中全部工业门类的国家,在全球全部主要工业产品中,2/5以上的产品产量居世界第一,产品覆盖低端、中端、高端,产业链逐步向中高端攀升。

中国产业的规模、基础设施的完善、产业链的配套、人才资源与劳动力素质、科技创新的突飞猛进、各级政府的有效生产组织、14亿中国人民的勤劳智慧以及对美好生活的向往和创造,所有这些因素打造了中国制造无与伦比的综合竞争力。可以说,中国制造业在全球产业链中的地位是任何其他国家无法替代也无法分割和封锁的。**世界可以离开美元,但须臾离不开中国制造。**

强大的中国制造业能力、超大统一的中国市场、中国在世界生产与贸易投资中的牢固地位、中国经济日益崛起和长期向好的基本面,是人民币坚挺和走向世界的强大底盘与坚强支撑。在世界"百年未有之大变局"加速演进和中华民族伟大复兴进程中,国际货币体系多极化将是不可避免的大趋势。在这个过程中,人民币的地位和作用将加速凸显。

有人不认同美元霸权的衰落与正在走向倾覆,这种认识在舆论场有广泛和根深蒂固的影响。他们认为美国军事、科技和综合实力仍很强大,美元的主导地位仍将长期存在。这种认识貌似理性,但笔者认为,**这种认识是从现**

象上和基于历史惯性与传统认知去观察美国经济与实力，缺乏对美国经济本质和全局的深刻分析，根源在于思维深处对美国经济和美元地位的迷信，而看不到历史发展的大势。

当今世界局势风云变幻，"百年未有之大变局"加速演进，不确定性陡然增加，我们正处在一个大变局临界的时刻，很多旧有的知识系统和观念已经很难用来指导当今世界秩序的演变。在这样的形势下，**美元独霸天下的旧经济体系的瓦解，已不再是"黑天鹅"，而是随时可能到来。**

对于这一点，笔者想与大家重温一段历史。第一次大革命失败后，白色恐怖笼罩全国，中国革命处于低潮。相较幼小的中国共产党和工农红军，国民党反动派的力量异常凶残强大。然而，在井冈山坚持领导武装斗争的毛主席，以深邃的历史洞察力，敏锐预见到"星星之火，可以燎原"，指出一个崭新的中国革命的高潮正在到来："它是站在海岸遥望海中已经看得见桅杆尖头了的一只航船，它是立于高山之巅远看东方已见光芒四射喷薄欲出的一轮朝日，它是躁动于母腹中的快要成熟了的一个婴儿。"

在那篇文章撰写之后19年，中华人民共和国成立。

观察者网　2022 年 4 月 30 日

美欧挥起金融制裁大棒，会不会打自己的脚？

俄乌冲突紧张升级之际，在美欧对俄一轮轮"嘴炮"声讨及威胁发动"毁灭性制裁"后，美国终于宣布对俄祭出"金融大杀器"。

2022年当地时间2月26日晚间，白宫发布联合声明称，美国、欧盟、英国、加拿大决定将部分俄罗斯银行从SWIFT系统踢出，并将对俄央行国际储备运用实施限制措施。

以美国为首的西方集团频频挥舞金融制裁大棒，意图摧毁俄罗斯经济基础。切断俄罗斯银行与SWIFT系统的联系，固然在短期内对俄罗斯对外贸易和经济造成较大影响，但俄罗斯自2014年以来已经遭受超过100次经济与金融制裁，俄罗斯对制裁实际上已经"脱敏"，并对可能的制裁升级有充分的心理准备和相应措施。制裁解决不了国际冲突，只能使局势更加复杂化。

同时，美欧更应看到，制裁是一把"双刃剑"，它在打击俄罗斯经济的同时，也将损害欧洲的利益，削弱包括SWIFT在内的国际组织的独立性与公信力。对于美国而言，动辄使用金融制裁武器，将加速世界"去美元化"进程，不啻为美元霸权自掘坟墓。

"金融核武"对俄罗斯影响几何？

一般认为，把一国银行从SWIFT系统排除，将切断该国银行与国际金融市场的联系，从而极大地限制该国对外贸易及获取外部资金的能力，因而此举具有类似"金融核武"的威力。把俄罗斯逐出SWIFT系统是最严厉的金融制裁措施之一，将对俄罗斯外贸进出口造成严重困难，进而对其经济造成打击。

历史上，仅有朝鲜和伊朗作为主权国家曾被禁用SWIFT系统，其中对伊朗的制裁最具代表性。2012年，伊核紧张局势加剧，欧美切断了伊朗4家主要银行与SWIFT系统的联系。2018年，伊朗50家银行再次被禁用SWIFT系统，该国当年GDP增长率从前一年的3.8%降至-6%，2019年以原油为主的出口下跌60%以上，本国货币里亚尔暴跌至制裁前的1/6，同时导致国内恶性通胀。

2014年俄罗斯占领克里米亚后，美国对俄罗斯以"断开SWIFT系统联系"相威胁，因遭到SWIFT抵制而没能实施。虽未切断SWIFT系统，但VISA与万事达卡在未通知俄罗斯金融机构的情况下，停止对俄罗斯几家银行的支付服务，导致俄罗斯商户消费系统陷入瘫痪，银行发生挤兑。

此次美欧禁止俄罗斯部分银行使用SWIFT系统，是美欧金融制裁的进一步升级，可以说，已经把能用的最后的武器都拿出来了。这将增强对俄的制裁效果，短期内对俄贸易结算及经济社会稳定造成一定冲击。

根据俄罗斯SWIFT协会数据，约300家俄罗斯金融机构是SWIFT成员，占俄罗斯金融机构一半以上，俄罗斯是仅次于美国的第二大使用者。俄罗斯金融机构在全球每天进行的外汇交易价值平均约460亿美元，其中80%以美元计价。在全部SWIFT系统日均传输消息中，俄罗斯金融机构约占1.5%。禁用SWIFT系统将切断俄罗斯与国际金融机构间的交易信息收发，从而阻断俄罗斯对外贸易结算的常规通道。

这确实会对俄罗斯经济造成较大影响。俄罗斯银行被移出SWIFT系统，占俄罗斯财政总收入40%以上的石油和天然气正常出口将面临困难，并由此带来货币贬值、资本外流、股市下跌等连带影响，短期内对俄经济造成剧烈冲击。

然而，制裁对俄罗斯已不新鲜，俄罗斯在经历美国及西方100多次经济及金融制裁后，其抗御制裁的能力也在增强。经历"克里米亚事件"后，对于被西方切断SWIFT系统联系，也早在俄罗斯预料之内。为此，俄罗斯未雨绸缪，已经预先做好相应准备，并在贸易及金融领域加速实施"去美元化"。

一是在国际储备中大举减持美债，增加黄金储备。到2021年11月，俄罗斯持有的美国国债已从2010年巅峰时期的1763亿美元降至24.09亿美元，仅占不到1.4%，已经微不足道。2020年俄罗斯央行黄金购买量达到46.5吨，2021年继续增加3吨，目前俄央行的黄金储备已升至2300吨。

此外，俄罗斯外汇储备比较充足。据俄央行官网数据，截至2022年2月4日，俄外汇储备约为6349亿美元，能够满足两年进口的外汇储备需求。

美欧的金融制裁无外乎使俄罗斯在一段时间内减少从国外的贸易收入或国外融资。国际市场人士认为，"俄罗斯的双重盈余、较低的外债水平和较高的外汇储备意味着，即使没有外国资金，俄罗斯也能生存下去"。国际评级机构穆迪也认为，俄罗斯近年来应对制裁的能力有所增强，"财政和外汇储备的积累增长，加上较为灵活的汇率机制和较为保守的财政政策等，均将有助于抵消大部分新制裁所造成的直接影响"。

二是在对外贸易中努力使用双方本币结算。例如，中俄已多次续签双边货币互换协议，2020年中俄贸易17.5%以人民币结算，另有10%左右贸易以卢布结算。最近中俄新增天然气交易改为用欧元结算，被认为是两国合作中从美元结算到本币结算的过渡。

三是打造旨在替代SWIFT的国际贸易支付系统。俄罗斯在2014年受到经济制裁后，为解决SWIFT系统禁入对俄罗斯的威胁和影响，俄罗斯央行启动建设俄罗斯金融信息传输系统（SPFS），作为SWIFT系统被切断后的替代方案。尽管目前该系统使用最多的仍是俄罗斯国内机构，短期内难以替代SWIFT，但在俄罗斯银行遭受SWIFT禁用后，俄罗斯仍能通过某些特定机制和安排，寻求国际贸易结算的替代通道。

笔者认为，美欧切断SWIFT系统的所谓"金融核武"在短期内确实能够对俄罗斯经济造成较大影响，并可能阻碍俄罗斯的经济增长，但面对制裁升级俄罗斯也绝非束手无策、一筹莫展，就像河流遇阻一定会曲折前行一样，俄罗斯面对新的困难也一定能够找到应对之道。看看长期遭受美国制裁的伊朗，欧洲也一直通过INSTEX机制建立与伊朗的贸易联系。我们无须对美欧所谓"金融核武"的影响过度夸大和担心。

金融制裁没有赢家

美欧对俄的金融制裁，固然可能对俄罗斯经济造成困难，但也会损害欧洲的利益，加剧世界紧张局势，扰乱国际贸易秩序，并威胁全球经济与金融稳定。可以说，金融制裁没有赢家。

俄罗斯是原油和天然气的重要出口国，约占世界原油供应量的12%，占欧盟能源进口量的39.5%，德国和意大利对俄罗斯的天然气依存度更是达到50%以上。如果与俄罗斯的油气贸易受到限制，欧洲主要国家的能源供给将再度陷入紧张格局，在能源供应上受制于美国，并增加进口成本，一些欧洲国家的经济也将因此陷入困难境地。

当前主要国家石油库存已处于低点，俄乌冲突和西方制裁可能进一步加剧全球能源供应链紧张，原油价格可能加速飙升，进一步加剧全球通胀水平，给世界经济复苏带来阴影，并加重各国民生负担。

在金融制裁下，如果俄罗斯经济和金融不稳定，也将牵动国际金融市场波动，加剧全球金融风险，特别是加剧欧洲银行业风险。截至2021年第三季度，俄罗斯企业和金融机构对国际银行的未偿还债务达1210亿美元，其中欧洲国家银行约占80%，对美国金融机构未偿还债务仅为12%左右。若制裁禁令导致俄债务违约，欧洲银行业将面临较大风险敞口。卢布贬值也将影响欧洲银行在俄罗斯持有的股票价值。

美国的一些大企业包括福特、波音等，与俄罗斯仍有较多贸易往来，在俄罗斯被切断国际结算系统的情况下，这些美国企业也将面临一定困难。

SWIFT作为全球重要金融基础设施，理应保持立场中立，却频频被西方作为金融制裁和肆意进行国际政治打压的工具，丧失了其应有的独立性和公正性，也彻底暴露了西方主导的当今全球贸易体制不公平的一面。这其实也为世界各国敲响了警钟。今天SWIFT系统剔除了俄罗斯，当国家间博弈和政治利益激烈冲突的时候，它也可能被美国用作对付其他国家的工具。这将迫使其他国家寻求构建更加可靠和独立的国际结算渠道和支付系统，削弱SWIFT系统的应用基础和发展前景。SWIFT此次对俄罗斯的举动使其公信力被打了一次折扣，当它作为"金融武器"被用到极致时，必将为更多的国家所抛弃而失去其存在的价值。

美国的金融制裁动摇美元霸权的基础

美国倚仗美元强权，基于"长臂管辖"的霸道规则和单边主义，频频挥舞金融制裁大棒，肆意制裁战略对手、霸凌盟友和推行单边主义，使美国的金融制裁沦为美国战略利益的政治工具，金融制裁日益成为扰乱全球经贸秩序的顽疾。

美国的金融制裁源于美元霸权。以美元为主导的现行全球经济体系使得美国在国际贸易与金融领域拥有垄断地位和全球性权力：一是主导全球金融规则的制定；二是控制国际支付清算体系，美元全球使用的系统外部性导致国际贸易计价、结算的路径依赖；三是拥有全球最强大的金融机构和金融服务网络；四是控制着全球性的信用评级机构；五是不受约束的金融制裁权力。

但美国肆意使用这种嚣张的特权，把金融制裁作为打压战略对手、推行强权政治的武器，严重损害了其他国家的利益，干扰正常的国际经济秩序，增加了全球贸易与金融活动的成本，必将遭到世界上越来越多国家的反对。长此以往，也将迫使更多国家加入"去美元化"的行列。

长期遭受美国制裁的伊朗、俄罗斯、委内瑞拉等国自不必说，他们深受美元霸权之害，早就是"去美元化"的呼吁者和坚定推动者。2021年3月，俄罗斯外长拉夫罗夫访华期间，在接受中国媒体采访时指出，美国等西方国家动辄使用制裁的"本能"已经根深蒂固，他呼吁中俄减少对美元以及西方支付系统的依赖。

即便是美国的盟友，也对美元的过度依赖保持充分的警惕。德国、英国和韩国等国近年来在外汇储备中也逐步加大了"去美债"的力度。沙特阿拉伯央行近年来大幅减持了美国国债，而且露出石油贸易引入非美元货币计价结算的苗头，土耳其已经使用人民币支付从中国进口的商品费用。

欧盟的举动格外引人关注。早在2018年底欧盟就公布了一项旨在提高欧元地位的计划草案，要求各成员国在能源、大宗商品、飞机制造等"战略性行业"增加使用欧元的频率，并提出创建绕过美元的新支付渠道。2021年1月19日，欧盟委员会又通过了一份战略文件，强调要"减少对美元的依赖"，同时提升欧元地位与加快欧盟金融体系建设。该文件指出，欧盟对美国政府借助美元主导地位而"非法施加域外影响"的政策深感失望，为避免美国金融制裁的影响，维持自身独立性，欧盟需降低对美元的依赖。文件同时警告，全球金融市场过度依赖美元，导致金融紧张局势和经济稳定风险。这是欧盟首次站出来对美元霸权公开表达不满，表明其"去美元化"的决心。

中国坚决反对任何非法的单边制裁。正如华春莹在回答记者提问时的"四连问"，"美方的制裁解决问题了吗？世界因为美方的制裁变得更好了吗？乌克兰问题会由于美方对俄制裁而自然解决吗？欧洲安全会由于美方对俄制裁而变得更有保障吗？"直接击中了美国及西方肆意使用经济与金融制裁的要害，并明确告诫美方在处理乌克兰问题和对俄关系时，不得损害中方和其他方面的正当权益。

美国越是玩弄金融制裁，就越发动摇美元霸权的根基，加快世界"去美元化"的进程。从长期历史趋势看，美元在全球支付和国际储备中的份额不断下降，而人民币在国际货币体系中的地位持续上升。美欧此次对俄罗斯的强力制裁，实际上是美国及西方在大国博弈中无法通过合理正当竞争手段赢得优势的黔驴技穷之举，它恰恰反映了美国及西方国家经济的凋敝与加速衰落。

可以预见，随着美欧对俄罗斯禁用SWIFT系统，欧洲及其他国家对俄贸易将面临更多困难，中俄贸易与投资合作的规模与范围将进一步扩大，在此背景下人民币的使用将进一步提速。

从更广的视角看，在后新冠肺炎疫情时代，世界经济及国际格局加速演变，国际货币体系也将面临重塑。中国作为120多个国家的最大贸易伙伴的事实表明：中国需要世界，世界也需要中国。中国在全球生产、贸易中的地位以及超大规模的内需市场，使中国正在成为驱动新型全球化的主要动力和世界经济新的中心。在这一过程中，人民币的实力与优势正在日益凸显，人民币国际化和国际地位上升已经展现广阔前景。

观察者网　2022年3月1日

俄罗斯反制裁戳破美西方霸权神话

俄乌冲突爆发后，美欧对俄罗斯发动极限经济、金融制裁，切断俄罗斯对外金融联系，肆意冻结俄罗斯境外资产，导致卢布暴跌，金融市场剧烈动荡。

美欧此次对俄罗斯制裁的规模与烈度是空前的，几乎用了全部手段。制裁主体范围显著扩大，制裁烈度前所未有。这些空前严厉的金融制裁，对俄罗斯外贸、出口收入、国际储备、货币汇率、金融市场、主权评级等造成严重打击。

此后，美国进一步加码对俄制裁力度，声称将永久没收被制裁俄罗斯富豪的资产。2022年4月14日，美国总统国家安全事务助理沙利文表示："既然我们没收了这些资产，我们的目标就不打算把它们还回去。我们的目标是更好地使用它们。"

美欧凭借其在全球经济体系的主导地位，把俄罗斯这样一个大国排除在全球金融与贸易体系之外，开了全球化历史上一个空前的恶例，美西方的霸凌、蛮横与傲慢暴露无遗。这充分暴露了当今全球经济金融体系被西方霸权操控的本质，也暴露了西方一直标榜的"自由市场""契约精神""私有财产不可侵犯"等价值观及其规则、秩序的虚伪性。

历史上，美西方对一些力量弱小的国家实施经济和金融制裁，对俄罗斯也施加过不同程度的经济和金融制裁，往往能够达到目的。但美欧这次对俄罗斯发动的意在"绞杀"俄罗斯经济的全方位制裁，却第一次踢到了铁板。

面对美欧极限制裁，俄罗斯并非一筹莫展、被动挨打，而是发起强烈的对等反制。一是用卢布清偿外债。所有参与对俄制裁的国家都是"卢布还债"的对象，且按俄罗斯官方汇率支付。"以其人之道还治其人之身"，此举对西方制裁可谓绝杀，一招即稳定了卢布汇率，目前卢布币值已经回升至制裁前水平。二是对参与制裁国家的天然气供应以卢布结算，这对美欧有极强的震慑力，欧盟的石油、天然气主要依赖俄罗斯出口。三是列出"不友好国家和地区"名单，宣布取消向名单上国家和地区支付"专利费"，并禁止向列入名单的国家和地区出口小麦、化肥等。四是对试图撤离的美欧企业宣布国有化，对列入黑名单的西方企业实施"账户及资产查封、引入外部管理、财产国有化"等措施。五是封禁外资出逃通道。随着这些措施宣布并逐步实施，俄罗斯迅速扭转了被动局面，卢布币值已恢复至冲突前水平，2022年3月末俄罗斯外汇储备总体保持稳定。

随着美国宣布没收俄罗斯被冻结的海外资产，俄罗斯也对等升级反制措施。据俄罗斯卫星通讯社2022年4月16日消息，普京签署了禁止在外国股市配售和流通俄罗斯发行人的股票存托凭证的法律。根据该法，在国外交易的俄罗斯公司和银行必须通过退市程序，并将收据兑换为股票，收据持有人可以将它们换成在俄罗斯股票市场上交易的股票。存托凭证兑换后会继续支付股息，并保留被授予的投票权。这使美欧投资人持有的俄罗斯公司的股票权益面临"打水漂"的可能，但形式上又与美方赤裸裸的"明抢"不同：如果投资者不能把存托凭证转回俄罗斯国内股市，只能埋怨美国政府。此举与卢布偿还外债、结算天然气等反制措施有异曲同工之妙，皆是"以其人之道还治其人之身"，并让美欧有苦难言。

这些有针对性且效果极强的反制举措，表明俄罗斯对于美欧制裁作了充分准备，有周密、系统的应对预案与整套的反制安排，有效保护了国家金融独立与经济安全。俄罗斯的反制裁表明，当美西方的制裁用到极致，制裁也便成为空气。

2022年3月,美国《外交事务》刊发《经济战的代价——对俄制裁将如何影响全球秩序》文章,指出西方习惯于以低代价对小国实施制裁,但是对制裁一个与全球联系紧密的经济大国,经验及认识十分有限。美西方此次对俄罗斯的制裁是一场史无前例的行动,它试图孤立一个拥有大型油气资源、复杂军工综合体以及多样化出口的G20经济体,对俄制裁带来的后果将难以估量,恐难免以失败告终。

俄罗斯具有丰富的石油、天然气及稀有矿产等战略资源,能源、矿产、粮食等能够自给自足,且对不少关键行业如军工、航天、芯片等全球产业链、供应链有举足轻重的影响。这是俄罗斯敢于挑战美西方主导的现有全球经济秩序的底气所在。

欧洲跟随美国对俄罗斯制裁,不但没有达到遏阻俄罗斯军事行动的目的,反而使欧洲经济遭受严重冲击。欧洲能源、粮食、化肥及其他重要战略物资严重依赖对俄罗斯进口,对俄罗斯制裁已使欧洲陷入能源危机、通胀飙升、工业供应链中断等困境,欧洲经济陷入衰退的可能性大增。随着经济承受巨大压力,欧盟各国出于自身利益,对俄罗斯制裁很难形成铁板一块,如匈牙利一开始就接受使用卢布结算天然气进口。德国、法国等大国由于与俄罗斯能源与经济合作影响广泛,在对俄罗斯制裁上与美国及欧盟内激烈反俄罗斯的国家态度也明显不同。未来在对俄罗斯制裁或与俄罗斯妥协上,欧盟内部的分化不可避免。

美欧以外的国家特别是大国,不会屈从美欧胁迫,跟随美欧的制裁,中止与俄罗斯正常贸易合作。印度不理会美国的多番告诫与胁迫,加倍进口俄罗斯煤炭和石油,且双方建立了卢布-卢比支付结算的机制。中东国家保持独立立场,不与美西方亦步亦趋。中国的立场更为关键,面对美西方屡次以所谓"后果"相威胁,中方态度也十分明确:坚决反对任何非法单边制裁,明确要求在处理乌克兰问题上不得损害中方和其他方面的正当权益。中俄双方将继续本着相互尊重、平等互利的精神,开展正常的贸易合作。

世界上有40多个国家(共40多亿人口,超过全球人口的一半)不跟随美西方对俄罗斯的制裁,这使得美西方对俄罗斯的制裁出现太多缺口和漏洞,其在贸易、经济和金融上孤立、绞杀俄罗斯的图谋最终难以奏效。

这证明貌似威力无比的美西方制裁霸权不过是一个神话。霸权过去对一些力量弱小的国家可能屡试不爽，但用来遏制一个大国却行不通。大国有强大的综合实力和充分的战略回旋空间，能够组织起具有对等打击能力和足够震慑力的反制措施。

美西方的极限制裁因俄罗斯的强力反制最终难以奏效，也充分证明：只要破除对美西方霸权的迷信与畏惧，敢于同傲慢与不公正的霸凌行径说"不"，并善于抓住对方软肋予以对等反击，美西方的霸权最终不过是"纸老虎"而已。

俄罗斯的反制从根本上挑战了西方主导的旧全球经济体制，将成为全球经济体系重构的开端。围绕制裁与反制裁，美西方与俄罗斯爆发激烈对抗，引发大国之间贸易、经济、金融及政治的复杂博弈，将深刻影响全球贸易与金融体系。俄罗斯对美欧制裁的全面反制，标志着俄罗斯与美西方主导的现存经济、贸易、金融体系的全面割席与分道扬镳。面对美西方霸权，这是世界上第一次有国家揭竿而起，向不公正的旧全球经济体制与秩序发起全面反击与挑战，在美西方所把持的贸易、金融体系的重重铁幕上撕开第一个缺口，具有分水岭般的历史意义。

美国发动对俄罗斯的极限金融制裁，短期来看似乎占上风，并借此收获一定政治和经济利益，但长远来看却严重损害美国的国家信用和美元信誉，实际上不啻为拿美元在全球经济体系中的垄断地位做赌注。美国越是倚仗霸权玩弄金融制裁，就越是动摇美元霸权的根基。

美欧此次对俄罗斯的强力制裁，本质上是美国及西方在大国博弈中无法通过合理正当竞争手段赢得优势的黔驴技穷之举，它恰恰反映了美国及西方国家的加速衰落。俄罗斯宣布以卢布清偿外债、以卢布作为对"不友好国家和地区"能源及战略资源出口的结算货币，直接挑战了美元霸权，打破了美元在全球贸易及金融体系中不可撼动的垄断地位，这标志着美元霸权横行天下的时代走向结束。

俄罗斯为其他国家树立了榜样，美国的单边主义、违反国际法的"长臂管辖"和"美国优先"的傲慢与霸凌，已经迫使更多国家加入"去美元化"

的行列。俄乌冲突正在复杂演进，无论结果如何，美国此次对俄罗斯的制裁表演，已经让全世界看清了美西方霸权的真面目，也更加深刻地认识了美西方货币霸权的本质，世界将加速进入"后美元时代"，全球货币体系正在走向一个历史性的转折点，将从美元占据绝对主导地位向更加均衡的多极化转变。

《第一财经》 2022年4月19日

美国金融制裁的陷阱和应对

在中美关系紧张持续升温的情势下，中国企业在全球化过程中遭遇美国的打压和限制，不仅面临供应链受阻的现实困境，来自美国制裁引发的金融风险也在上升。对此，从企业到国家层面均应高度警惕，未雨绸缪，做好防范和应对安排。

美国"实体清单"在不断拉长

2020年8月17日，美国商务部发布进一步限制华为的禁令，另有21个国家的38家华为子公司被列入美国商务部的"实体清单"。这是美国对华为供应链进行围堵的又一次升级，美国对华为"斩草除根"的意图一览无遗。

任正非曾坦言，"意识到美国政治家要华为死"。美国为什么必欲置华为于死地？美国前司法部部长威廉·巴尔在一次演讲中，毫不掩饰地道出真实原因：5G技术处于未来技术和工业世界的中心，中国在5G技术的领先优势，挑战了美国在科技方面的领先地位，而且"中国领先会让美国失去制裁的权力"。

华为的境遇，是中国科技企业在崛起过程中遭受美国霸凌主义和不公平打压的一个缩影。只要中国企业在某一领域展现出领先的趋势，美国就毫不犹豫地祭出限制和制裁大棒。至今已经有超过275家中国企业和机构被列入

"实体清单",而且还在不断拉长。

列入美国贸易"实体清单",给相关企业的供应链带来限制,包括从美国进口任何商品、技术和软件服务,从第三国进口任何美国原产商品、技术或软件,都必须取得美国政府的许可才能提供。这不仅意味着来自美国的出口断供,第三国的供应商只要涉及美国技术和设备,也将被迫断供。

为什么美国的贸易"实体清单"有如此巨大的威慑力?因为一旦违反美国的贸易禁令,涉事企业不仅将被美国政府处以巨额罚款、禁止与美国企业交易等行政处罚和刑事处罚,还会面临美国财政部海外资产控制办公室(OFAC)更加严格的金融制裁。

目前来看,被美国商务部"实体清单"制裁的中国企业,尚仅限于供应链受阻,中国企业仍可通过寻求不涉及美国技术的其他渠道或国产技术满足其供应链需求。但如果被美国实施金融制裁,将直接面临资产被冻结或扣押、国际贸易结算和跨境资金流动被阻断、跨境金融服务受限等严重后果。

美国出于维护其经济霸权、科技霸权的目的,完全不顾国际道义、市场规则,暴露出赤裸裸的霸凌主义嘴脸。在当前所有已拿出来的打压措施之后,他们还很可能使出最后的看家本领——祭出金融制裁的"大杀器"。中国跨国企业必须保持底线思维和前瞻思维,对可能的金融制裁风险保持充分估计和警惕。

金融制裁成了美国一项"超级特权"

说到美国的金融制裁,不得不提美国财政部海外资产控制办公室(OFAC),这是美国实施金融制裁的执行机构。2001年"9·11"事件后,美国政府颁布《爱国者法案》,授权财政部采取"特别措施",赋予其控制、管理金融流通活动的权力,尤其是针对境外人士或与相关实体有关的金融活动,并授权其对可疑财产予以扣押或冻结。

OFAC根据美国相关法律以及国家安全和外交政策,对各类金融活动进行监控和评估,根据评估结果不定期发布一系列制裁名单,并与司法部一道,将制裁的对象扩展到全球的经济活动。在制裁措施上,除了冻结资产、禁止交易，还包括限制或禁止进入美国金融市场、禁止美国金融机构提供金融服务等，将被制裁者隔绝于国际金融体系之外。

对谁实施制裁？OFAC制裁有三大类，分别针对特定国家、特定人员和特定项目。

第一类是针对特定国家的制裁，如近年来美国对伊朗、俄罗斯等国家的持续施压。

对伊朗的制裁。美国对伊朗实施全面制裁，除冻结资金等方式外，还升级至切断SWIFT系统，以便对伊朗国际贸易结算通道进行封锁等。2012年2月，伊朗中央银行、其他金融机构和伊朗政府在美国的所有资产遭到冻结，美元支付结算通道被关闭。美国同时向他国金融机构发出警告，不得与伊朗央行有业务往来，否则将一并受到金融制裁。伊朗进出口业务基本停滞，石油出口受到重创。自2018年5月以来，美国政府单方面退出伊核协议，宣布对伊朗实施最高级别经济制裁，覆盖能源、金融、汽车等多个领域，并重点针对伊朗原油出口。

对俄罗斯的制裁。自2014年"克里米亚危机"以来，美国对俄罗斯发起持续多轮金融制裁，制裁对象包括俄罗斯政府高官、能源公司、金融机构、军工企业等。制裁措施包括冻结被制裁对象在美资产，禁止美国实体及个人与被制裁对象开展任何交易等。

第二类为针对"特别指定国民和被封锁人员"（Specially Designated Nationals and Blocked Persons List, SDN）**名单的制裁。**列入SDN名单的包括金融机构、相关实体、船舶及个人，美国企业不得与这些实体或个人开展商贸活动，也不得为其提供美元金融服务。如果美国金融机构给被制裁的实体转账，则其钱款将被冻结。由于美元在国际贸易和金融中的主导地位，一旦被列入美国财政部SDN名单，各国金融机构均无法为该个人和实体提供金融服务。

第三类为基于特定项目的制裁，如涉及所谓"大规模杀伤性武器"等。

通过什么渠道实施制裁？银行和支付清算机构是美国金融制裁实施的主要渠道，也是金融制裁得以实现的载体。其中，银行是国际资金流动的重要通道，也是OFAC的重点监管对象，负责具体实施OFAC所要求的资产冻结、禁止或限制制裁对象在美国银行体系内的金融活动等。银行也有责任和义务向OFAC报送可疑资金流动和交易信息。

支付清算机构，负责切断被制裁者获取和使用美元的渠道。主要包括两大系统：一是美元清算系统（联邦电子资金转账系统Fedwire、纽约清算所银行同业支付系统CHIPS、自动清算中心ACH等），对与被制裁者相关的交易进行筛查拦截，或冻结相关资产；二是国际银行结算通道，主要是环球银行间金融电信协会（SWIFT系统），在美国政府要求下，它可以拒绝为被制裁者提供国际结算服务，使被制裁者无法参与美元体系交易。

关于SWIFT系统，有必要做些知识普及。它是全球银行业资金结算的通道，是国际银行同业为统一资金结算支付通道、标准和语言而成立的全球性合作组织，运营着覆盖全球的金融报文网络，总部位于比利时。SWIFT系统并不处理银行间的资金清算，而是类似于金融机构间的邮政系统。各家银行机构在SWIFT系统中拥有一个唯一的代码，可以视为它们的邮编，SWIFT系统即它们之间的邮差，将银行间沟通资金转账的信息互相传递。目前全球几乎所有跨境支付交易都需要通过SWIFT系统来提供金融报文。

虽然SWIFT是独立的国际组织，但美国政府对美元结算的交易有管辖权，而美元支付在SWIFT系统中份额最大，因此美国能够在事实上对SWIFT系统施加影响，并要求其配合美国政府实施相关制裁决定。一旦金融机构被切断SWIFT系统，那么该机构不仅无法通过美元进行跨境资金交易，也无法通过欧元、日元和人民币等其他货币进行跨境交易，这家机构的跨境交易业务基本宣告瘫痪。如2018年11月，在美国的压力下SWIFT切断了伊朗央行及多家伊朗银行的服务。

制裁的"长臂管辖"。美国金融制裁之所以能对全球经济活动产生效力，不仅在于美国在全球金融体系的绝对主导地位，还在于其主张的域外管辖突破了一国法律仅限于该国境内的一般规定，美国有关法律明确规定对境外当事人或行为具有法律效力，使得美国法律对境外实体产生了法律管辖权。

二级制裁。通常一级制裁是指适用于管辖所有美国政府可以施加控制的美国居民和实体,以及其境内的外国个人和实体。所谓二级制裁,主要是指限制非美国金融机构与被制裁者在美国境外进行金融交易或向其提供金融服务,并对违反此项禁止性规定的非美国金融机构实行制裁。由于外国金融机构不在美国执法机关的实际管辖之下,美国政府的二级制裁措施通常有两种方式:一是将有关外国金融机构列入黑名单,予以罚款;二是直接禁止有关外国金融机构通过美国银行及海外分支机构办理业务、开立或维持美元账户、进行资金清算等。违反相关制裁规定的金融机构和个人,可能面临从罚款到禁止与美国开展业务、扣押资产的严重处罚,甚至会面临刑事诉讼。二级制裁作为美国金融制裁框架内的严厉手段,意在促使制裁对象被国际社会完全孤立。

国外金融机构被处罚的典型案例:

2014年,法国巴黎银行,被指控利用美国金融系统为苏丹、伊朗、古巴转移资金且金额巨大,被处以罚款89.7亿美元,没收财产,包括集团首席运营官、首席合规官等在内的13名高管被解雇,涉案的纽约分行及其他机构暂停美元清算业务一年。

2015年,德意志商业银行,被指控多年利用美国金融系统为古巴、伊朗、苏丹等受制裁国家转移资金并涉洗钱活动,被处以罚款17亿美元。

2018年,法国兴业银行,被指控违反伊朗、古巴及其他国家制裁禁令,长期隐瞒事实,导致数十亿美元违法资金经过美国金融系统流转,被处以罚款13亿美元。

2019年,渣打银行,被指控与伊朗等国家进行非法金融交易,被处以罚款11亿美元。

中国企业和个人也正在成为美国金融制裁的目标:

截至2020年6月,中国共有178名个人和实体被美国列入SDN名单,其中2017年之后新增加127名,约占总数的70%。

2012年,中国某银行因涉伊朗业务被列入OFAC制裁名单,被切断与美国金融市场的联系,被迫收缩国际业务。

2020年7月,美国财政部宣布对我国新疆维吾尔自治区4名现任和前任政府官员及新疆维吾尔自治区公安厅实施制裁；8月，宣布对我国4名政府涉港官员和7名香港特区政府官员实施制裁，同时威胁将制裁与这些个人有联系的金融机构。

2020年9月3日，美国财政部将6家中国公司和2名中国个人列入SDN名单，其中5家位于中国香港，1家位于中国上海，理由是这些实体参与了伊朗石油化工产品的销售与运行活动。这6家公司是因为与SDN名单中受到次级制裁的实体发生业务（即使是非美元业务）而遭到制裁。

综上所述，美国是全球金融制裁发起最频繁、执法最严厉的国家。金融制裁成为美国一个"超级特权"，它源于美元在全球经济金融中的主导地位。"长期以来，美元的主导地位给美国带来许多好处——为美国政府、企业和消费者提供几乎无限的廉价资金，以及实施有效的国际制裁的能力，因为美元的主导地位意味着没有公司愿以高昂惩罚为代价去违抗它。"总部位于伦敦的智库"欧洲改革中心"如此评价美国的金融制裁。

美国的金融制裁有货币监管和治理的合理成分。美元作为主权货币，在管理过程中，需要建立相应的制度、规范和规则，当然会涉及限制使用的问题，以保证美元体系的有序运行。但是，美国基于"长臂管辖"、二级制裁的霸权和单边原则，使这种治理的权利泛化和滥用，使美国制裁成为国际金融体系中一种不平等的权利，并沦为美国政治和国家利益的工具。

美国政府将制裁工具政治化、武器化，滥用国家安全和反恐怖名义，肆意挥舞制裁大棒，作为打压战略对手和竞争对手、推行强权政治的武器，严重损害国际经贸体系其他各方的利益，增加了全球经济金融活动的成本，招致各国广泛非议和反对。在中美紧张关系持续升温的形势下，金融机构和中资企业涉外业务的合规风险明显上升，增大了对我国经济金融安全的威胁。

金融机构和中资企业如何规避制裁风险

作为直接参与国际经贸活动的金融机构和中资企业，每天面对大量的跨境资金流动，一旦违反美国制裁规定，后果非常严重。对于银行和个体企业来说，一般很难申辩，更无法对抗。因此，银行和企业只能以预防和规避原则。

　　银行特别是开展国际业务的跨国银行，制裁合规是其合规体系的重要组成部分，须建立完整有效的管理制度、业务流程及信息系统。随着各国对制裁合规监管日益严格，对银行跨境汇款、资金跨境收付的制裁管理要求日益复杂。银行必须确保自身遵守制裁合规的监管要求，确保不被卷入受制裁交易。在客户开户以及办理交易阶段，必须对客户身份、交易背景进行全面深入的尽职调查。在跨境汇款、国际贸易结算等业务中，要检索、核实交易各方是否在美国制裁名单内，是否涉及被制裁国家，并做出相应的处理。对于涉及被制裁国家，美国不仅要审查业务的直接交易方，还要审查整个交易链条及相关单据上所有银行、保险公司、船运公司、船舶名称、清关公司等是否涉及制裁。

　　对一般涉外业务的中资企业，只要业务不涉及被制裁国家、被制裁实体、敏感交易，一般情况下不会触及制裁问题，但也需要对交易对手的背景进行深入调查，以确保对方不属于被二级制裁的对象。如是国际贸易，也需对交易涉及的银行、保险公司、承运人、运输船舶等进行深入调查，以免卷入制裁纠纷，造成资金损失。

　　企业还需健全合规管理机制和风险防控措施，全面加强境外合规风险管理，明确对国际业务全流程的合规管理要求，在项目尽职调查、合同管理、过程管理中强化合规约束。在美国设立分支机构的企业，尤其需要严格遵守美国各项法律。要加强监测预警分析，及时跟踪研究美国制裁法规和制裁名单更新情况，完善名单筛查系统和可疑交易监测系统，动态监测制裁合规风险，切实做好风险防范。企业的海外分支机构，要按照国际标准与所在国的法律和监管要求，建立合规管理体系，提升合规经营水平。

　　对于已经列入美国商务部"实体清单"但尚未升级到财政部SDN清单的中资企业来说，情况比较复杂。美国政府会采取各种监控手段，动用各方面交易情报网络系统，以监督被制裁企业获得含有美国产品或技术的渠道与来源，一旦发现违反美国"实体清单"管理禁令，会导致与被制裁企业进行交易的一方被处罚。因此，要聘请专业的律师团队，对美国的制裁禁令进行周密研究，慎重制订自身的供应链替代计划并制定相关安全管理措施。对供应商国别、交易方式、运输方式、支付币种、结算银行的选择等，也要有周密的方案。

被列入美国商务部"实体清单"的企业，如果违反出口管理相关禁令，有可能被进一步升级为财政部制裁，由供应链风险转为资金链风险及资产安全风险。对这种情况，企业需未雨绸缪，及时采取保全和止损措施，并制定应对预案。为此，被制裁企业需调整自己在境外的资产配置，尽可能撤出在美国的投资和资产，转向相对安全的国家和地区。在对外贸易和投资中，尽量避免使用美元支付，更多使用人民币或其他货币。即使尚未被列入"实体清单"的企业，也不宜心存侥幸，在当前地缘政治形势下，情况瞬息万变，企业要有风险意识和前瞻意识，合理评估境外市场风险，减少对高风险地区的市场依赖，结合当前"双循环"新发展格局，做好资产配置。

国家可以有哪些办法应对

笔者认为，由于我国巨大的经济体量以及与世界经济紧密深入的联系，美国不可能像对待伊朗、委内瑞拉那样，对中国发起全面的金融制裁，甚至也不能发动像对俄罗斯那种程度的制裁，更不会发生像有些人担心的切断中国的美元支付、清算渠道。因为那将是全球贸易和世界经济的一场灾难，那将不仅是中国的问题，也将是全世界的问题，更是美国自己的问题。因为美国毕竟不能做到与中国经贸全面脱钩，也不愿看到自己近百年苦心经营而打造的美元霸权体系陷于崩溃。退一步讲，即使美国下定这样的决心，也将遭到各国、各大机构出于自身利益的坚决反对，比如2014年"克里米亚事件"爆发后，美国曾对俄罗斯以"断开SWIFT系统联系"相威胁，后因遭到SWIFT抵制而没能实施。

我们讨论的前提是，**美国只能对个别中国企业、金融机构或个人实施有针对性的金融制裁**。这种情况已经出现，随着中美博弈的发展，未来制裁的范围有可能扩大，采取的形式更为多样。针对这种形势，国家应该前瞻性地谋划应对策略，以减轻影响或遏阻制裁。

其他国家在面临美国金融制裁时的一些应对措施，可以为我国提供一些启示：

一是阻断立法。目前，欧盟、澳大利亚、加拿大、法国、瑞士、英国等均已制定了此类法律。如欧盟"阻断法令"通过否定美国法律在欧盟境内的治外法权，拒绝承认其依据"长臂管辖"做出的判决，禁止欧盟企业遵守美国制裁法律法规，赋予欧盟企业寻求因制裁而造成损失的法律权力等，保护欧盟企业不受美国制裁影响。

二是反制裁。针对美国及北约成员国对俄罗斯公民和企业采取的制裁措施，俄罗斯出台了一系列反制裁措施。例如2018年6月俄罗斯总统普京签署《关于针对美国和其他国家不友好行为的反制裁措施法案》，为俄罗斯反制裁提供了重要的法律依据。法案赋予了总统针对外国制裁行为采取相应反制措施的权力，如停止或暂停与不友好国家或实体在特定领域的国际合作；禁止从其进口或向其出口特定产品和原材料；禁止其参与国家、地方工程以及采购项目或私有化进程等。俄罗斯财政部还设立反制裁司，负责制定和落实相关反制措施，协调各部门降低外国制裁造成的危害。

三是打造美元结算清算系统的替代方案。如欧盟和俄罗斯的做法。自美国退出伊核协议并重启对伊制裁以来，欧盟一直在探索避开美国制裁的方式，以维持与伊朗的合法贸易。2019年1月，法国、德国和英国成立INSTEX（贸易互换支持工具）机制，用于欧盟与伊朗之间药品、医疗器械和农产品贸易，该系统以"记账"方式规避美元和美国金融系统，欧盟进出口商之间无须与伊朗方发生直接的资金结算。2020年3月，INSTEX宣布完成了第一笔交易；8月，英、法、德宣布比利时、丹麦、芬兰、荷兰、挪威、瑞典6国决定加入INSTEX结算机制。

INSTEX使用欧元结算，使欧洲企业可以绕开美元与伊朗进行贸易。这是欧盟寻求增强金融自主性的一种努力，美国对伊朗制裁损害了欧洲国家的利益，欧洲借机建立不依赖美元的支付系统，以反击美国对国际贸易的控制。由于美国的阻挠，目前该机制覆盖的贸易范围偏小，未来能否进一步扩大，在原油进口等领域发挥结算通道的作用，还取决于美欧之间的博弈。

俄罗斯则开启了建立本国支付清算系统的进程。为反制针对俄罗斯跨境支付的定向制裁，解决SWIFT系统禁入对俄罗斯的威胁和影响，俄罗斯央行自2014年底开始建设俄罗斯金融信息传输系统（SPFS），作为与SWIFT系统的联系被切断后的替代方案。目前，俄方正通过立法及降低费用，大力推动该系统在国内的应用；在国际上积极争取中国、土耳其、伊朗等国加入合作。

借鉴欧盟及其他国家做法，为了应对和遏阻美国对我国金融机构和企业进行制裁，我国可以在以下方面未雨绸缪，采取有针对性的防御措施：

一是尽快开始反制裁相关立法。我国已经建立商务部"不可靠实体清单"制度，对美国的贸易制裁实行对等反制。笔者认为，我国应加大这一反制手段的力度，充分利用我国超大规模市场优势，中国市场是任何国家和企业都无法忽视的，对那些危害我国战略利益的外国企业给予强力回击，能够在一定程度上遏制美国的制裁行动。在反金融制裁方面，我国宜参考欧盟及俄罗斯等国做法，尽快完成反金融制裁立法，打破美国单边制裁的有效性，明确我国不接受任何国家的"长臂管辖"，并规定我国企业和个人遭受不合理的单边制裁时可采取的正当权益保护措施。明确提出我国对他国制裁行为可以采取的反制手段，以震慑和遏制美国政府的肆意制裁。

二是加快我国人民币跨境支付系统（CIPS）建设。中国建立人民币跨境支付系统的战略意义，不仅在于可以在极端压力情况下有替代方案，更深远的意义在于推进人民币国际化。人民银行于2015年启用人民币跨境支付系统，截至2019年8月，有31家直接参与者和855家间接参与者使用该系统，实际业务覆盖155个国家和地区。

CIPS对标发达经济体清算系统，采用自己的报文系统，符合全球普遍公认的系统化标准，支持人民币在国际贸易和跨境投资交易中进行支付和结算，被视为支撑人民币国际化的"高速公路"。CIPS已成为人民币跨境清算服务的主渠道，2018年CIPS处理的人民币跨境支付规模达26万亿元。2018年5月，CIPS二期全面上线，实现了对全球各时区金融市场的全覆盖。目前CIPS系统的技术问题已经解决，未来将进一步提高使用CIPS通道的便利性和可获得性，扩大参与者范围，吸引更广泛的国际银行互联互通。

长远来看，中国必须加快人民币国际化进程。摩根士丹利2020年9月的研究报告预测，未来10年内，人民币可能占据全球外汇储备资产高达10%的份额，成为仅次于美元、欧元之后的全球第三大储备货币。中国作为世界第二经济大国，拥有足够的经济规模和巨额国际贸易，人民币已经成为国际储备货币之一，具备国际化的基础。应加快布局和推进人民币贸易与投资结算，鼓励企业在跨境贸易、投资中更多使用人民币结算，进一步扩大与我国签订货币互换协议的国家数量和范围。进一步完善以人民币计价的原油期货市场发展，推动人民币成为大宗商品计价结算货币。目前，我国从俄罗斯进口石油，宝武钢铁从澳大利亚、巴西三大供应商进口铁矿砂，均已实现人民币支付结算，这是一个积极突破。要加快离岸人民币交易中心和市场建设，扩大海外人民币债券发行，打造更具吸引力的海外人民币债券市场。

三是可以考虑组建一家专门银行，负责为涉及制裁或可能被制裁的中资企业及敏感业务提供专门的金融服务，以切割其他中资银行尤其是大型中资银行的涉制裁风险。该专门银行宜由民营企业发起，并采用创新化的支付结算体系，负责为被制裁企业、可能被制裁的企业及某些特定业务提供金融服务。由于大型中资银行国际业务占比较大，美元资产负债规模庞大，且多数在美国设有分支机构，它们必须严格遵守美国制裁法律，不能为涉及美国OFAC制裁的企业提供任何服务，一旦违反后果极其严重。

总体来说，美国金融制裁植根于美元霸权，在美元霸权瓦解之前，各国反制裁的努力只能在一定程度上降低制裁的影响，很难抗衡和消除美国金融制裁的威胁。各国唯有加强金融领域协作，加快实现国际货币多元化，才能从根本上解决美国金融制裁的威胁。

观察者网　2020年9月10日

第二部分

帝国黄昏
——美国经济的本质与沉疴

CHAPTER
2

债务催生财富，谁支撑了美国人的幸福生活？

债务，对个人或家庭而言，是负担和麻烦，对大多数国家也是如此。但是对美国，这件事就不同了，它在美国可以变成"财富"之源。

现代经济的特点相对于传统经济已经发生根本改变。由于虚拟经济的产生及其日益在现代经济中发挥重要影响，关于货币，关于债务，关于财富，其性质和内涵已经大大改变。国家负债的另一面也可被视为"国家资本"，在某些情况下国家债务能够刺激国民财富增长。这正是现代货币理论的出发点，也是美国和西方国家大搞财政赤字货币化的理论依据。

这确实助长了美国和西方国家大举发债、任性印钞的行为，他们自身也的确收获了好处：既帮助他们化解了当前的经济衰退危机，自己国民的财富也增加了。

问题是，这种做法仅对那些把持着国际货币主导权的国家有效，其他国家效法起来，结果一定是债务危机和内部通胀。而且，美国等西方国家靠发债和印钞获得的财富扩张，注定是建立在货币霸权下对他国财富不合理占有的基础上的。

发钱发上瘾，债务无尽头

2020年12月27日，时任美国总统特朗普签署了总额约2.3万亿美元的"一揽子"支出法案，其中包括9000亿美元新冠肺炎疫情纾困资金。根据纾困法案，年薪低于7.5万美元的美国民众每人可以获得600美元的直接补贴，失业者可以额外获得每周300美元的救济金。由此，新冠肺炎疫情下备受煎熬的底层民众、上千万失业者得以避免陷入饥饿、无法支付房租等困境，1.4万亿美元的政府财政支出也避免了美国政府关门停摆。

这不是美国政府第一次为民众和企业发"救命钱"了。自2020年3月以来，美国实施四轮财政刺激和经济救助法案，总额达2.9万亿美元。这些救助包括发放现金补贴、增加失业救济金、减税、中小企业贷款援助等方式。

一轮又一轮的财政救助支出，使联邦赤字雪上加霜，政府债务出现爆炸式增长。美国联邦财政赤字从2016年的5850亿美元连年攀升至2019年的9840亿美元，而2020年随着动辄数亿美元的财政救助支出，美国联邦债务创下历史新高。美国财政部数据显示，2020财政年度联邦政府支出增加47.3%，至6.55万亿美元，财政赤字激增逾两倍，总额超过3.1万亿美元，赤字占GDP之比跃升至15.2%，已是连续第五年增加，为1945年以来的最高水平。截至2020年11月末，美国联邦债务总额已高达27.4万亿美元，占GDP比重达到134%。

眼下，美国联邦债务的攀升还远远没有到尽头。新冠肺炎疫情肆虐之下，美国底层民众嗷嗷待哺，没有财政资金救助，数以千万计的美国人面临食物危机和无法支付房租而无家可归。自2020年6月以来，约800万美国人跌入贫困线以下，美国劳工部数据显示，截至2020年11月，美国失业人口仍超过1000万。

拜登还未就任总统，就提出了总额1.9万亿美元的《美国拯救计划》，后续还将推出3万多亿美元的基础设施建设计划。2021年2月，拜登政府1.9万亿美元拯救计划已经在国会获得通过，大部分美国民众又可以拿到每人1400美元的纾困补贴，失业者每周400美元（提高了100美元）的现金补贴将延长至2021年9月。美国人民又开始享受有"躺着"挣钱的美好时光，而美国政府的巨额赤字和债务高涨仍在路上。

美国债务的急剧扩张不仅体现在联邦政府的宏观杠杆率急剧上升方面，企业及家庭部门也均呈现高负债现象，美国经济实际上是靠巨量债务支撑的。联邦政府负债总额达27.4万亿美元，而企业部门债务总额达17.5万亿美元（2020年第三季度末），约占GDP的92%，美国家庭债务总额达到创纪录的13.95万亿美元，约占GDP的73%。

债务刺激了"财富"增长

美国联邦负债高达GDP的134%，这对于世界上绝大多数国家来说就是债务危机了，但美国则不然。

美元作为国际储备货币，使得美国政府有能力通过信用扩张，把自己的债务成本无限压低。自2020年3月美联储开启无限量化宽松后，美国短期国债收益率已经低至接近0。这使得尽管2020年以来美国债务呈爆炸式增长，但联邦政府需要支出的利息负担却不断减少，这为美国政府肆无忌惮地扩张债务创造了条件。

在美联储史无前例的宽松政策刺激下，美股快速收复2020年4次熔断的巨量跌幅，并不断刷新历史高点。美联储不仅大举购入政府债券，而且打破惯例，大量买入包括垃圾级债券在内的企业风险资产，这等于直接向相关企业输送资金和转移财富。

美联储的货币大放水，不仅避免了债务到期的企业陷于流动性危机，也刺激美国股市起死回生，并获得源源不断的资金流入，维系美国股市上涨的动能。在新冠肺炎疫情失控、经济衰退的背景下，美国股市上演了一场魔幻的资本盛宴与财富狂欢，美国股市与实体经济表现更加脱节。

货币宽松催生了股市繁荣，而股市繁荣创造了"财富"增长。由于70%~80%的美国家庭在股市有直接或间接投资，个人与公共养老金账户的收益也和股市投资回报息息相关，受益于股市上涨，美国居民家庭净资产增加并创纪录新高。美联储报告显示，**2020年第三季度美国家庭净资产增加3.8万亿美元（增长3.2%）至123.5万亿美元**，其中居民持有的股票价值上升2.8万亿美元，房地产价值上升约4300亿美元。自2020年3月以来，美国亿万富翁拥有的财富增加了1.1万亿美元，美国亿万富翁人数增加了46人。

在美国经济高度虚拟化、金融化的条件下，债务的天量扩张却成为美国创造"财富"的工具。于是，我们看到一幅奇幻无比的美国经济图景：一面是新冠肺炎疫情肆虐，企业大面积关停甚至倒闭，经济深度衰退，上千万民众失业，依靠政府救济度日；一面是股市大涨，美国家庭资产增加。美国政府免费给居民和企业发放补贴和救济，一些美国人躺着挣钱，而掌握金融资本的少数人更是赚得盆满钵满。

对于一般国家而言，国家债务是对未来收入的透支，是必须偿还的。债务比例越高，偿债风险也越高，因此一个国家负债水平有一个警戒线。

然而，当一国的债务是以本币计价的时候，债务的性质就大大不同了。它实际上无须担心国家债务偿还的问题，因为可以通过扩大主权货币发行来偿还。美国国债是以美元计价的，只要世界还存在对美元和美债的需求，它的债务就可以无限制地扩张，它有能力通过发行更多债务来偿还原有债务。同时，只要美联储把利率压到足够低甚至零，也无须担心利息成本。这正是美国多年来不断重复上演的事实。

债务，对别的国家可能是陷阱和毒药，对美国却成为"创富"的工具。美国战略与国际研究中心高级访问学者、经济学教授弗拉季斯拉夫·伊诺泽姆采夫指出，"当代金融体系的秘诀不是偿还债务的能力，而是将债务成本降至无限低的能力"。

凭借货币政策与财政扩张政策的配合，美国把国债利率和资金利率降至接近零利率，超低的利率环境使得美国政府能够轻松大举发债解决自身危机。而美联储在几周时间内增发的货币，可以超过中国多年积累的全部外汇储备的价值，也超过英国全年的GDP。

"财富"幻象的另一面

美国财政本来已经年年赤字，救助计划的资金从哪里来？依靠美联储印钞。美联储启动无限量化宽松模式，大笔购进美国国债，仅2020年3月的一个月内，美联储的资产负债表就增加了3万亿美元，启动了史无前例的美元大放水。到2020年底，美联储总资产规模达到7.35亿美元，比2019年末扩张3.14万亿美元，其中持有美国财政部发行的债券资产达4.69亿美元，比上年末增加2.36万亿美元。美国财政新增加的债务，基本由美联储承接了。

美联储的无限量化宽松措施，既为美国财政提供了资金支持，又向金融体系注入了大量流动性，大幅压低债券的利率水平，降低了发债成本。货币政策与财政功能实现了"完美"协同。美联储目前维持每月1200亿美元的购债计划，并承诺只要经济需要，将维持宽松货币刺激政策不变。

然而，**美债持续扩张将削弱美元信用**。伴随美国债务扩张和美联储任性发钞，美元指数一路下跌，目前已跌至90以下，比2020年初下跌接近13%。而黄金、白银等贵金属大涨，比特币更是气势如虹，2020年价格涨了3倍。美联储主席鲍威尔也因推行无限量化宽松政策而获封"加密货币年度人物"，被戏称为领导了一场"3万亿美元的比特币营销活动"。这预示了投资者对美元前景持续看淡。

自2020年以来，高盛、摩根等国际投行不断发出美元"崩溃"的警告，著名经济学家、耶鲁大学高级研究员斯蒂芬·罗奇斯蒂坚定看低美元，2020年6月，他预言未来一两年内美元将暴跌35%。

债务扩张与货币超宽松也加剧了美国的资产泡沫化。如今，美国股市总市值高达41.6万亿美元，相当于美国GDP的211%，远超过2000年互联网泡沫破裂前最高点的167%。这表明美国经济已经高度虚拟化和泡沫化。眼下，为刺激经济，美国政府庞大的财政救助支出不可避免，债务规模仍将持续攀升，美联储购债和扩张计划也根本不会停下脚步。摩根士丹利的研究报告预测，本次美联储量化宽松规模可能达到7.8万亿美元，2021年底美联储总资产将达到12万亿美元。而据德银的估算，美联储在未来4~8年总资产将扩大到19万亿美元。

只要美国扩张性货币政策的刺激延续，美国股市就有源源不断的资金流入，泡沫就会不断加剧，风险也将持续累积。虽然我们无法预测这个泡沫何时破裂！从这个角度看，美国靠发债和天量放水虽然短期内可以走出经济危机，但长期无异于"饮鸩止渴"。建立在巨额债务和股市上涨基础上的"财富"

增长，恐难以持续。

再者，**债务扩张和量化宽松政策将进一步加剧美国财富分配的两极分化**。研究表明，扩张性货币政策使占据财富金字塔顶端的1%的人占有的财富比例提高1~6个百分点，其中最大的财富效应来自资产泡沫。一方面，随着美国实行货币扩张政策，财富将更快地向掌握金融资本的极少数群体集中。**美国660位亿万富翁共拥有4.1万亿美元的财富，比处于收入底层的50%的美国人所拥有的全部财富多出2/3**。另一方面，数以千万计的美国低收入人群不得不依靠救济和借债获得食物和支付房租。2020年下半年，800多万美国人跌入贫困线以下，美国贫困率上升了2.4个百分点，几乎是20世纪60年代以来美国贫困率最高年度增幅的两倍。

谁支撑了美国人民的幸福生活

从外部看，美联储大举印钞的模式，稀释了别国持有的美元及美元资产的价值，也稀释了美国原有的对外负债，这直接侵蚀了外国债权人的利益，实际上是明火执仗的财富掠夺。

同时，美国通过救助计划和美联储购债计划，把增发的美元无偿地直接输送给国民和企业。粗略估算，美联储2020年以来新增发行的3.2万亿美元中，美国政府通过救助计划向居民和企业无偿转移支付了约2.2万亿美元。这使美国家庭和企业获得充足的资金优势，为美国企业对外投资、并购提供了资金炮弹。这些巨量资金冲出美国，可以购买别国凝结着真实价值的商品和各种资源，可以收购别国的股票，控制别国优质企业。这种不平等的财富占有和转移，揭示了美元量化宽松背后的掠夺性。

美元作为国际储备货币和结算货币的独特地位，使得美联储增加货币发行不会引发本国的通货膨胀。由于美国可以在全球购买商品，美国增发货币造成的通胀效应并不由本国独自承担，而是通过全球贸易和美元的输出由别国分担。另外，大量的资金流入美国股市，减少了货币扩张对商品市场价格的冲击。这就是美国能够保持低通胀的秘密。如果不是通过国际贸易对外输出美元，美国的通胀早就无法想象了。由此，美国敢于放任发钱、放任印钞，实际上是因为有其他国家在为美国的任性买单。

而美元的大放水却注定造成其他国家的通胀压力。自2020年以来，尽管新冠肺炎疫情下全球经济活动受到抑制，但铜、铁矿石、原油等大宗商品及工业原材料价格飙升，推升了工业制成品的价格。2021年，随着全球经济缓慢回升，全球将面临不同程度的通胀压力，主要生产国和出口国的通胀可能更为明显。自2021年初以来，我国居民已经明显感受到日常生活必需品价格上涨的压力。

中国作为美国最大贸易伙伴，对美国常年保持贸易顺差，外汇储备中持有超过1万亿美元的美国国债资产（仅略低于日本）。相比其他各国，我国与美国有更广泛和紧密的经贸联系，美国持续推行债务扩张和无限量化宽松，其政策的溢出效应对我国的影响最大、最直接、最深刻。

实际上，我国对美国的贸易逆差，就是用自己的商品财富，交换了美国的信用货币（或者说美国政府打的欠条）。在美国和西方债务快速膨胀和大肆印钞的形势下，如何最大限度地抵御其对我国经济的负面影响，值得高度关注和警惕。一些问题值得深刻反思：

一是我国外汇储备资产的适宜规模。一般来讲，外汇储备是用于防止外部冲击，保持本国汇率稳定。我国作为全球第一制造业大国和第一货物出口大国，常年保持贸易顺差，人民币汇率稳定有坚实的基础。特别是中国经济体量巨大，拥有超大规模的内需市场，内循环具备广阔的空间和纵深，相比一般国家，外部因素对我国经济和汇率的冲击要可控得多。我国有无必要保持3万多亿美元的外汇储备规模，值得思考。

二是外汇储备资产的投向。传统观点认为，美债是最安全的储备资产，但在美债收益率接近于零且美元贬值趋势日益明显的情况下，持有美债资产面临价值缩水的风险，还能被认为是"安全"的吗？中国社会科学院学部委员余永定根据长期研究指出，我国持有的海外净资产，在国际收支平衡表上的投资收入长期为负值，其中外汇储备在海外资产中占比最高。我国外汇储备中美国国债占比约1/3，如何保证外汇储备资产的安全和保值，更好地发挥外汇储备的经济效益和战略价值，需要创新性的思考。

三是警惕和防范西方热钱大量涌入对我国资本市场造成冲击。在美国和西方央行大举量化宽松的背景下，外币流动性泛滥，这些资金急需寻觅有利可图的投资出口。对外国资本流入我国宜设立防火墙，并分类采取管理措施。如果外部资金作为长期资本投资于我国实体经济，带来先进技术和高新产业，将有利于我国产业转型升级。但如果大量短期游资流入我国资本市场，通过市场炒作赚取投机利润，则容易导致我国金融市场的剧烈波动，也可能造成国民财富的损失。据英国分析公司Mergermarket的统计，2020年1月到10月，美国公司在华并购投资增长69%，达113.5亿美元。对外国资本并购我国优势企业，也需设置一定的门槛和安全审核程序，防止西方企业利用廉价资本乘势操控和主导我国优势产业部门。

四是人民币汇率可以考虑进一步升值。一直有观点认为，人民币升值影响我国出口。然而，历史和现实对此并未提供实证依据。回顾人民币汇改历程，**人民币升值削弱出口的情形并未发生，反而促进了我国企业的技术进步和竞争力提升，加快了产业转型升级和附加值提高。**我国十几年来一直保持世界第一货物出口大国地位，占全球出口份额稳步提升。决定出口竞争力的，主要的不是价格，而是技术水平和刚需程度。我国出口的表现也提供了有力的例证。在美国对我国商品大幅加征关税和人民币汇率升值的情况下，2020年我国出口继续保持大幅增长，我国对美国顺差不降反升。这表明在我国抗疫取得战略性胜利的形势下，我国对美国和其他国家的出口绝大部分都是刚需，同时表明我国出口的企业竞争力已经超越凭借廉价获取竞争优势的阶段。升值影响出口的担心没有现实证据。

在美元及西方货币大放水的情势下，人民币升值既是合理的，也是必要的。**如果我国保持独立的货币政策，不跟随美西方央行搞货币大放水，那么人民币汇率不升值，则意味着我国人民辛勤劳动创造的实体财富的贬值，或者说将被打折交换。**这对中国人民来说，实际是财富的流失。在中国迈向高质量发展的新阶段，我们应该更加注重外贸对满足内部需求、提升我国人民福祉的贡献，而不应继续着眼于追求逆差。

星图金融研究院　2021年2月9日

透视美国"债务黑洞"

2021年9月27日晚间,在美国参议院举行的投票中,共和党议员阻止了民主党提出的提高债务上限的法案。这意味着两党就此问题的分歧仍然僵持不下,美国很可能又一次上演政府关门的"惊魂一刻"。而在前一天,拜登政府暗示已经在为可能的政府停摆做准备了。

连月来,围绕美国政府债务上限问题,美国两党争执不下。如果国会不能在2021年10月中旬之前批准暂停或提高债务上限,美国将不仅面临政府停摆的困境,更可能引发有史以来第一次主权债务违约。

美国债务上限僵局,使美国政府的债务问题再次引发聚焦。美国人习惯寅吃卯粮,储蓄率低、负债高,早已是美国经济的一个特征,而2008年金融危机以来美国政府债务激增,如今俨然成为一个快兜不住的"黑洞",却是最近10年来一个新的突出现象,值得细细品味。

透视美国政府的"债务黑洞",可以一窥美国经济的奥秘。

看不到底的"债务黑洞"

人们都知道美国经济发达,但少有人揭开美国的另一面:它是世界最大负债国。

如今，美国政府债务总额达到28.7万亿美元，超过美国GDP（2020年）的130%，相当于英国GDP的10.6倍。如果加上企业和家庭负债，美国的债务总额达到GDP的340%以上。美国经济其实是靠天量债务堆起的巨人。

美国政府负债率在世界主要经济体中仅次于日本，远高于欧洲国家平均水平，也远高于2011年"欧猪四国"发生主权债务危机时的水平。

自2008年以来，美国政府债务快速增长，2013年债务规模超过了GDP。自2020年以来，随着美国政府连番推出巨额新冠肺炎疫情纾困和经济刺激计划，美国国债规模更是爆炸式增长。

美国总统撒钱，真像"崽卖爷田不心疼"。拜登政府执政以来，不仅延续了特朗普时期的超宽松货币政策，还马不停蹄地推出一连串经济救助与刺激计划，涵盖新冠肺炎疫情纾困、失业补贴、中小企业救助、家庭支持、创新与竞争促进计划、供应链重建等，总支出规模达7万亿~8万亿美元。有学者指出，拜登政府支出的增长规模，已经大大超过了罗斯福新政、里根政府20世纪80年代初军备扩张、2008年金融危机时期等历次美国经济刺激计划。

拜登和特朗普在财政刺激的路上接力狂奔，使美国政府债务激增。2020年美国财政年度联邦政府赤字激增逾两倍，总额超过3.1万亿美元。加上拜登政府上台以来连续推出的财政刺激支出，目前美国国债总额已突破28.7万亿美元。

如今，美国再次面临"债务上限"僵局，这在美国历史上已经见怪不怪了。虽然眼下两党争执不休，但最终仍然会毫无悬念地找到上调"债务上限"的解决方案，因为债务违约的代价实在是一场难以承受的灾难。

正如美国财政部部长耶伦所警告的，美国债务违约可能会引发一场历史性的金融危机。利率飙升，股票价格急剧下降，经济复苏逆转为衰退，导致广泛的经济灾难。**如果美国不能摆脱这场灾难，会成为永久性的弱国。**

美国众议院议长佩洛西表示，国会不会让政府资金在下周到期。这暗示民主党可能寻求将政府运转资金与提高"债务上限"的争议脱钩。另外，民主党人也可能考虑利用快速通道批准程序，在没有共和党人支持的情况下允许提高"债务上限"，而这也意味着民主党将单独为提高"债务上限"承担政治责任。

无论两党如何解决分歧，最终的结果无非批准提高政府"债务上限"，或选择继续暂停"债务上限"，允许政府继续增加举债以维持运行。实际上，自从美国设立"债务上限"以来，1960年9月至2011年8月美国政府"债务上限"被上调了79次。

这暴露出美国政府对债务的深度依赖。离开举债，美国政府已经寸步难行。

而美国政府的债务增长还远没有尽头。拜登政府一系列雄心勃勃的刺激计划还在等米下锅，未来将继续推高美国政府的财政赤字。根据拜登政府的财政预算，美国2021年财政赤字为3.669万亿美元，2022财年赤字为1.837万亿美元。**财政赤字不断累积，预计未来10年美国联邦政府债务累计将超过39万亿美元。**

这也表明，美国政府债务的运作模式本质上不过是发新债还旧债的庞氏游戏，循环往复没有尽头，而债台则越堆越高，美国政府也不可避免地陷入无法见底的"债务黑洞"。

债务，隐藏着美国"财富密码"

美国政府一次次打破自己规定的"债务上限"，美国政府所谓"债务上限"，实际上不过是看起来漂亮的摆设而已。

美国会发生债务危机吗？这样的想法忽略了美国的特殊性和美元的"嚣张特权"。美债以美元计价，而美元由美国自主发行。依托美联储这台超级提款机，美国可以无成本地"生产"出所需要的美元。2008年以来美国施行的量化宽松，就一直在做这样的事。而2020年3月，美联储在短短几周内就陡然增发了约3万亿美元。

美元作为世界储备货币，具有无与伦比的魔力。达利欧说："储备货币赋予一个国家不可思议的力量。凭借美元的世界储备货币地位，美国有权将所需要的美元交到美国人的手中。"

美国经济"增长"的秘诀是左手发债（财政部），右手印钞（美联储）。凭借债务扩张与量化宽松的配合，美国把政府和企业债务转化成了美元，并把这些美元补贴给了美国民众和企业。同时，超宽松的货币政策和天量流动性支撑起美国股市的高估值，也增加了美国民众的财富。这就是美国"债务创富"的秘密。

通过美国政府的纾困和救助计划，美国通过债务扩张而增发的货币，其中大笔资金无偿转移到美国民众和企业手中。例如，自2020年3月以来，特朗普和拜登政府连续推出数轮新冠肺炎疫情纾困法案，符合补贴标准的美国居民获得了每人累计3200美元的现金补贴；另外，失业者额外获得每周600美元的失业救济金。美国政府的慷慨撒钱，使一批美国人能够"躺着"挣钱。

因此，尽管新冠肺炎疫情对美国经济造成重创，最多时上千万人失业，但美国居民储蓄却大幅增加了。截至2021年第一季度，美国个人储蓄从一年前的1.6万亿美元激增至4.1万亿美元。

2020年以后，美联储不仅大举购入政府债券，而且打破惯例，大量买入垃圾级债券等企业风险资产。这等于美联储不仅把部分美国企业的债务进行了货币化，更是直接向相关企业输送了美元现金。

同时，美联储的货币大放水带来超宽松利率环境，不仅使2020年初4次熔断的美国股市起死回生，避免了股市崩盘，还获得了源源不断的资金流入，维系着股市持续上涨的动能。2020年以来，在新冠肺炎疫情失控、经济遭受重创的背景下，美国股市却节节攀升，上演了一幕魔幻的财富狂欢。

在美国经济高度虚拟化、金融化的条件下，债务的天量扩张却成为美国创造"财富"的工具。于是，2020年以来我们看到一幅奇幻无比的美国经济图景：一面是新冠肺炎疫情肆虐，企业大面积关停甚至倒闭，经济深度衰退，大批民众依靠政府救济度日；一面却是股市狂涨，带来美国家庭资产增加，而掌握金融资本的亿万富翁更是赚得盆满钵满。

由于70%~80%的美国家庭在股市有直接或间接的投资，受益于股市上涨，美国居民家庭净资产增加并创纪录新高。美联储报告显示，2021年第二季度美国家庭净资产增加5.8万亿美元，增长了4.3%，创历史新高，其中股票价值增长3.5万亿美元。而从2020年3月至2021年4月的13个月里，美国亿万富翁的总财富增加了1.62万亿美元，增幅达55%。

货币宽松催生了股市繁荣，而股市繁荣创造了"财富"增长。债务，对别的国家可能是陷阱和毒药，对美国却成为"创富"的工具。

美国战略与国际研究中心高级访问学者、经济学教授弗拉季斯拉夫·伊诺泽姆采夫指出："当代金融体系的秘诀不是偿还债务的能力，而是将债务成本降至无限低的能力。"由于美联储把利率压到极低水平，尽管2020年以来美国债务呈爆炸式增长，但联邦政府需要支出的利息负担却在减少，这使美国政府肆无忌惮地扩张债务。

美国"债务黑洞"吸血全球财富

而这个故事的另一面，是美国凭借货币霸权，对全世界特别是发展中国家的财富"吸血"。美国的"债务黑洞"像插在世界经济上的一根巨大而无形的管道，将他国财富源源不断地吸向美国。

美联储以购进的美债及其他抵押债券为"资产"，释放出等量的美元。美国一手发债、一手印钞，不费吹灰之力，像魔法般创造出天量美元。

2020年3月以来，美联储新增美元发行约4万亿，资产负债表突破8万亿美元，比2020年初几乎翻番，比2008年金融危机爆发前的1万亿美元左右增长了7倍。

美国通过无限量化宽松创造出的"无成本"的美元，冲向世界就能换回实体商品和服务，这都是其他国家人民辛苦劳动创造的财富。美国通过各种形式的补贴，使美国家庭和企业获得充足的资金，据追踪美国现金流的固定收益交易商FHNFinancial测算，美国家庭和小企业目前已经累积了创纪录的近17万亿美元现金，超过了世界各国政府在新冠肺炎疫情期间采取的财政刺激资金的总规模（16万亿美元）。这些巨额资金为美国企业对外投资、并购他国优质资产提供了资金炮弹。这种不平等的财富占有和转移，揭示了"美债黑洞"背后的掠夺性。

同时，由于美元发行的兑水，无形中稀释了别国持有的美元及美元资产的价值，也稀释了美国原有的对外负债，这直接侵蚀了外国债权人的利益，实际上是明火执仗的财富掠夺。

不仅如此，美元的滥发已经造成全球大通胀的蔓延，这是美国债务扩张给各国经济及民众生活造成的另一重伤害。

美债与美元相表里，依托美元霸权在全球"吸血"，暴露出美国经济的"寄生性"和"剥削性"。

美债可以无休止地扩张吗？

美国依靠债务货币化，把政府负债转化为美国居民和企业的财富，看上去如此美妙，那么，美国债务可以无止境地扩张吗？

按照现代货币理论（MMT），当政府的债务是以本币计价的时候，它实际上无须担心国家债务偿还的问题，因为可以通过扩大主权货币发行来偿还。在这个意义上，政府债务其实是一种税。

美国国债是以美元计价的，只要世界还存在对美元和美债的需求，它的债务理论上就可以无限制地扩张下去。直到有一天，越来越多的国家不再认可美元信用，或者本国特别是外国投资机构不愿再为深不见底的美国"债务黑洞"接盘，那么美国就会如同其他高负债的国家一样，爆发债务危机，这套借新债还旧债的游戏就玩不下去了。

因此，美债扩张也是"双刃剑"，无限制的政府债务也会给美国带来严重的后果：

一是美债无限扩张终将削弱美元信用。美元成为世界货币，植根于美国的经济活力以及稳健的财政政策。如果美国政府债务规模无限制地扩张，会导致美元持续贬值，严重时更可能引爆美元信用危机。

比如，2020年3月以后，随着美联储开启无限量化宽松，美元指数一路下跌，从2020年初的103，最低跌至90以下，目前美元指数保持在93左右。美国财政部前部长鲍尔森2020年撰文指出，美国疫情之后能否保持稳健的宏观经济政策，管理好国债并控制住结构性财政赤字，将是对美元地位的重大考验。

二是债务过度扩张加剧美国资产泡沫风险。债务扩张以及由此带来的货币过度宽松，刺激美国股市迭创新高，加剧美国经济的虚拟化和泡沫化。观察巴菲特指数（股市总市值与GDP之比），美国股市最高时达到211%。如果美国继续延续债务扩张和货币宽松的政策，美国股市泡沫将加速膨胀，而金融风险也将持续累积，直到某天股市轰然倒塌，引爆一场新的金融危机。

三是债务扩张与宽松货币加剧美国财富分配的两极分化。研究表明，扩张性货币政策使占据财富顶端的1%的人财富占比会提高1~6个百分点。2020年以来，随着美国持续实施货币扩张政策，美国财富更快地向极少数群体集中。2021年第一季度，美国最富有的1%家庭控制着41.52万亿美元的财富，是底层50%家庭财富的16倍，而1990年第一季度这一数字为6倍。

美国中产阶级和底层民众无法参与股市和资本的"创富"活动，成为被财富"抛下"的群体。"占总人口99%的普罗大众，对于仅占总数1%的人的贪婪和腐败，已经再也无法忍受。"这是美国爆发"占领华尔街"运动的根源。

四是债务过度扩张已经引发美国剧烈的高通胀。如今，美国持续数月处于高通胀的煎熬中，通胀率达到30年未见之高位。随着新冠肺炎疫情对全球产能和供应链的冲击，加之美国愚蠢的高关税贸易政策，美国的疯狂印钞终于使自己也尝到苦果。当前美国已经发生供应链危机，各类商品严重短缺。从现在美国劳动力短缺、工资上涨、供应链瓶颈、全球生产恢复等各种趋势来看，美国极有可能再现20世纪70年代滞涨的危机情景。

同时，美联储的购债和印钞之路也几乎走到尽头。目前美国金融市场流动性泛滥，到了无处可去的程度，不得不向美联储回流。2021年8月12日，美联储逆回购规模突破历史性的1.1万亿美元，这表明大量美元资金在美联储和金融机构之间形成内部空转，也意味着美联储继续向金融体系注入流动性的操作在接近极限。

另外，随着美债激增，曾经作为全球资金避风港的美债，受到越来越多的质疑。实际上，随着美国通胀率的高企，美债资产已经成为严重负收益的资产。长此以往，将引发国外投资机构去美债的风潮，美债的扩张也面临市场的天花板。在美联储准备减少购债的情况下，谁还愿意为不断膨胀的美债来接盘，已然是个问题。

《第一财经》　2021年9月30日

美国国债收益率飙升预示着什么？
市场正划出边界

2021年2月25日，10年期美国国债收益率闪电飙升，连续突破1.5%、1.6%两大关键点位，日内升逾20基点，创下2020年2月以来最高水平。自2021年春节以来，10年期美国国债收益率在不到两周的时间里已经大幅飙升约40%。

其他期限美国国债收益率也同时大幅攀升。5年期美国国债收益率一度升至0.8617%，日内上升约26个基点。30年期美国国债收益率一度触及2.4%整数大关，也创一年来新高，日内上升约16个基点。2年期美国国债收益率日内上升约6个基点。

这意味着，美国国债发行遭遇市场冷对。2021年2月5日进行的一只610亿美元的5年期美国国债拍卖需求锐减，投标倍数为过去10年倒数第二低位。美国财政部拍卖的620亿美元的7年期美国国债，投标倍数从之前的2.305跌至2.045，创历史新低。市场人士评价，这绝对是史上灾难性的一场美债拍卖。

受此影响，美国股市全线暴跌。道琼斯工业平均指数跌1.75%，纳斯达克指数跌3.52%，标准普尔500指数跌2.45%。

美债收益率飙升的背后，既反映出投资者对美国通胀上升的预期在迅速增强，也反映出市场对美债爆炸式扩张的担忧与日俱增。它表明在投资者眼中，美债已经不香了。急剧扩张的美国国债不可能被无限接纳、照单全收，市场这只"看不见的手"正在要求美债发行者付出更高成本。

通胀预期正在迅速提升

10年期美国国债收益率是最具标尺性意义的金融市场指标，1.5%的收益率是市场心理的一个临界关口。国债收益率一旦突破这个关口，市场对通胀的担忧将急剧上升。

自2020年以来，以美联储为代表的西方央行开启史诗级货币大放水式的宽松刺激政策。美联储在2020年3月短短一个月内，就向市场释放3万亿美元流动性，相当于英国一年的GDP。如此量级的货币增发，不可能不对资产市场和商品市场带来冲击。

如果说2020年新冠肺炎疫情暂时压抑了人们的消费需求和生产需求，那么2021年随着疫苗大面积推广，新冠肺炎疫情逐步得到控制，全球经济回升带来的消费需求和生产需求，加之市场供应一时滞后，全球通胀势必强势来袭。

全球金融市场充斥着"流动性的暴力"，能源、有色金属、原材料等大宗商品几乎全部涨价。自拜登胜选以来，布伦特原油上涨60%，铜上涨超过30%，玉米上涨近40%，大豆上涨30%。流动性的泛滥，已经到了"到处乱窜"的程度，比特币魔幻式的疯涨背后也是充溢的流动性在支撑。

眼下，全球通胀预期在迅速抬头。2021年1月欧元区核心通胀率为0.9%，较2020年12月上升1.2个百分点。其中，荷兰最高，为1.7%，德国、法国分别为1.6%、0.8%，均呈上升态势。美国核心消费物价指数2月上旬达到1.4%，并在过去8个月持续处于上升通道。衡量未来10年平均年通胀预期的指标（10年期通胀保值债券损益平衡通胀率）一度涨至2.19%，为2018年中以来最高。

随着美国大力推行疫苗接种，在美国新冠肺炎疫情逐步缓解的情况下，美国经济回升的步伐在加快。制造业、服务业经济活动在逐步改善，2021年

2月美国耐用品订单环比增长3.4%；被视为商业投资晴雨表的核心资本品订单增长0.5%。失业人数逐月下降。拜登政府1.9万亿美元庞大纾困计划获得重大进展，将进一步刺激居民消费活动，部分经济学家预计美国2021年经济可能出现过热。这都加剧了市场对美国2021年通胀快速反弹的预期。

在通胀预期提高的情况下，为抵消通胀的损失，投资者势必对美国国债的投资回报提出更高要求，由此推高了国债的收益率。

美债扩张将面临市场的天花板

美国纽约西43街竖立着一面美国国债时钟，上面显示的美国国债总额已突破28万亿美元大关。国债时钟上的数字提醒着人们，美国政府的负债正在加速增加。

自2020年3月以来，美国实施数轮财政刺激和经济救助法案，总额达到3.8万亿美元。一轮又一轮的财政救助支出，使联邦赤字雪上加霜。美国联邦财政赤字从2016年的5850亿美元连年攀升至2019年的9840亿美元。美国财政部数据显示，2020财政年度联邦政府支出增加47.3%，至6.55万亿美元，财政赤字激增逾两倍，总额超过3.1万亿美元，赤字占GDP之比跃升至15.2%，已是连续第五年增加，为1945年以来的最高水平。

随着赤字累积，美国联邦债务总额已突破28万亿美元，其与GDP比率达到134%。眼下，拜登政府正在紧锣密鼓地推出1.9万亿美元的《美国拯救计划》，后续还将推出3万多亿美元的基础设施建设计划。可以预见，美国政府的巨额赤字和债务高涨仍在路上。

美国国债的扩张很大程度上依赖美联储印钞提供资金支持。美联储的无限量化宽松措施，既为美国财政提供了资金支持，又向金融体系注入了大量流动性，同时美联储购入大量国债资产，大大压低了债券的利率水平，2020年2年期美国国债等短期债券低至0的水平，10年期美国国债收益率一度只有0.35%，并长期保持在1%以下，这大大降低了美国政府的发债成本。2020年以来，美联储为刺激经济几乎用尽全力，将联邦利率维持在0附近，并维持每月1200亿美元的购债计划，美国财政新增加的债务，基本由美联储承接了。

美联储同时保证除非美国完全达到复苏,且通货膨胀利率超过2%,否则将继续维持宽松货币刺激政策不变。

而美国确实从肆无忌惮地大举发债、任性印钞中收获了好处:既化解了当前的经济衰退危机,美国国民的财富也增加了。

从前几轮的财政纾困法案中,美国一般民众获得了每人1800美元的现金补贴。失业者每周额外获得第一阶段每周600美元、目前400美元的失业救济金。美国政府慷慨撒钱,使一批美国人能够"躺着"挣钱。眼下,拜登政府更大手笔的1.9万亿美元纾困计划,将进一步给美国民众带来直升机撒钱式的补贴福利。

同时,货币宽松催生了股市繁荣,而股市繁荣创造了"财富"增长。美联储报告显示,2020年第三季度美国家庭净资产增加3.8万亿美元(增长3.2%)至123.5万亿美元,其中居民持有的股票价值上升2.8万亿美元,房地产价值上升约4300亿美元。自2020年3月以来,美国亿万富翁拥有的财富增加了1.1万亿美元,亿万富翁人数增加了46人。美国政府的现金补贴与货币宽松直接增加了美国民众的财富。

债务,对别的国家可能是陷阱和毒药,但在美国经济高度虚拟化、金融化的条件下,债务的天量扩张却成为美国创造"财富"的工具。

实际上,凭借美元世界货币的特殊地位,美国从来无须担心国家债务偿还的问题,因为可以通过扩大美元发行来偿还。美国国债是以美元计价的,只要世界还存在对美元和美债的需求,它的债务就可以无限制地扩张,它有能力通过发行更多债务来偿还原有债务。同时,只要美联储把利率压到足够低甚至零,它也无须担心利息成本的问题。这正是美国多少年来不断重复上演的事实。

但是,美国靠不断发债刺激经济、增加财富这样的好事,是否可以永远持续下去呢?换句话说,美国的债务是否可以无限制增长呢?

美国国债收益率的飙升,意味着美国债务扩张不可持续,它注定将面临市场的天花板。

一方面,国债收益率飙升,直接提高了美国政府发债的成本,美国继续举债将面临更高的利息支出,从而加剧美国政府赤字负担。同时,国债收益率作为实际利率的标尺，它的上升还会带动美国各类贷款利率同步上扬，整个社会融资成本提高，影响美国经济复苏。

另一方面，美国债务的急剧攀升，越来越引发国际投资者对美国赤字和债务可持续性的疑虑。美国国债发行在市场的遇冷，表明这一趋势日益明显。

彭博社2021年2月25日援引数据显示，美国国债正遭遇2021年1月以来最大抛售潮。美国财政部2021年2月18日最新公布的报告显示，截至2020年12月，全球央行已在过去的33个月中有26个月大幅净抛售万亿美元的美债，这是全球央行抛售美债的创纪录水平。包括中国、日本、土耳其、沙特阿拉伯、德国、印度、英国、法国、加拿大等29个美债持有者均不同程度地减持了美债规模。

美国国债价格暴跌正迫使更多基金经理缩减风险敞口，海外投资者正在远离美国国债。国际投资分析师认为，在美国新冠肺炎持续蔓延后，2021年美国国债是否还会有大量投资者接盘，成为市场的重大风险因素。

而最近7年期、5年期美国国债拍卖出现的认购滞销正在印证这种结论。不仅美国国债投标倍数创下历史最低，而且包括外国央行的间接购买人获配比例也创下2014年来最差。知名财经博客"零对冲"（Zerohedge）直言不讳地评论称："外国央行投资者对美国国债甚至连闻一下的兴趣都没有。"这表明作为美国国债基石级的全球央行买家正在远离美国国债市场。

曾经，各国央行把美国国债视为最安全的储备资产，而今随着美国国债的无底线扩张，这种风向已然改变。全球央行正在逐步寻求在外汇储备中提高非美元货币资产的配置，而且这种趋势还将持续增强。

过去的12个月，全球央行净购买超270吨黄金，而自2017年以来，全球央行的黄金净购买量已经超过1500吨。最近几年，德国从美联储金库运回黄金743吨，法国央行从美联储手上提取的黄金也超600吨，意大利也将近400吨的黄金运回国内。欧盟一些成员国回运黄金，并减少美元储备资产，释放出对美债资产不信任的信号。

眼下，美国国债与GDP比率高达134%，股市市值与GDP的比率也超过200%。对于美国国债的无限制扩张，美联储主席鲍威尔在2021年2月24日的讲话中警告称，美国联邦债务正走在不可持续的道路上。美联储最新发布的会议纪要称："美国资产价格走高的风险正在增加，资产泡沫进一步膨胀，资产估值压力相关的脆弱性已经从显著升级为偏高。"

华尔街的投资者们把美国暴增的财政赤字和天量债务视为随时可能引爆的金融核弹。著名投资家罗杰斯也多次警告称："美国是全球最大债务国，美国债务无处不在，印钞也无处不在，最终美国的债务经济要付出代价。"

国债收益率近期的飙升，表明美国靠不断推高赤字和债务刺激经济和化解危机的套路，已经越来越难以持续。不管美国政客们如意算盘打得多好，也不管美联储官员如何喊话安慰市场，但市场有其本身的规律和逻辑，它会用自己的方式，以残酷和冰冷的现实，为美债的扩张划出最后的边界。

观察者网　2021 年 2 月 28 日

美国通胀盖不住了,全球危机恐将重演

通胀,已成为美国社会最为关注的热词。

2021年6月10日是一个牵动全球市场敏感神经的日子,投资者屏住呼吸等待美国官方公布的5月通胀数据。劳工部公布5月消费者价格指数环比上涨0.6%,跃升至5%,为2008年8月以来的最大年度涨幅;核心消费者物价指数环比上升0.7%,同比上升3.8%,为1992年以来最大年度涨幅。这远超出了此前经济学家的预期,进一步加剧了人们对美国通胀的担忧。

加速上涨的通货膨胀正成为美国经济面临的最大风险。数月来,随着美国新冠肺炎疫情趋稳,民众对消费品和其他产品需求强劲,导致美国从木材到计算机芯片都出现严重短缺。美国消费者正在感受物价上涨的直接压力,"在超市花100元只能买到过去不到80元的食物"。汽油、食品、汽车、住房和电脑等消费品价格上涨大幅推高了消费者物价指数,中下层民众生活受到明显影响。

2021年4月美国消费者物价指数(CPI)较2020年同期增长4.2%,是2008年经济危机以来最大的同比增长;4月生产者物价指数(PPI)同比增长6.2%,创下2010年以来历史新高。

根据纽约联储对消费者的调查，普通美国人对1年期和3年期通胀中值预期分别跃升至3.4%和3.1%，创下2013年9月以来的新高。经济学家普遍预期美国通胀可能更加严重。《商业内幕》引述宾夕法尼亚大学沃顿商学院知名经济学教授西格尔说法称，美国的通货膨胀率将在未来两三年之内突破20%，相当于20世纪70年代美国恶性通胀的情景。

德意志银行研究团队最近的一项报告发出警告，美国即将到来的通胀可能类似于20世纪70年代。报告指出，美联储为了追求全面的复苏而忽视通胀的风险，将产生可怕的后果，通胀的爆发将使全球经济坐在"定时炸弹"上。"这可能导致一场严重的衰退，并在全球引发一系列金融危机。"

美国通胀快速上涨的根源在于美国政府不负责任的货币宽松及财政刺激计划。2020年3月后，新冠肺炎疫情冲击使美国股市遭遇史无前例的4次"大熔断"，为挽救美国资本市场，使其免于崩溃，美联储使出无限量化宽松的"大杀器"。仅2020年3月，美联储就增发3万亿美元，此后维持每月1200亿美元的购债计划，持续向金融体系放水。拜登政府不仅延续了特朗普时期的宽松货币政策，还一口气推出数个经济救助和刺激计划，总支出规模达7万亿~8万亿美元。有学者指出，拜登政府支出的增长规模，已经大大超过了罗斯福新政、里根20世纪80年代初扩张军备、2008年金融危机时期等历次美国经济刺激计划。

如此庞大的货币、财政刺激规模，使美国货币洪水泛滥。美国家庭、企业和个人手握大把现金，单是个人储蓄就从一年前的1.6万亿美元激增至惊人的4.1万亿美元。银行存款多到银行不能承受，要求储户取走或花掉。

在通胀持续的压力下，美联储目前的态度从否定存在通胀，到承认通胀的现实但坚称"高通胀只是暂时的"，表明其在支持经济快速复苏与控制通胀的天平上，坚定地选择了前者。然而，尽管美联储嘴上仍然高声"维稳"，但内部不得不正视通胀的事实，2021年4月美联储的货币政策会议，自新冠肺炎疫情暴发以来首次讨论收紧货币政策立场的可能性。

种种迹象表明，美国的通胀绝非"暂时的"那么简单。

美国现实的情况是"生之者寡而食之者众"。美国属于消费型社会，也是全球最大进口国。随着美国新冠肺炎疫情逐步得到控制，美国的消费需求爆发式增长，而全球供应链受新冠肺炎疫情影响存在较大缺口，使得美国消费者价格、生产价格指数急速上升。2021年4月，美国进口价格连续第六个月上涨，同比涨幅达到10.6%，为过去10年最高水平。而美国的就业数据远逊预期，拜登的纾困支票和各种政府救济助长了美国人不工作的风气，美联储公布的自愿离职率创下新高。在劳动力供应缺口之下，美国薪金水平意外上升，将进一步助推通胀上升，导致"工资—物价"螺旋上升的恶性循环。这些情况表明美国的通胀将持续更长时间。

当前全球新冠肺炎疫情仍然存在较大不确定性，其对世界经济产出的影响不容乐观。国际货币基金组织的展望报告预计，虽然2021年全球经济缓慢复苏，但全球产出水平仍将低于新冠肺炎疫情前2%。这也预示着美国及全球的通胀不会是短期的。

最近一个引人关注的信息是，美国财政部长耶伦突然改口，开始为加息放风。2021年6月6日她在接受记者采访时表示，"如果我们的利率水平略微升高，这实际上对美国社会和美联储都是有利的"。

这是耶伦近期以来第二次提到加息。2021年5月她在接受《大西洋月刊》采访时曾表示，"为了保证经济不会过热，利率可能不得不一定程度上升"。这一表态随即引发美股大跌，之后耶伦不得不马上改口，为自己加息的言论解释说："我认为不会出现通胀问题，但如果真有的话，美联储有能力解决"。财政部高官在加息问题上表态的闪烁与犹疑，表明在控制通胀与维持宽松货币以刺激经济的选择上，美国面临两难。一方面是通胀猛如虎；另一方面一旦美联储加息，会触发美国股市下跌的风险。

美国经济面临的困境远不止通胀。拜登和特朗普比赛式的无限印钞和大手撒钱带来的后遗症正在快速显现，各种"虚火"同时上攻：股市泡沫风险积聚，国债利率迭创新高，天量债务无法持续。美国经济内在的结构性矛盾与政府不负责任的经济政策相互叠加，将美国经济推到危机的边缘。

如今美国股市已呈现极度泡沫化。持续的超宽松货币政策，源源不断的资金流入，使美国股市不仅免于2020年3月因4次熔断而崩盘，还不断攀上历史高位。在2020年美国新冠肺炎疫情失控、经济衰退的背景下，美国股市的火热缺乏经济基本面的支撑。

截至2021年6月1日，按照道琼斯威尔夏股票市场指数，美国股市总市值已达44.3万亿美元，而美国2021年首季GDP最新估值约为22.1万亿美元，衡量股市泡沫风险的巴菲特指标突破200%。巴菲特认为该指数创历史新高是"非常强烈的崩盘警告信号"，而代表美国股市的平均年化回报率为-3.1%（含股息），表明美国股市已经严重高估。

除了巴菲特指标，投资顾问机构RIA Advisors首席投资策略师兰斯·罗伯茨（Lance Roberts）也警告，衡量股市风险的五大指标（恐惧/贪婪指数、基金经理人乐观指数、杠杆型基金做多做空比例、保证金/债务比例、美股与3年平均线偏离）均显示美股已处于严重泡沫之中，只要一点风吹草动，都可能引发恐慌性抛售，导致股市崩盘。这种情形一旦发生，标普500指数将蒸发40%~60%。

随着美国通胀的快速上升，美国股市已进入高风险状态，投资者已如惊弓之鸟，如履薄冰地做着随时逃离的准备。美联储和财政部的任何一点儿微妙暗示，都会引起股市大起大落。美股泡沫一旦刺破，将引发美国金融市场巨震并导致全球性的经济危机。

美国债务激增是美国面临的又一大困境。2020年以来，为应对新冠肺炎疫情危机，美国连续出台经济救助计划，导致美国财政赤字和债务爆炸式增长。目前美国国债总额已突破28万亿美元，超过美国GDP 30%。而美国政府的债务增长没有尽头，根据拜登政府制定的财政预算，美国2021年财政赤字为3.669万亿美元，2022年财政赤字为1.837万亿美元，预计未来10年赤字累计增加14.531万亿美元。

拜登意图通过提高企业税作为弥补财政支出扩大的来源，但受到共和党的阻碍，美国庞大刺激性支出将最终不得不依靠美联储印钞来解决。这也是美联储很难退出量化宽松政策的原因。拜登的庞大基建计划、创新与竞争计划正嗷嗷待哺需要大笔支出。

而无限制地扩大印钞势必削弱美元信用，导致美元持续贬值，长此以往将动摇美元霸权的根基。同时，随着通胀上行，美债收益率飙升，表明美债已经供过于求，曾经作为全球资金避风港的美债，随着美债激增也越来越受到诸多质疑，不再像过去那么受国际投资者追捧，美债扩张也将面临天花板。谁来为天量美债接盘，是令美国伤脑筋的问题。

另一个警讯是，美联储用于控制短期利率的隔夜逆回购需求飙升，2021年6月9日共有49个对手方在美联储的隔夜逆回购中的交易规模达到5029亿美元，本周3个交易日接连创新高。美国的银行和货币市场基金以零回报将资金回存美联储，且规模史无前例，这表明美国金融体系的现金已经多到没有别的去处，开始倒灌回美联储，表明美联储继续向市场注水的操作已接近极限。该工具更早的历史峰值是2015年12月末的4760亿美元，正是美联储收紧量化宽松的起点。

如今美国经济面临多重考验，险象环生，政策制定者不得不在多重矛盾的目标中寻求艰难的平衡：遏制通货膨胀与维持货币宽松、刺激经济复苏与保持债务可持续、防止股市泡沫破裂与实际利率不可避免上升、继续量化宽松与保持美元稳定。这些难题中每一个都可能成为引爆危机的导火索。

综合判断，美国及全球通胀将持续较长时间，这将是全球经济面临的最大威胁。在持续通胀的压力下，美联储可能被迫调整原先的计划，提早收紧货币政策。随着美联储利率政策的转向，美国股市首先受到重压，导致美国市场流动性紧张，进而引发全球美元回流，全球金融市场面临一场巨震。脆弱的发展中国家将再次遭遇资本外流和资产价格贬值的冲击，美国借机又可以开启新一轮血雨腥风式的财富收割。

在美元放水和回流的循环中，美国一次次避免了自己的危机，并实现了对世界财富的洗劫，这样的历史可能重演。这就是美国金融帝国主义的本质。

当前全球新冠肺炎疫情一波未平，一波又起，陷入供应链危机，产能缺口助推了全球通胀的上升。在全球大通胀的形势下，中国抗击新冠肺炎疫情的成功，更加凸显了中国产业链的安全和独特优势，中国制造成为新冠肺炎疫情下全球供应链屈指可数且可以指望的依靠。在这样的形势下，中美经济博弈，攻守已经易势，美国可打的牌已经不多了。

星图金融研究院　2021年6月12日

美国经济危局恐怕不止于"滞涨"

2021年以来，美国经济在新冠肺炎疫情得到初步控制的情况下，出现快速复苏。但这种复苏主要靠宽松货币政策和强力财政刺激支撑，复苏的基础并不牢固和健康，反而引发了各种"虚火上攻"。如今，美国的通货膨胀依然高烧不退，巨额债务面临上限危机，因劳工短缺又引发供应链危机，短缺、限购、延误困扰美国消费者和企业，经济复苏势头放缓，"滞涨"前景已经悄然浮现。

美国目前的经济状况反映出，拜登政府开出的一系列财政、货币强刺激的猛药，尽管一时避免了经济的衰退，但无助于解决美国经济内在的结构性矛盾，也无助于长期的增长，反而埋下了下一场金融动荡的种子。

随着美联储酝酿缩减购债规模，将进一步加剧美国债务风险，严重高估的股市也有崩盘的风险，一场新的金融危机或正在逼近。

供应链危机反映了美国社会结构问题

美国的供应链崩溃已经持续数月。港口拥堵、运力不足、货船滞留，港口集装箱堆积如山，与空集装箱一箱难求、仓库爆满同时出现，如同推倒多米诺骨牌，一系列连锁反应使美国的供应链与物流系统处于瘫痪的边缘。

在供应链崩溃冲击下，美国民众正在忍受生活成本飙升与物资短缺的煎熬。大型超市COSTCO开始对日常消耗品限购，耐用消费品缺货必须等待，食品价格大幅上涨。即将到来的圣诞季，很多美国人可能不得不面对空空如也的货架，没有火鸡的感恩节，没有礼物、没有玩具、没有圣诞树的圣诞节。

什么都缺，最缺的是工人，如装卸工、卡车司机、仓储工人。这不仅大幅增加了物流成本，更导致码头上堆积如山的集装箱和港口外绵延上千里等待泊位的货船。一些船主因为无法缴纳港口滞留费用而不得不弃船。业内人士预计，美国供应链瓶颈的困扰将持续至少1~2年。

供应链危机已经惊动美国总统拜登，他亲自下场解决。拜登在2021年10月13日发表讲话，要求美国最大的两个港口洛杉矶港和长滩港实行7×24小时工作制，以解决港口货物拥堵问题，并允许运输卡车在交通较为通畅的夜间运送货物，以应对消费品供应的紧张局面。

然而，总统的呼吁未必能解决现实难题。供应链危机其实暴露了美国劳动力短缺与劳动参与率不足的问题。新冠肺炎疫情发生以来，特朗普和拜登比赛式的大把撒钱和慷慨的失业补贴，使不少美国人有了"躺着"挣钱的依靠，这可能永久性地改变了人们的劳动意愿。即使目前新冠肺炎疫情救助和失业补贴已经到期，但很多人已经不再愿意回到工作岗位，或者主动辞职以寻求薪酬更高的职业，那些艰苦、低薪或近距离接触顾客的职位更是乏人问津。

这导致美国一面是上千万的用工缺口，一面是大规模的自主离职潮。2021年8月，美国430万人选择主动离职，全社会就业参与率进一步下降，而那些辛苦和底层的码头工人、仓储工人、卡车司机、零售店和餐厅服务员、制造业工人、护士等工作岗位首当其冲。纵然总统下令码头和卡车司机彻夜加班，但指望谁来干呢？

伴随劳工辞职潮，美国又面临愈演愈烈的罢工潮。目前美国已有约10万名工人正在罢工或准备罢工，要求提高工资和更好的工作条件。在最近两个月，全美就已有近40家工厂爆发了罢工事件，几乎是2020年同期的两倍。如今美国的罢工浪潮正在机械、石油、采矿、食品、医疗、电影业等行业加速蔓延，加剧了美国劳动力短缺的危机。

随着美国财富分配的极端两极化，顶层通过资本在食利，而底层选择了"躺平"。"生之者寡而食之者众"的弊病更加严重，整个社会弥漫着腐朽和没落的气息。

劳动力短缺抬升了工资水平，这又导致"工资—物价"螺旋上涨的循环，为居高不下的通胀火上浇油。房价与房租齐涨，能源与大宗商品循环上涨，天然气的涨价大大增加了居民冬季采暖的支出，居民生活成本大幅上扬，进一步加剧了消费者的通胀预期。

当通货膨胀遇上供应链危机，只会让通胀雪上加霜。除了涨价，还有大面积的商品短缺。美国是典型的消费社会，各种生活必需品和耐用消费品依赖进口。在全球大宗商品价格新一波上涨、能源短缺、国际物流困难、供应链受阻等诸多压力下，全球经济复苏进一步放缓，这将加剧美国商品供应短缺的问题。短缺、延误、价格上涨、收入下降，不仅使消费者备感压力和痛苦，也使悲观情绪在企业主中间蔓延。

这些复杂因素相互交织，美国要摆脱商品短缺和高通胀绝非易事，表明美国的高通胀绝非美联储宣称的"是暂时的"那么简单。

疯狂印钞第一次伤到了自己

自2021年4月以来，美国通胀持续上涨，9月消费者物价指数重新上扬，为5.4%，高于上月的5.3%。物价飙升之下，六成美国家庭陷入财务困难，其中两成已经无法支付生活开支。

通胀快速上涨的根源在于美国政府不负责任的货币与财政刺激计划。2020年3月以后，美联储开启无限量化宽松模式，仅2020年3月，美联储就增发3万亿美元，此后维持每月1200亿美元的购债计划，持续向金融体系放水。2021年前9个月，美联储资产继续扩张1.15万亿美元。

拜登政府不仅延续了特朗普时期的宽松货币政策，还马不停蹄地推出一连串经济救助和刺激计划，总支出规模达6万亿~8万亿美元。对此，美国财政部前部长萨默斯批评拜登政府的刺激计划是，"过去40年里最不负责任的宏观经济政策"。

美国实施量化宽松不是第一次了，凭借美元作为世界货币的特殊地位，依赖供应充足的廉价商品进口，美国每次都能把通胀向其他国家轻松转嫁。即使2008年金融危机以后美国经过四轮量化宽松，美国的通胀水平也长期保持在2%以下。而2020年以来美国疯狂印钞造成的货币泛滥，终于使美国近30年来第一次尝到了高通胀的苦果。

这背后的原因，一方面，美国此次量化宽松规模空前庞大，一年多来增发4万多亿美元，超过美国GDP的1/5，这远超出美国历次量化宽松的猛烈程度。另一方面，新冠肺炎疫情冲击下全球产出水平下降，商品供应不足，美国向外转嫁通胀的通道，没有以往那么顺畅了。

中国是美国最大货物出口国。美国自2018年发起愚蠢的对华贸易战，但由于美国对中国大部分进口是刚需，加征的高关税成本90%以上由美国进口商承担，抬高了美国的进口价格。同时中国没有跟随美元贬值，2020年7月以来人民币持续升值，相当于中国出口商品的整体性涨价。

2021年以来，全球新冠肺炎疫情多点暴发，印度、越南等东南亚生产型国家因为疫情严重已陷入衰退。当前，越南仍在新冠肺炎疫情冲击下努力恢复生产，而印度正准备刺激经济，却遭遇严重的用电荒。IMF最新的《世界经济展望报告》预测，在全球新冠肺炎疫情不确定性影响下，世界经济增长预期下调，全球产出和供应前景仍不乐观。世界需求的目光不得不再次转向中国，中国成为稳定全球供应链屈指可数的生产大国。

这使一个事实浮现得更清晰：美国的政客们一再指责中国"不公平的贸易"夺走了美国人的午餐，而实际却是，一旦离开中国这个大厨，他们的午餐会更昂贵，甚至能不能吃得上午餐都成了问题。

然而，美国人对此恐怕并不领情或怀有感激之情。对中国经济超过美国的抗拒，战胜了他们对忍耐艰苦日子的厌恶。据2021年10月7日《华盛顿邮报》报道，一项由美国智库，即芝加哥全球事务委员会2021年7月发起的调查发现，57%的民众支持大幅减少美国和中国之间的贸易，即使这会导致美国消费者的成本增加，也要这么做；支持美国调高中国产品关税的美国人则从2020年的55%上升至2021年的62%。认为中国经济实力强于美国的受访民众达到40%，超过了2016年和2019年的38%和31%，而只有27%的民众认为美国经济实力强于中国。

如今美国政府迫于国内政治压力，尽管明知对中国进口的高关税政策会对美国经济造成伤害，也不敢贸然取消，只能犹抱琵琶半遮面，通过放宽关税豁免的变通措施给自己找台阶下。

前期美联储为支持美国经济复苏，刻意淡化通胀影响，一再坚持"通胀是暂时的"，而迟迟不肯缩减购债规模，竭力维持量化宽松政策不变，这导致美联储错失遏制通胀的最佳时机。

全球能源短缺、大宗商品价格上涨、产能受限、全球供给不足，以及美国劳工短缺和工资上升的压力，将使美国的高通胀在更长的时期处于上升通道。

货币政策转向可能引爆新一轮金融危机

通胀与供应链危机仅是美国经济危局的冰山一角。美国无限印钞和大把撒钱的后遗症正在快速显现，各种"虚火"同时上攻：货币洪水无处不在，股市泡沫岌岌可危，巨额债务不可持续，而美联储量化宽松的独门绝技也因为持续高涨的通胀即将走到尽头。

高通胀的局面，使美国继续维持宽松货币以刺激经济的政策面临挑战和两难。美联储未必真的相信自己所说的"通胀是暂时的"，之所以那么说不过是为其维持宽松货币政策寻找托词。实际上，美联储迟迟不肯转变宽松货币政策，非不为也，是不敢也！其根本原因是美国经济已经深陷对宽松货币政策的依赖而不能自拔：在财政连年赤字并不断累积的形势下，美国政府的巨额债务需要美联储牵头来接盘，而拜登政府雄心勃勃的各项投资与刺激计划也急需美联储印钞以提供资金才能执行。

美联储自2020年3月以来的这一轮无限量化宽松与以往有很大不同，美联储成为政府债务的主要承接者，美联储持续增加购买国债才使美国政府巨额债务得以持续。在美联储资产负债表的急速扩张中，财政部发行国债及票据资产占比超过63%。目前每月增加的1200亿美元购债规模中，800亿美元为国债。如果美联储减少或停止购买美国国债，将使美国国债缺少最大的支撑，其他投资者对美债的接盘难以满足美国国债的庞大规模,美国新增债券发行就有流拍的风险,还将大大提高美债的收益率,增加政府发债成本,美国政府靠发新债偿还旧债的模式将难以为继。

美国高涨的股市也离不开美联储超宽松的流动性和低利率支撑。美国股市2020年以来一路高歌的繁荣景象,已经与实体经济表现严重脱节。如今美国股市总市值超过GDP两倍,被严重高估,泡沫程度已达到高危水平。美国股市已是"高处不胜寒",一旦美联储减少购债或停止低利率政策,股市泡沫将面临被刺破的风险。

股市承载着美国家庭和投资者的财富来源,某种程度上,美国经济兴衰系于股市荣枯。股市一旦暴跌,将使美国家庭及投资者财富严重缩水,对美国经济的影响也将是伤筋动骨的,并会引发一系列连锁的债务冲击和金融巨震。

最近,从高盛、摩根到IMF,都在发出美国"滞涨"的严厉预警。"末日博士"鲁比尼预言,美国可能面临20世纪70年代的"滞胀",甚至会导致严重的债务危机;著名投资家罗杰斯直接断言全球及美国正在逼近"我们有生以来最大的熊市"。

2021年以来,美国的经济增长主要靠大规模的货币和财政刺激支撑。实际上,美国经济对宽松货币的依赖已如吸毒成瘾,不能自拔。这也是美联储一再坚称"通胀是暂时的"的根本原因。

如今,持续高通胀的巨大压力迫使美联储不得不考虑缩减购债规模,TAPER很可能在年底前就推出。美联储透露出的缩减购债方案是,每月减少购买100亿美元国债和50亿其他抵押证券资产,到2022年中结束购债计划。

美联储减少购债,标志着超宽松货币政策开始转向。而一旦离开美联储这部得心应手的"印钞机",美国政府的巨额债务风险将加剧,美国经济复苏会釜底抽薪,股市泡沫也面临刺破的危险,并可能引爆企业和家庭部门的债务危机。

美国2021年以来的经济增长根本上靠超宽松货币和强财政刺激支撑,复苏的基础本就脆弱,包含了太多水分。而没有了美联储宽松货币政策的加持,美国的财政刺激也就成了无源之水,美国经济复苏的动能骤然消退,增长前景堪忧。

在通胀加剧、劳动力短缺、供应链冲击、新冠肺炎疫情不确定及金融风险积聚等多重压力的叠加下，美联储货币政策的转向极有可能成为美国经济复苏的拐点。笔者预测，美国"滞涨"的前景几乎已成定局，而一场更猛烈的金融风暴正在悄然酝酿。

《第一财经》 2021 年 10 月 19 日

美国经济正站在悬崖边上，该怎么办？

"留给美国避免经济灾难的时间已经不多了。"2021年9月初，美国财政部部长珍妮特·耶伦在给国会议员的信中这样写道。

由美国财政部部长发出警告，这恐怕不是危言耸听。众所周知，自2020年3月以来，随着新冠肺炎疫情暴发，为挽救陷入深度衰退的美国经济，美国启动无限量化宽松和大规模财政刺激计划。这味强力刺激的猛药，虽然暂时推迟了危机的爆发，但无助于解决美国经济内在的结构性矛盾，这种治标不治本的刺激政策不啻饮鸩止渴。

如今，美国无限印钞和大把撒钱的后遗症正在快速显现，美国经济正饱受多重病灶"虚火上攻"的煎熬：持续高启的通胀"高烧不退"，在巨额债务迅速膨胀的情势下，美国联邦政府面临新的"财政悬崖"，而美联储的政策工具箱在高通胀和就业放缓的双重压力下已经捉襟见肘。

不仅如此，随着美国遭受新一波新冠变异毒株迅速蔓延的冲击，美国经济复苏进程再次蒙上不确定性阴影，各国抗疫模式和能力的不均衡使全球供应链断裂的风险也在上升。

美国经济长期积累的沉疴与政府不负责任的货币、财政政策相互叠加，正在将美国经济推到危机的边缘，美国重现"滞涨"的前景恐不可避免。

美国再临"财政悬崖"

拜登政府执政以来，不仅延续了特朗普时期的宽松货币政策，其大把撒钱的功夫更远远胜过特朗普。拜登政府马不停蹄地推出一连串经济救助与刺激计划，涵盖失业补贴、中小企业救助、家庭支持、基础设施投资、创新与竞争计划、供应链重建等，总支出规模达7万亿~8万亿美元。

有学者指出，拜登政府支出的增长规模，已经大大超过了罗斯福新政、里根20世纪80年代初扩张军备、2008年金融危机时期等历次美国经济刺激计划。

拜登与特朗普在财政刺激的路上接力狂奔，使美国政府债务迅速激增。2020美国财政年度联邦政府支出增加47.3%，至6.55万亿美元，财政赤字激增逾两倍，总额超过3.1万亿美元。

加上拜登政府上台以来连续推出的财政刺激支出，目前美国国债总额已突破28.7万亿美元。以2020年美国GDP 20.9万亿美元计，美国政府负债与GDP之比已高达137%。

而美国政府的债务增长还远没到尽头。根据拜登政府制定的财政预算，美国2021年财政赤字为3.669万亿美元，2022财年赤字为1.837万亿美元。按照这份预算案估计，2022~2031年的10年间美国联邦政府财政赤字将持续上升，2031财年美国的联邦公共债务累计将达到39.1万亿美元。

美国联邦政府目前的债务水平已远超2019年美国政府规定的22万亿美元的债务上限。如今，由2019年8月美国政府《两党预算法案》规定的暂停债务上限两年的期限已过，美国政府债务上限约束重新生效，再次面临"财政悬崖"。

"财主家也没有余粮了。"对此危急形势，美国财政部部长耶伦如坐针毡，从2021年7月开始就不停大声疾呼，敦促国会就提高政府债务上限采取行动，这才有了文章开头的那句警告。

耶伦提醒，除非美国国会提高举债上限，否则财政部可能在2021年10月耗尽现金。"一旦所有可用措施和手头现金全部用完，美利坚合众国将有史以来第一次无法履行其国家义务。"也就是说，如果国会不能就解除美国债务上限形成决议，不仅美国政府将陷于停摆，而且大大增加美国政府债务违约的风险。

这不是美国第一次面临"财政悬崖"了，美国政府因缺乏预算而导致部分政府部门临时关门的情形也早已屡见不鲜。美国过度依赖负债的财政运作模式，使美国政府债务上限屡屡被突破，自1960年9月至2011年8月美国政府债务上限被上调79次。这也表明，美国所谓的政府债务上限约束，不过是看起来漂亮的摆设而已。

美国当下的情况是，政府已经事实上大大突破了自己设定的债务上限。耶伦所呼吁的，无非取得国会对事实上已经突破的债务上限给予认可和进一步追加而已。

此次美国政府面临"财政悬崖"窘局，几乎也会毫无悬念地在国会两党讨价还价中达成妥协，而结果无非再次提高美国政府债务上限，或干脆选择暂时忽略债务上限，即允许政府继续举债以维持运行。

持续通胀"高烧难退"

2021年4月以来，美国通胀水平持续飙升，连续数月"高烧不退"，屡创新高。

2021年4月通胀率上升到4.2%，5月上升到5.2%，6月CPI同比增长5.4%，核心CPI同比增长4.5%，创30年新高。2021年7月CPI与6月持平，核心CPI同比增长4.3%。

从食品到日用品、从汽油到交通服务、从芯片到汽车、从木材到房屋，美国各类消费品的价格都持续上扬。消费者物价指数、服务价格指数、房价指数一齐飙涨。整个社会都在经受通胀的压力和痛苦，而底层民众感受伤害最甚。

美国的消费物价指数不包括房价因素，如果加上房价上涨的情况，则美国的价格上涨更为严重。

自2020年下半年以来，美国房价狂涨，衡量美国主要大城市平均房价的标普全美房价指数，2021年6月同比上涨18.6%，是自1987年该指数开始发布以来的最高水平，最高地区的房价涨幅高达29.3%。房屋价格上涨带动租房价格飙升，美国房地产数据公司跟踪数据显示，截至2021年7月，美国房屋租金要价上涨了近13%，创下过去5年以来的最高同比涨幅，而房租价格与普通民众生活息息相关。

通胀快速上涨的根源在于美国政府不负责任的货币宽松及财政刺激计划。2020年3月后，美联储祭出史无前例的无限量化宽松"大杀器"，仅2020年3月，美联储就增发3万亿美元，此后维持每月1200亿美元的购债计划，持续向经济体系放水。

美国实施量化宽松不是第一次了，比如2008年美国金融危机后，美联储先后推出四轮量化宽松政策，美联储总资产从2008年的1万亿美元左右骤然增加到2012年末的2.85万亿美元，美元发行急速扩张。但过去美国历次量化宽松并未引起美国国内的通货膨胀，美国的通胀率长期保持在2%以下的低水平。

美国凭借美元作为世界货币的特殊地位，每次都能把通胀向其他国家转嫁。而这次美国疯狂印钞造成的货币泛滥，使美国近30年来第一次自己尝到滥发钞票酿成的通胀苦果。

这背后的原因，一方面是美国此次量化宽松规模空前庞大，超出了全球资源和产出能够支撑的限度。一年中增发4万亿美元，几乎相当于美国GDP的1/4。美国增发的货币，通过美国政府的纾困和救助计划几乎全部转移到美国民众和企业手中。

据追踪现金流的固定收益交易商FHN Financial测算，美国家庭和小企业已经囤积了创纪录的近17万亿美元现金，这超过了世界各国政府在新冠肺炎疫情期间采取的财政刺激资金的总规模（16万亿美元），原因就是美国政府直接向美国个人和小企业发放现金补贴和纾困金。这些庞大的资金形成对商品和服务的巨大潜在需求，必然拉高普遍的价格水平。

另一方面是过去美国依赖廉价商品的进口，使美国轻松地向世界转嫁了通胀，而此次美国向外转嫁通胀的通道，没有以往那么顺畅了。

中国是美国的最大货物出口国，由于美国愚蠢地发起与中国的摩擦，加征的高关税成本90%以上由美国进口商承担，抬高了美国的进口商品价格。同时中国没有跟随美元贬值，2020年7月以来人民币持续升值，相当于中国出口商品的整体性涨价，不仅有效阻击了美国向中国输出通胀，还把通胀压力反向传导回美国。研究表明，2020年下半年至2021年4月，人民币大幅升值压低了生产者价格指数约2.4个百分点。

同时，中国开始自主掌控部分优势产品出口的价格水平。2021年8月起，中国取消部分钢铁产品出口退税，并提高铬铁、高纯生铁的出口关税，相当于中国钢铁产品出口的一次整体性提价。这也是中国运用产能优势，掌控国际市场定价话语权的一招妙棋。

美国此次高通胀，还与新冠肺炎疫情持续蔓延下全球产出下降和供应链受阻有关。资源输出国、商品生产国受新冠肺炎疫情影响开工不足、产能受限以及全球港口关停等导致的国际货物运力下降等，都限制了全球实物商品的产出水平和供给能力。例如，遍及全球的芯片荒及其他关键原材料的短缺，阻碍了汽车、电子产品和其他耐用消费品的生产，从而从供给端推高了通胀。

当下，全球新冠肺炎疫情一波未平，一波又起。病毒的快速变异可能削弱疫苗的预期效果，新冠肺炎疫情的不确定性对世界经济产出的影响不容乐观，全球经济复苏的步伐仍面临诸多阻力。世界银行发布的《全球经济展望》报告指出，虽然2021年全球经济缓慢复苏，但全球产出水平仍将低于新冠肺炎疫情前2%。这也预示着美国及全球的高通胀不会在短期内消退。

美联储进退维谷

持续飙升的通胀，使美国继续维持宽松货币以刺激经济的政策面临压力和两难困境。一方面是通胀猛如虎，需要收紧货币加以遏制；要想控制通胀，美联储被迫收紧货币政策，不仅使美国脆弱的经济复苏戛然而止，而且会触发美国股市下跌的风险。

如今美国股市已呈现极度泡沫化。持续的超宽松货币政策，源源不断的资金流入，使美国股市不断攀上历史高位。美国股市一路高歌的表面繁荣，完全依赖美联储超宽松的货币政策维系，与美国实体经济表现越来越脱节。

截至2021年6月1日，按照道琼斯威尔夏股票市场指数估算的美国股市总市值已达44.3万亿美元，而美国2021年首季GDP最新估值约为22.1万亿美元，衡量股市泡沫风险的巴菲特指数（股市总市值/GDP）突破200%，远高于2000年互联网泡沫崩溃时167%的水平。巴菲特认为，如果该指数创下历史新高，是"非常强烈的崩盘警告信号"。

除了巴菲特指标，投资顾问机构RIA Advisors首席投资策略师兰斯·罗伯茨（Lance Roberts）也警告称，衡量股市风险的五大指标均显示美股已处于严重泡沫之中，只要一点风吹草动，都可能引发恐慌性抛售，导致股市崩盘。著名投行高盛也屡次发出美国股市即将暴跌的警告。

随着美国通胀的快速攀升，美国股市已然"高处不胜寒"，投资者心态变得十分脆弱，美联储和财政部的任何一点儿微妙暗示，都会引起股市大起大落。而美股泡沫一旦破裂，将引发美国金融市场巨震。

另一方面，如果美国收紧货币政策，将使美国巨额债务面临难以持续的困境。美国政府的巨额财政刺激资金大部分依赖美联储购债来承接，美联储目前保持每月1200亿美元的购债规模，其中800亿美元用于购进美国国债。

如果美联储减少或停止购买美国国债资产，将使美国国债缺少最大的支撑，其他投资者对美债的接盘难以满足美国国债的庞大规模，美国新增举债面临流拍的风险，美国政府靠发新债还旧债的模式难以为继。这不仅使已有的29万亿美元存量债务无法偿还，美国政府后续大规模的多项刺激法案也将面临无米下锅的窘境。

不仅如此，在"发债—印钞"模式的背后，美国政府还隐藏着一个不便言说的秘密：随着美国通胀率的高企，美债资产已经成为负收益资产。

比如，按照目前30年期美国国债收益率1.9%计算，扣除通胀率5.4%，实际收益率是−3.5%；而2年期美国国债收益率仅为0.22%，实际收益率相当于−5.18%。这说明美国长期国债是负收益的。既要借债，还让债主倒贴，这对美国政府无疑是无本万利的好买卖。不到迫不得已，美国绝对没有自己停下的意思。这就是美联储主席鲍威尔一再高唱"通胀暂时论"的原因。

然而，高通胀的局面，也使美国玩惯了的以"发债—印钞"支撑经济的金融游戏即将走到尽头。随着美联储持续增加印钞数量，美国金融市场流动性泛滥，大批现金无处可去，不得不向美联储回流。

2021年8月12日美联储逆回购规模突破历史性的1.1万亿美元，这表明大量美元资金在美联储和金融机构之间形成内部空转，也意味着美联储现在每月购债1200亿美元并向金融体系注入流动性的操作正在接近极限：金融体系已经没有接纳空间。

随着美债激增，曾经作为全球资金避风港的美债，受到越来越多的质疑，美债的扩张也将面临市场的天花板，除了美联储，外部投资者不愿再为天量美债接盘。

如今，美联储面对遏制高通胀与勉力维持美国债务的可持续的互相矛盾的政策目标，陷于一种近乎无解的死局，其政策空间已非常有限。

"滞涨"危机悄然隐现

美联储主席鲍威尔至今仍宣称美国当前的通胀"是暂时的"，然而现实却一再打脸。种种迹象表明，美国的通胀绝非美联储高官们所轻描淡写的那么简单，实际情况显然糟糕得多。

美国及全球新冠肺炎疫情的反复、美国劳动力短缺和工资上涨的压力、美国对宽松货币政策的深度依赖、全球产能和供应链恢复的不确定性等，都预示着美国的高通胀将持续更长时期。

美国现实的情况是"生之者寡而食之者众"。美国是世界最大的消费国家，在消费需求回暖的同时，美国的就业数据却远逊于预期。美国2021年8月非农就业人口增加23.5万人，远不及市场预期的73.3万人，创2021年1月以来最小增幅。

这固然反映了新冠变异病毒蔓延、美国新一波新冠肺炎疫情复燃对就业的影响，也反映了美国人劳动意愿下降以及对更高工资的要求。拜登的纾困支票和各种政府救济助长了美国人宁愿"躺平"也不去工作的风气。这导致虽然企业有大量的招聘需求，而愿意回到工作岗位的人却寥寥无几，美国2021年8月的职位空缺达到1090万。

在劳动力供应缺口之下，美国的薪金水平出现明显上升。美国2021年8月就业报告显示，劳动者8月平均时薪环比增长0.6%，高于7月的0.4%，同比增速上升至4.3%。美国每月都有高达400万的主动离职者，显示劳动者正在寻求更高的报酬和条件更好的工作。劳动力的短缺不仅限制了美国经济复苏的步伐，还会导致"工资—物价"螺旋上升的叠加循环，助推通胀上升。

德尔塔变种病毒正在美国迅速传播，为美国经济复苏蒙上新的阴影。2021年8月以来，美国连续日均确诊人数超过10万，住院人数及死亡病例再创6个月以来新高。新冠肺炎疫情复燃减缓了美国经济活动，也阻碍了就业增长。全球新冠肺炎疫情的反复也将进一步加剧资源产品短缺和供应链紧张，拖累美国经济复苏。

为此，高盛经济学家下调了对2021年美国经济增长的预期，并指出随着通胀上升，美国消费者的未来之路将比预期的"更艰难"。美国银行策略分析师援引世界大型企业联合会最新调查数据表示，12个月后，美国的通胀率或达6.8%。

而有"末日博士"之称的美国纽约大学经济学家鲁比尼更开始警告，美国当前持续宽松的货币和财政政策组合将导致通胀过热，同时中期的负面供应冲击将降低潜在增长，增加生产成本。上述供求态势结合起来，使美国经济面临的问题更加复杂，可能会导致20世纪70年代式的"滞胀"，甚至会导致严重的债务危机。

笔者认为，在联邦债务迭创新高的形势下，美国政府实际上已经深陷对宽松货币政策的依赖而不能自拔。美联储前期尽力淡化通胀威胁，无非为继续保持宽松货币政策寻找借口。在美国就业形势黯淡且前景不明的情况下，人们一度预期的美联储收缩购债的可能性更加渺茫。

未来，美联储更大可能会继续忽视通胀的威胁，而维持宽松货币政策不变，以尽力支持美国经济复苏的势头，同时为拜登政府多项经济刺激计划提供资金。

美联储对通胀的放任，迟迟不收紧超宽松货币政策，将错失遏制通胀的最佳时机，使通胀走向失控的局面，进一步推高通胀水平与资产泡沫，届时美国再来收紧货币政策为时已晚。

此外，美国经济迄今为止出现的复苏，主要靠政府大规模财政刺激推动，有明显的水分。随着2021年初1.9万亿美元纾困政策陆续到期，政策刺激效果变差，经济增长动能将显著减弱。同时在新冠肺炎疫情反复、劳动力供应不足等不确定因素叠加影响下，美国经济增长停滞的风险也在上升。由此，美国极有可能重蹈20世纪70年代"滞涨"的覆辙。

观察者网　2021年9月15日

对美国经济的警告并非危言耸听

北京时间2021年11月4日凌晨，美国联邦储备委员会在结束为期两天的货币政策会议后宣布，将正式启动缩减购债的规模。这一举动标志着超宽松货币政策开始转向，它将如何影响美国经济呢？

美国商务部日前发布的数据显示，2021年第三季度美国国内生产总值（GDP）年化增长率为2.0%。2021年前两个季度，美国经济年化增长率分别达到6.7%和6.3%，美国经济正在经历2020年第二季度暴跌31.2%以来最慢的GDP增长阶段。一项民调显示，65%的美国成年人认为经济很差。

不过，仍有高官、学者对美国经济的未来表示乐观，他们的依据是从2021年9月中旬到10月，城际航班、餐厅用餐和酒店住宿等消费活动已经恢复，因此"第四季度会好得多"。彭博社的专栏作家卡尔·史密斯表示："美国经济比看起来好。"笔者建议，这些美国人应该听听两名英国经济学家的警告，他们称，美国经济正在走向衰退。

这两位经济学家分别是英国达特茅斯学院教授、前英格兰银行利率委员会成员布兰奇弗劳和伦敦大学学院经济学教授布莱森。他们最近发表的一项研究认为，消费者信心下降是经济衰退的先导指标。由于最近几个月美国消费者信心急剧下降，这种变化与2008年经济大衰退前的情形惊人的相似，这表明美国经济已经亮起红灯，他们预测，美国经济在2012年内将走向衰退。这两位经济学家专注研究自1978年以来消费者情绪与经济景气的联系，据此比别人更早预言了2008年金融危机，他们坚信这次预测也是对的。两位经济学家对美国经济走向衰退的判断，还基于美国劳工市场与通货膨胀的持续恶化。

如今"滞胀"已成为谷歌搜索的高频热词。从高盛、美银、摩根到IMF都发出美国"滞胀"的警告，高盛最近下调了2021年美国经济增长的预测值，美银认为美国长期国债息差的崩溃表明"滞胀"或衰退正在到来。"末日博士"鲁比尼预言美国将面临20世纪70年代的"大滞胀"，著名投资家罗杰斯更断言全球及美国正逼近"我们有生以来最大的熊市"。

这些警告绝非危言耸听。实际上，美国经济正深陷多重危机的泥潭，它们交互作用并彼此加剧：通货膨胀"高烧不退"，巨额政府债务面临上限，就业市场出现劳工荒，供应链危机持续恶化。短缺、限购、涨价、延误困扰着美国消费者和企业，2021年8月美国工业产值下降0.4%，9月下降1.3%，供应链危机对经济增长的冲击正在显现。

美国的供应链崩溃已持续数月。港口拥堵、货船滞留、运力不足，陈旧的公路铁路系统，导致港口集装箱堆积如山，而零售店货架空空如也，供应链与物流系统濒临崩溃。装卸工、卡车司机、仓储工人等极度短缺是供应链危机的诱因。业内人士预计，美国供应链瓶颈的困扰将持续至少1~2年。

愈演愈烈的供应链危机暴露了美国深层次的社会结构问题。新冠肺炎疫情发生以来特朗普和拜登比赛式的大撒钱与失业补贴，使不少美国人有了"躺着"挣钱的依靠，这可能永久性地改变了人们的劳动意愿。即使新冠肺炎疫情失业补贴已陆续到期，但很多人已不愿意回到工作岗位，或主动辞职以寻求薪酬更高的职业，那些艰苦、低薪或近距离接触顾客的职位乏人问津。

新冠肺炎疫情发生以来，美国财富分配加速两极化，亿万富翁财富暴增，而中下层民众在通胀下承受收入缩水和生活质量下降的痛苦。顶层依靠资本在食利，而底层则选择"躺平"。这导致美国一面是上千万的用工缺口，一面是大规模的自主离职潮。2021年8月，美国有430万人主动辞职，那些底层的码头工人、仓储工人、卡车司机、零售店和餐厅服务员、制造业工人、护士等首当其冲。伴随劳工辞职潮，美国又遭遇罢工潮，目前美国约有10万工人正在罢工或计划罢工。罢工浪潮席卷美国的机械、采矿、石油、食品、医疗、电影制作等众多行业，将进一步加剧美国劳工短缺的危机。

劳动力短缺抬升了工资水平，这又导致"工资—物价"螺旋上涨的循环，加剧通胀预期，打击消费信心。世界大型企业联合会和密歇根大学公布的美国消费者信心指数比年内高点分别下降25.3个百分点和18.4个百分点。原材料价格上涨与供应延误也严重影响了企业正常生产经营，悲观情绪也在企业主之间蔓延。在全球能源短缺、大宗商品价格新一波上涨、国际物流困难等诸多压力下，美国供应短缺与高通胀的现状短期内难以改变。

2021年以来，美国的经济增长主要靠大规模的货币和财政刺激支撑。随着2021年初1.9万亿美元刺激措施逐步到期，政策刺激效应逐渐消退。同时，持续高通胀的压力迫使美联储不得不考虑缩减购债规模。

一旦离开美联储这部得心应手的"印钞机"，华盛顿的财政刺激就成了无源之水，经济复苏面临釜底抽薪，严重高估的股市泡沫也面临破裂的危险，对美国经济的冲击将伤筋动骨，并引发金融市场巨震。劳工短缺、供应链瓶颈及政策刺激效应消退已经削弱了增长动能，美联储货币政策的转向极可能是压垮美国经济的又一根稻草，到那时，美国经济陷入衰退或滞胀可想而知。

《环球时报》　2021年11月5日

透视美国供应链危机

数月来，美国供应链危机愈演愈烈。港口拥堵、运力不足、货船滞留，供应链与物流系统陷于崩溃。港口集装箱堆积如山，不少零售店货架却空空如也。供应链危机如同推倒多米诺骨牌，一环影响下一环，商品供应短缺、涨价、限购与延误困扰着美国消费者和企业，经济运行遭遇空前严重的冲击。

供应链危机暴露出美国深层次的社会结构问题，短期内难以消除。它进一步加剧了美国通胀危机，提高了民众生活和经济运行成本，打击消费信心，阻碍了经济复苏进程。

随着美联储计划缩减购债规模，美国经济增长的政策刺激效应消退，不仅增长动能被釜底抽薪，而且将加剧美国债务风险，严重高估的股市也有崩盘的风险。

供应链崩溃、通货膨胀、劳工短缺、金融风险积聚等多重危机循环助推共振，美国"滞涨"危机已清晰可见。

供应链危机失控

美国的供应链崩溃已持续数月。在供应链崩溃的冲击下，美国民众正在忍受物资短缺与生活成本飙升的煎熬。大型超市早就开始对日常消费品限购，耐用消费品缺货需要长期等待。调查数据显示，零售商网站上"断货"的消息比2020年增加了172%。汽油、天然气、食品、日用品等各种品类商品的价格均大幅上涨。

美国什么都缺，最缺的是工人，装卸工、卡车司机、仓储工人。这不仅大幅增加了物流成本，更导致码头上的集装箱堆积如山，并且港口外等待泊位的货船绵延上百里。

货船在港口平均等待时间长达3周，船运滞留不断刷新历史纪录，由此产生高额的滞留费、附加费，并导致各种联运延误。一些船主因为无法缴纳各种费用而不得不弃船。

港口拥堵还导致空集装箱无法运出，货运集装箱一箱难求，价格飙升至一年前的10倍。

大批零售商在库存不足与供应混乱中苦苦挣扎，消费者纷纷提前购买圣诞季用品。顾客要么面对空空如也的货架徒叹奈何，要么面对飙涨的物价望而却步。

在即将到来的圣诞季，很多美国人可能不得不面对一个没有火鸡的感恩节，以及没有礼物、没有玩具、没有圣诞树的圣诞节。当时甚至由于缺少伐木工人，木材、纸浆极度短缺，连新书供应都已经很困难。

由于商品供应短缺和物流限制，大量在线零售商不得不转向二手商品市场，由此带火了网上的二手货交易，美国二手商品零售创下历史新高。

供应链危机正在给美国经济、社会带来方方面面的冲击和困扰。供应短缺与延误使越来越多的行业拉响警报，被迫停业或停产。

首当其冲的是零售业和酒店、餐饮服务业等，由于美国的禽类、牛肉、猪肉等供应和储备大幅下降，就连作为美国快餐业招牌的肯德基也面临无鸡腿可炸的窘境，不少餐厅和酒店因招工不足和原材料供应问题而关门大吉。汽车制造业也深受供应链瓶颈影响而被迫减产或停产。2021年8月，美国工业产值下降0.4%，9月下降1.3%，供应链危机对经济增长的冲击在持续显现。

供应链危机成因复杂，犹如一团乱麻，剪不断理还乱，绝非一朝一夕能够解决的。业内人士预计，美国供应链瓶颈的困扰将持续至少1~2年。

供应链危机暴露美国经济与社会积弊

面对日益失控的供应链崩溃,美国总统拜登再也坐不住了。拜登在2021年10月13日发表讲话,下达了解决供应链危机的"90天冲刺"命令,要求美国最大的两个港口洛杉矶港和长滩港实行7×24小时工作制,并允许运输卡车在交通较为通畅的夜间运送货物,要求各部门与港口、物流公司以及零售商通力合作,以改善港口货物积压和消费品供应紧张的局面。拜登甚至考虑动用国民警卫队以协助解决供应链危机。

然而,人们对上述部署的效果并不看好。供应链危机其实暴露了美国深层次的经济和社会的结构性积弊。

首先,美国劳动力短缺与劳动参与率不足的问题。新冠肺炎疫情发生以来特朗普和拜登比赛式的大把撒钱和慷慨的失业补贴,使不少美国人有了"躺着"挣钱的依靠,这可能极大地改变了人们的劳动意愿。

即使目前新冠肺炎疫情救助和失业补贴陆续到期,但很多人不愿意回到工作岗位,或者主动辞职以寻求薪酬更高的职业,那些艰苦、低薪或近距离接触顾客的职位更是乏人问津。

这导致美国一方面出现上千万的用工缺口,另一方面是大规模的自主离职潮。2021年8月,美国总离职人数约600万人,其中430万人为主动辞职。对新冠肺炎疫情流行的担忧以及对工资收入的不满,可能使数百万劳动人口永久性地退出劳动力市场。

全社会就业参与率在不断下降,而那些辛苦的底层码头工人、仓储工人、卡车司机、零售店和餐厅服务员、制造业工人、护士等工作岗位首当其冲。

纵然总统下令码头工人和卡车司机彻夜加班,但即使提高加班工资,工人哪里愿意忍受超负荷的工作压力呢?

其次,除劳工辞职潮和用工荒之外,美国又遭遇愈演愈烈的罢工潮。目前美国已有约10万名工人正在罢工或准备罢工,要求提高工资和更好的工作条件。如今美国的罢工浪潮在机械、石油、采矿、食品、医疗、电影制作等行业加速蔓延,将进一步加剧美国劳动力短缺的危机。

新冠肺炎疫情发生以来美国财富分配加速两极化。自2020年3月新冠肺炎疫情暴发以来，美国470多位亿万富豪的总财富增加了2.1万亿美元，增幅达到70%。占美国1%最富有人士拥有的财富首次超过了整个中产阶级的财富，而中下层民众在通胀下承受收入缩水和生活质量下降的痛苦。顶层倚仗资本在食利，而底层在社会阶层固化的绝望中选择了"躺平"。"生之者寡而食之者众"的弊病更加严重。

供应链危机更加凸显了美国产业空心化的问题。美国是典型的消费社会，制造业流失严重，即使拥有世界一流的高科技企业，但大多也是无工厂企业，生产端基本分布于境外，各种生活必需品和耐用消费品几乎完全依赖进口。

2021年以来，全球新冠肺炎疫情多点暴发，印度、越南等东南亚生产型国家产能严重受限，加剧了美国的商品供应紧张。2021年新冠肺炎疫情期间，越南有超过4万家工厂停工，大多为电子、芯片、手机制造、服装等企业，运动品牌耐克与阿迪达斯暂停了在越南的业务。

越南在新冠肺炎疫情冲击下试图恢复生产，却发生200多万劳工集体大逃亡。印度正努力刺激经济，却遭遇全国范围的用电荒。

美国公路、铁路、桥梁等基础设施老旧，早已不堪重负，在供应链承压的形势下，越发暴露出不足与脆弱，运输系统的落后与低效也加重了物流困难。

美国土木工程师学会2021年发布的评估报告对美国基础设施的总体评分是"C-"，即"有重大缺陷"。一场暴风雪可以使数个州的电力系统瘫痪，一场暴雨也能够让25%以上的道路和桥梁不得不关闭。这都为解决供应链瓶颈增加了相当大的难度。

供应链危机加剧通胀难题

2021年4月以来，美国的高通胀愈演愈烈。当通货膨胀遭遇供应链危机，只会让通胀雪上加霜。美国银行首席投资官迈克尔·埃夫斯表示，目前美国运费同比上涨210%，食品价格同比上涨33%，能源成本同比上涨71%，房价同比上涨20%；在过去半年，美国的通货膨胀率为7.2%，达到1980年以来的最高水平。

劳动力短缺又抬升了工资水平，这导致"工资—物价"螺旋式上涨的循环，为居高不下的通胀火上浇油。房价与房租齐涨，天然气的涨价大大增加了居民冬季采暖的支出，居民生活成本大幅上扬，也大大提高了民众的通胀预期。

通胀重压之下，美国中下层民众备受痛苦煎熬，六成家庭陷入财务困境，其中两成家庭已经入不敷出，挣扎在贫困线上。

不断上升的通胀预期严重打击消费者信心。世界大型企业联合会和密歇根大学最近公布的美国消费者信心指数，比年内高点分别下降25.3个百分点和18.4个百分点。

原材料价格上涨与供应延误也严重影响了企业正常生产经营，悲观情绪正在企业主之间蔓延。而消费者与企业的预期往往具有自我实现和加强的作用。

在全球大宗商品价格新一波上涨、能源短缺、国际物流价格飞涨、供应链受阻等诸多压力下，全球经济复苏进一步放缓。国际货币基金组织（IMF）最新的《世界经济展望报告》预测，在全球新冠肺炎疫情不确定性影响下，世界经济增长预期下调，全球产出和供应前景仍不乐观。

美国的供应链危机、劳动力短缺和工资上涨压力与商品供应短缺、通货膨胀形成推波助澜的循环加强效应。这决定了美国供应短缺的问题仍将持续较长时期，也使美国的高通胀在更长的时期处于上升通道。

美联储政策转向极可能成为美国经济复苏的拐点

前期，美联储为支持美国经济复苏，刻意淡化通胀影响，一再坚持"通胀是暂时的"，竭力维持量化宽松政策不变，迟迟不肯缩减购债规模，这导致美联储已经错失遏制通胀的最佳时机。

通胀居高不下的局面，使美国继续维持宽松货币政策面临巨大压力。其实，美联储未必真的相信自己所说的"通胀是暂时的"，之所以那么说不过是为其维持宽松货币政策寻找托词。实际上，美联储迟迟不肯转变宽松货币政策，非不为也，是不敢也！

其根本原因是美国经济已经深陷对宽松货币政策的依赖而不能自拔：在财政连年赤字并不断累积的形势下，美国政府的巨额债务需要美联储牵头来接盘，而拜登政府雄心勃勃的各项投资与刺激计划也急需美联储印钞以提供资金才能执行。

如今，在前所未有的高通胀压力下，所谓"通胀是暂时的"，连美联储自己也不敢相信了，其量化宽松的独门绝技已经走到尽头。

美联储是政府债务的主要承接者，美联储持续购买国债才使美国政府巨额债务得以持续。在美联储资产负债表的急速扩张中，财政部发行国债及票据资产占比已超过63%。美联储每月增加的1200亿美元购债规模中，800亿美元为国债。

如果美联储减少或停止购买美国国债，将使美国国债缺少最大的支撑，其他投资者对美债的接盘难以满足美国国债的庞大规模，还将大大提高美债的收益率，增加政府发债成本，美国政府巨额债务的可持续性成疑。

同时，美国虚高的股市也离不开美联储超宽松的流动性和低利率支撑。美国股市2020年以来一路高歌的繁荣景象，已经与实体经济严重脱节。美国股市总市值超过GDP两倍，被严重高估，美国股市已是"高处不胜寒"，一旦美联储减少购债或停止低利率政策，股市泡沫将面临破裂的风险。

股市承载着美国家庭和投资者的财富来源，某种程度上美国经济兴衰系于股市荣枯。股市一旦暴跌，将使美国家庭及投资者财富、上市公司市值严重缩水，对美国经济的影响将是伤筋动骨的，并可能引发大批企业债务的连锁冲击和金融巨震。

从高盛、摩根到IMF（国际货币基金组织），都在发出美国"滞涨"的严厉预警。"末日博士"鲁比尼预言，美国可能再次面临20世纪70年代的"滞胀"，甚至会导致严重的债务危机；著名投资家罗杰斯直接断言，全球及美国正在逼近"我们有生以来最大的熊市"。

2021年10月14日，英国达特茅斯学院教授、前英格兰银行利率委员会成员布兰奇弗劳和伦敦大学学院经济学教授布莱森，又对美国经济泼了一盆冷水，警告美国经济正在走向衰退。

他们发表的一项研究认为，消费者信心下降是经济衰退的先导指标。由于近来美国消费者信心急剧下降，这种变化与2008年经济大衰退前的情形惊人相似，表明美国经济已经亮起红灯，并预测美国经济在2021年内将走向衰退。

他们研究了自1978年以来消费者情绪与经济景气的联系，据此比别人更早预言了2008年的大衰退，因此他们坚信这次也是对的。两位经济学家对美国经济走向衰退的判断还基于美国劳工市场与通货膨胀的持续恶化。

在持续高通胀的巨大压力下，美联储不得不考虑缩减购债规模，TAPER（观察者网注：央行逐渐缩减资产购买规模，收紧货币政策，退出量化宽松）很可能在2021年年底前就开始推出。根据美联储透露的缩减购债方案，每月将减少购买100亿美元国债和50亿美元其他抵押证券资产，到2022年中结束购债计划。

美联储减少购债，标志着超宽松货币政策开始转向。而一旦离开美联储这部得心应手的"印钞机"，美国政府的巨额债务风险将加剧，美国经济复苏会釜底抽薪，股市泡沫也面临破裂的危险，并可能引爆企业和家庭部门的债务危机。

美国2021年以来的经济增长根本上靠超宽松货币和强财政刺激支撑，复苏的基础本就脆弱，包含了太多水分。而没有了美联储宽松货币政策的加持，美国的财政刺激也就成了无源之水，美国经济复苏的动能骤然消退，增长前景堪忧。

通货膨胀、供应链危机、劳动短缺与工资上涨、金融风险积聚，已经使美国经济步履维艰，而美联储货币政策的转向极有可能成为压垮美国经济的又一根稻草。笔者预测，美国"滞涨"的前景已经清晰可见，而一场更猛烈的金融风暴也正在悄然酝酿。

观察者网　2021年10月26日

靠债务堆起的美国经济复苏成色不足

美联储2021年12月15日结束本年度最后一次议息会议。在持续高通胀的压力下，美联储宣布将加快缩减购债速度，并预期在2022年3月后启动加息，加息预期为2022年内至少两次。这标志着美联储持续两年的超宽松货币政策终于正式转向。财政政策方面，拜登总统2021年12月16日签署将债务上限提高2.5万亿美元的法案，将美国财政部的借款授权延长至2023年。同时，拜登竭力推动的2万亿美元经济支出计划因民主党内部分歧不得不推迟到2022年表决。

这几桩事件可为即将收官的2021年美国经济画上一个句号，也为回顾2021年美国经济进程提供了主要线索。

2021年，随着拜登入主白宫，我们见证了一轮又一轮大手笔财政刺激法案的出台，政策刺激覆盖新冠肺炎疫情纾困、失业补贴、中小企业救助、家庭支持、基础设施投资、创新与竞争计划、供应链重组等，林林总总达七八万亿美元，超过美国历史上历次财政扩张的规模。

政府主导的规划与投资广泛进入社会生活、基础设施建设、科技创新及产业链巩固等各领域。围绕财政刺激法案，是美国两党在议会上无休无止地争吵与磕绊。拜登的经济新政显示出，以新自由主义为标志的主导美国及西方经济思想30多年的华盛顿共识，正在被政府干预主义取代。美联储为支持经济复苏也不遗余力，延续了2020年以来的货币大放水，全年维持每月购债1200亿美元的扩张规模。

在超大规模的财政、货币刺激下，一方面，美国经济开局迎来快速复苏，一季度年化增速达到6.4%，朝野一片乐观情绪，媒体甚至预言美国2021年增速将20年来首次超越中国。另一方面，高负债与货币超宽松为2021年美国经济留下两大遗产：一路走高的通货膨胀——40年未见的6.8%高位；高达28.9万亿美元的联邦政府债务，美国政府重演债务上限危机。

靠巨额债务堆起的经济复苏终究成色不足。2021年下半年以来受新冠肺炎疫情反复、劳动力不足、通胀加剧影响，美国经济增速持续下滑，就业数据和消费远不及预期。以强劲开局的美国经济终以低迷收场。如果剔除财政刺激注入的几万亿美元，美国经济真实产出的增长将大打折扣。

依靠刺激催生的经济复苏表象难掩美国致命的内部结构性弱点。实体经济和制造业的空洞化，使美国商品供应严重依赖外部；劳动力匮乏在新冠肺炎疫情下雪上加霜，收入分配的极端两极化也降低了中下层民众的工作意愿。结构性矛盾的长期累积终于引爆美国供应链危机，持续加剧的港口拥堵、物流阻滞在2021年10月达到顶点。

供应链紊乱造成企业成本上升、交货延迟甚至订单被取消，严重影响了经济活动。卡车司机、仓储工人等劳动力的匮乏使美国物流结构性症结短期内难以缓解。美国货车运输协会表示，卡车司机缺额高达8万人，这一缺口还将扩大，预示着美国供应链危机有长期化趋势。

始于特朗普的对中国高关税政策非但没有减少美国对中国的依赖，反而加剧了美国的通胀危机。美国过去多次实施量化宽松政策，但仍能长期享受低于2%的低通胀，根本原因是受益于与中国贸易的廉价红利。新冠肺炎疫情发生以来，中国率先实现全面复工复产，成为世界唯一可靠的产品供应来源地，美国对中国商品的依赖更加突出。美国对中国大部分进口为刚需，加征的关税成本90%以上由美国进口商承担，抬高了美国的进口商品价格。

美联储的政策转向对美国经济将产生较大影响。流动性紧缩使股市上涨动能减弱，加息也将对股市造成压力。在美股已经处于高位的情况下，市场恐慌情绪可能导致股市暴跌，引发市场动荡。不过，市场似乎正在消化美联储退出量化宽松的影响。同时美联储支持经济复苏和充分就业的立场是强烈的，其退出量化宽松乃是不得已而为之。因此，尽管2022年美联储可能提前加息，但在具体政策执行上将非常谨慎，加息力度也会相对温和。

新冠肺炎疫情仍然是美国经济2022年的不确定性因素。如果美国不能遏制变异毒株传播或世界又出现致病性更强的变异毒株，美国经济复苏将面临更大考验。

2022年，随着政府债务高企与党派对立掣肘，拜登出台新的财政刺激计划将面临更大阻力，但拜登仍将按照原来主张，艰难地推进各项政策刺激进程。宽松货币政策退出与财政刺激衰减将削弱美国经济复苏动能。劳动力短缺、工资上涨压力、供应链危机、芯片荒等难题仍将阻碍美国经济复苏。通货膨胀在加息影响下将缓慢下降，但仍将维持在较高水平。预测2022年美国经济增速将进一步放缓，不超过3%，并伴随更为剧烈的市场波动。

《环球时报》 2021年12月29日

美国2021年GDP增长5.7%，"惊艳"数字背后藏着多少水分？

2022年1月27日美国商务部公布的预估数据显示，2021年第四季度美国实际国内生产总值（实际GDP）按年率计算增长6.9%；2021年美国经济增长5.7%，创1984年以来最高纪录。

2021年美国经济经历了新冠肺炎疫情反复、劳工荒、供应链危机、芯片荒困扰，更伴随40年未见的高通胀，实现5.7%的增速，不仅高于世界经济平均增速，在发达经济体中也足堪翘楚。这的确可以成为拜登政府值得炫耀的一个施政亮点。拜登迫不及待地吹嘘："20年来，我们的经济增长第一次超过了中国。"

然而，仔细分析美国经济增长背后的因素，看上去"惊艳"的增速其实并不值得惊奇。一方面，因2020年3.5%负增长导致的较低基数，在新冠肺炎疫情趋缓、需求强力反弹下经济有较高的增速是正常现象；另一方面，如果考虑美国大规模财政刺激的"注水"因素，以及超级量化宽松的货币政策支持，5.7%的增速就更显得缺乏真金白银的实在成色。

庞大的财政刺激"注水"

2021年美国经济超预期增长，首要归因于规模空前的财政刺激。

拜登入主白宫后，马不停蹄地推出一轮又一轮大手笔的财政刺激法案，覆盖新冠肺炎疫情纾困、失业补贴、中小企业救助、家庭支持、基础设施投资、创新与竞争计划、供应链重组等，总支出金额达6万亿~8万亿美元，超过美国历史上历次财政扩张的规模。

以2021年初通过的总额1.9万亿美元《美国救助计划》法案为例，年收入低于7.5万美元的美国居民（覆盖了大部分美国人群）可以继续拿到每人1400美元的纾困补贴，失业者每周400美元（比特朗普时期提高了100美元）的现金补贴将延长至2021年9月。来自政府补贴的现金达到低收入家庭可支配收入的20%，政府通过债务扩张把大笔收入转移进居民的钱包，支撑了美国消费增长。同时，该计划还包括数千亿美元中小企业援助资金，为大批中小企业输血。

2020年美国GDP大约为20.9万亿美元，根据美国布鲁金斯学会高级研究员温迪·埃德尔伯格（Wendy Edelberg）估计，单是1.9万亿美元纾困计划的资金注入，就足以使2021年和2022年美国实际GDP分别提高4%和2%。美国2021财年财政支出约为6.82万亿美元，保守估计美国各项刺激法案实际用于2021年的支出至少达4万亿美元以上，相当于GDP的近20%。如此庞大的财政刺激资金注入，等于经济"凭空"增加了4万亿美元。美国2021年GDP达到22.99万亿美元。如果剔除财政资金"注水"因素，美国真实的经济产出甚至可能为负。

由此可见，美国"亮丽"的高速经济增长其实主要靠巨额财政资金投入堆起。

由于大规模财政扩张基本靠举债支撑，美国政府2021财年赤字达到2.77万亿美元，政府债务总额到2021年底达到约29万亿美元，比GDP总额（约22.99万亿美元）还高出26%。

美国如此庞大的财政刺激能够实施，离不开美联储的鼎力支持。美联储为支持经济复苏同样不遗余力，延续了2020年以来的货币大放水举措，全年维持每月购债1200亿美元的扩张规模，到2021年末美联储资产负债总额扩张至8.9万亿美元，在2020年末基础上继续扩张了2.4万亿美元，比新冠肺炎疫情暴发前的4.2万亿美元膨胀了一倍以上。

美联储的超级量化宽松措施，为美国财政提供了资金支持，形成了赤字的货币化。美联储无节制的量化宽松，向金融体系注入了天量流动性，导致美国市场流动性泛滥。在全球产出受限和供应链遇阻的叠加影响下，美国的财政刺激与货币宽松的副产品终于酿成一个难以承受的苦果——高达7%的通胀，创40年最高。

高通胀是美国5.7%经济增长的副产品，也是大规模财政刺激和货币扩张付出的代价。靠寅吃卯粮换来的名义经济增长不是真实的增长，而是透支未来，使美国长期背负巨额债务，而债务终究要靠未来的增长来抵偿。

实际上，靠债务刺激增长的代价来得更早。

当下，美国普通民众不得不忍受高通胀的煎熬，工资增长被通胀侵蚀，底层民众重新跌入贫困境遇，实际上是在为政府的刺激措施买单。

一项由美国全国公共广播电台、罗伯特·伍德·约翰逊基金会和哈佛大学陈曾熙公共卫生学院于2021年8月到9月开展的联合调查显示，近40%的美国家庭在过去几个月面临严重的财务问题，包括付不起房租、难以负担医疗费和食品开销、信用卡还款困难等，在收入低于5万美元的家庭中，存在严重财务问题的比例将近2/3。

供应链扭曲下的存货"玄机"

表面光鲜的5.7%增速，细致推敲之下其实另有玄机。

消费占美国经济总量约70%，但2021年第四季度消费支出对经济增长的贡献为2.25个百分点，而库存（经济统计上归为投资活动）增加对当季经济贡献值为4.9个百分点。

美联社援引经济学家的话说，第四季度经济增长好于预期主要受私人库存投资激增拉动，实际经济增长数据"未见得那么强劲"。《华尔街日报》也敏锐地发现了个中端倪，并就此刊文讥讽道，"如果拜登政府2021年什么都不

美国2021年GDP增长5.7%,"惊艳"数字背后藏着多少水分?

做,经济增长或许更强劲"。

《华尔街日报》表示,在经历了2020年"大流行"的低迷后,经济快速增长再正常不过,而实际上,2021年美国经济并没有像应有的那样快速、健康地增长。第四季度美国实际国内生产总值按年率计算增长6.9%,高于第三季度的经济增长值2.3%,而第四季度经济增长的细节表明,对增长贡献最大的不是消费,而是库存的增长,也就是说,第四季度对GDP贡献最大的因素来自零售商填充货架上的商品,而不是因为商品被销售了出去。

拜登政府推出的经济救助法案及放松新冠肺炎疫情管控,引发消费需求井喷式爆发,由于美国制造业能力匮乏,大部分消费商品严重依赖进口,美国遭遇历史性的供应链危机。供应链危机下,消费活动及零售商供应行为均受到强烈干扰。受制于新冠肺炎疫情和需求激增导致的物流中断和阻塞,本应在假日购物季前抵达的大量商品延迟交货,零售和批发商库存在接近2021年底时出现激增,提振了第四季度经济超预期扩张,但这种消费停滞下的经济增长不可持续。

如果继续考察美国的净出口,则同样乏善可陈。美国2021年前三季度净出口连续下滑,第四季度实现零增长。美国商务部的数据显示,2021年12月商品贸易逆差再创历史新高,达到1009.6亿美元,全年商品贸易逆差增至1.08万亿美元,高于2020年的8935亿美元。这说明净出口对美国经济增长的贡献为负,也印证了美国经济增长主要靠消费需求拉动,而实际生产和供给能力下滑。

如此看,前面拜登宣称的20年来美国经济增长超过了中国,实在是不折不扣的妄言。

且不说中国经济2021年增速高达8.1%在全球屈指可数,而且中国经济增长是建立在实实在在的实体经济增长基础上的。2021年全年贸易进出口总额突破6万亿美元,出口对经济总值贡献达到20%,全国规模以上工业企业利润增长34.3%。相较中国经济增长的坚实程度和质量,美国根本不可同日而语。

美国经济增长动能正在减弱

实际上,由于供应链危机及奥密克戎变异毒株的影响,美国经济增速在2021年12月已经开始下滑。

消费是美国经济最大的支撑,随着美国民众的可支配收入减少以及通胀打击消费预期,消费开始出现停滞,2021年第四季度消费者支出仅为经济增长贡献了2.25个百分点,其余大部分支出来自政府救济政策。民众实际可支配收入在2021年第四季度下降了5.8%,随着政府救助资金的到期,由此带来的消费红利正在消退。

2021年美国经济增长主要受益于大规模财政刺激和货币超宽松的低利率环境。在财政刺激方面,拜登政府2021年大肆扩张的刺激政策已经受到越来越多的质疑与反对,随着美国政治撕裂和党争加剧,拜登政府继续推出大型刺激计划将会受到来自共和党甚至民主党内部的更大阻力,因此财政刺激的力度将明显弱于2021年。

在货币政策方面,受制于持续加剧的高通胀压力,美联储不得不启动紧缩计划并加息。美联储最新的货币政策声明表示,从2022年2月起美联储将每月增持至少200亿美元的美国国债和至少100亿美元的机构抵押贷款支持证券,并将于2022年3月结束资产购买计划,并表示将很快上调联邦基金利率目标。美联储主席鲍威尔的表态更是鹰派味十足,称不排除每次议息会议都可能加息。

美联储的货币紧缩,使经济增长最大的支持动力骤然熄火。市场预测美联储年内可能至少加息5次。受此影响,美国股市2022年以来已经比2021年11月高点下挫17%。如果未来公司业绩缺乏,2021年一路猛涨的美国股市有巨幅下跌的风险,并对美国经济造成沉重打击。

供应链仍然是困扰美国经济的难题。美国货车运输协会2021年12月表示,卡车司机缺额高达8万人,这一缺口还将扩大,预示美国供应链危机有长期化趋势。与此同时,芯片荒仍将持续,美国政府预测全球芯片短缺将持续至2022年底。美国商务部对芯片供应链上多家大型企业的调查结果显示,半导

美国2021年GDP增长5.7%,"惊艳"数字背后藏着多少水分?

体产品的库存中值已从2019年的40天降至2021年的不到5天,一些关键行业甚至更低,商务部的报告几乎承认了政府无力解决供应链瓶颈问题。这将给包括汽车制造商和消费电子行业在内的众多美国公司带来长期压力。

新冠肺炎疫情是美国经济面临的最大不确定性因素。眼下奥密克戎引发的感染病例激增,最多时单日新增150多万例,这对美国本就紧张的劳动力市场造成新的冲击,不少行业遭遇员工难题而歇业或停产。多数专家预计,新冠肺炎疫情的影响可能在2022年下半年逐步缓解。国际货币基金组织(IMF)近日下调美国2022年经济增长预期至4%,但这一预测是以新冠肺炎疫情不再发生导致管控升级的变异为前提。

观察者网　2022年1月29日

不平等议题在西方主流学界的回归

2013年，法国经济学家托马斯·皮凯蒂（Thomas Piketty）出版了《21世纪资本论》。在书中，皮凯蒂通过对18世纪工业革命以来300年欧洲及美国的财富分配数据的分析，揭示出贫富差距是资本主义制度的常态和固有现象，不加制约的资本主义必然导致财富不平等的加剧及随之而来的各种社会弊病。皮凯蒂用大量坚实的历史数据及严肃的论证，对资本主义制度的合理性提出了极大的质疑。

《21世纪资本论》一经出版，旋即引起轰动。在一年的时间内，该书被翻译成30多种语言在世界传播，达到220万册的销量，一举登上《纽约时报》畅销书榜单，《金融时报》将该书评为2014年"最佳商业图书"，皮凯蒂也因此获得学术明星般的全球声誉。该书的中文版于2014年同年出版，迄今已收获近50万册的销量和广泛的关注。

《21世纪资本论》的观点并不新鲜。关于资本主义制度导致资本集中与贫富分化，早在马克思的《资本论》中就已得到严谨、科学的理论证明。皮凯蒂的贡献在于，他通过长期历史跨度和基于大量历史数据的实证研究，证明了"马克思是对的"，这在一向对马克思主义经济学持否定态度的西方经济学理论体系中，其震撼意义是足够强烈的。这一点正如某些评论家所称，他的著作具有"经济思想史上里程碑"的意义。

皮凯蒂著作的另一个贡献是，在新自由主义一直主导西方经济学主流语境的氛围中，他把人们关注的焦点重新引向不平等的议题，引发人们对资本、财富、分配乃至当今世界日益加剧的不平等问题的广泛关注与深入研究。例如，诺贝尔经济学奖得主罗伯特·索洛在不同场合呼吁，"经济学家和经济学研究以皮凯蒂理应得到的严肃礼遇来重新审视《21世纪资本论》"。

从皮凯蒂开始，对不平等议题的研究重新回到西方学界的主流语境和焦点议题，"在主流经济学家内部，谈论资本主义制度的系统性不平等重新成为可敬之举"（亚瑟·戈德哈默）。其影响甚至超越经济学本身，广泛延伸到社会学、历史学、政治学、法学等各社会科学领域，促成了这些学科对不平等议题的共同关注与合作研究。

在出版《21世纪资本论》英文版3年后，2017年哈佛大学出版社推出了新书《皮凯蒂之后：不平等研究的新议程》，该书是《21世纪资本论》在西方学界引发的回响，表明皮凯蒂的著作对西方当代经济学和社会科学诸多领域的研究已经产生持续、深远的影响。

皮凯蒂的主要观点及相关评价

关于财富不平等的研究并非自皮凯蒂始，但其在《21世纪资本论》中的研究，被评论界认为远远超越了以前对有关分配问题的研究（布兰科·米兰诺维奇，世界银行经济学家）。在该书中，皮凯蒂对过去300年来主要西方国家的财富、收入进行了详尽的追踪，证明近40年财富不平等现象日益扩大，这种趋势将使未来资本主义世界的不平等现象变得更加严重。

皮凯蒂指出，在可以观察到的300年左右的历史数据中，资本回报率平均维持在每年4%~5%，而GDP平均每年增长1%~2%。5%的投资回报意味着每14年财富就能翻番，而2%的经济增长意味着社会总财富翻番要35年，这导致社会财富将持续向占有资本的人群集中。在过去100年的时间里，有资本的人的财富翻了7番，是开始的128倍，而整体经济规模只比100年前大8倍。

另外，对最近40多年来西方社会财富变化的研究表明，当前社会财富的集中度已经回到20世纪早期的峰值水平,同时资本收入的不平等自2000年以来快速扩大,继承财富在财富获得和积累中日益占据决定性地位,相对收入差距重新走向极端,并对政治走向和经济结构产生决定性影响,使得经济发展可能出现"过去吞噬未来"的可怕前景。

《21世纪资本论》的一个重要结论是,当前的收入不平等状况不但恢复到历史纪录中财富最不平等的19世纪的水平,而且发展的轨道正滑向"世袭资本主义",经济生活的主导权将不再属于才华出众的人,而是由豪门家族控制。富人不仅操控政治、经济和法律秩序,还获得广泛的社会与文化影响力,这使得现代资本主义具有"富者愈富的内生机制"。

皮凯蒂试图构建一个针对资本主义的通用理论,并把经济增长理论同功能性收入分配及个人收入分配理论统一起来。诺贝尔经济学奖得主保罗·克鲁格曼评价道:"《21世纪资本论》是部杰作。当财富和收入集中到少数人手里再度成为核心政治的中心议题时,皮凯蒂不仅提供了关于当前发展态势的宝贵记录,并追溯到前所未有的历史深度,而且还建立了有关不平等问题的统一理论,把经济增长、资本和劳动之间的收入分配,以及财富和收入在个人之间的分配纳入了统一的理论框架。从此之后,我们讨论财富和不平等的方式将与过去不再相同。"

克鲁格曼对皮凯蒂的著作给予了不吝热情的褒奖。他在博客和《纽约时报》专栏、《纽约书评》杂志发表重要评论,称《21世纪资本论》为"优美而出色的著作",并令他"倍加崇拜"。他写道,"他的研究成果带来了我们对不平等状况长期趋势认识上的革命"以及"皮凯蒂以他的书名《21世纪资本论》向知识界发起直接挑战"。他还与另一位诺贝尔经济学奖得主约瑟夫·斯蒂格利茨及皮凯蒂共同出席纽约城市大学的公开活动,推介皮凯蒂的著作。

另一位在西方经济学增长理论领域享有盛誉的经济学家,同时也是诺贝尔经济学奖得主的罗伯特·索洛也对皮凯蒂给予高度评价。在《皮凯蒂之后:不平等研究的新议程》一书中,他专门撰文《皮凯蒂是对的》,对皮凯蒂的论证进行了全面深入的理论阐述,肯定了皮凯蒂的观点,称他"对一个古老课题做出了新颖而重大的贡献"。

这些来自经济学泰斗级前辈的推崇与赞誉，肯定了《21世纪资本论》的学术成就，也标志着皮凯蒂的研究使不平等问题重新纳入西方经济学研究的焦点议题。而在此前的新自由主义全盛时期，在主流经济学家内部谈论资本主义制度的系统性不平等几乎成为禁忌，甚至有时被蔑称为煽动"阶级斗争"，而不平等的现实则被粉饰为对上进、奋斗、创新和增长提供激励。

皮凯蒂触到了一个时代的整体焦虑

不平等现象一直伴随人类的历史，对资本主义不平等现象的研究在皮凯蒂之前也有大批学者进行论述，为什么只有《21世纪资本论》获得了空前的轰动？这不能不说该书的面世踏准了资本主义世界财富分化日益扩大的当代现实特点，更触及了人们对财富极端两极化以及由此导致的社会流动性减弱，尤其是对顶层财富代际延续的固化的担忧及普通中产阶层向下迁移的集体焦虑，它击中了这个时代的痛点。

这样的趋势正被美国社会当下发生的现实精准复刻。美国政策研究所和美国税收公平协会的研究报告显示，自2020年3月新冠肺炎疫情暴发至2021年10月，数百位美国亿万富豪的总财富便增加了2.1万亿美元，增幅达到70%。与此同时，美国最富有的1%的人所拥有的财富有史以来首次超过了整个中产阶级的财富。

普林斯顿大学的经济学家安妮·凯斯（Anne Case）和安格斯·迪顿（Angus Deaton）在其研究中指出，过去30年里，在主要发达国家中，美国是唯一一个中下层群体（收入排名在后50%）的实际收入出现下降的国家。美国的这一现象导致"绝望"情绪在白人劳工群体中蔓延。

即便是美国中上阶层（资产净值超过全美50%的人群，但低于最高10%的人群），也感受到了收入停滞带来的压力。最近10年，他们的收入增长率开始落后于社会经济阶梯上其他较低阶层和较高阶层的收入增长率，也成为被财富"抛下"的群体。

皮凯蒂关注顶层1%人群的财富变迁，指出位居收入分配顶层1%的人群与其他人群的差距拉大，已成为标志性的社会现象。美国曾经标榜和津津乐道的"橄榄形"社会结构已经改变。2011年爆发的"占领华尔街"运动就是用"我们是那99%！"的口号，把美国社会贫富差距与阶级冲突鲜明地表达出来。

伴随财富差距的扩大，不平等在社会生活的各个方面蔓延，医疗与教育不再具有普惠性。大量证据表明，美国精英阶层的许多人从事着无所不在的"机会囤积"活动。例如，知名大学高昂的学费、对私人捐助的依赖、传承式录取政策、青睐精英子弟、照顾特定阶层申请人等使一流大学成为精英阶层自我复制的通道，而贫困家庭的孩子向上进步的阶梯变得更加狭窄。

皮凯蒂关注的问题并不只是财富不平等本身，更涉及资本主义制度内在的"富者愈富"的自我强化机制。如《21世纪资本论》所述，资本回报率长期只在很小的范围内波动，资本报酬在整个国民收入中的份额不断上升，而资本家及一代又一代的继承者依托前辈积累的资源，把持一切机会追求财富扩张，巩固自身对财富和社会的支配地位，使资本主义社会沦为"拼爹"的社会。皮凯蒂关于继承收入的数据证明，阶级统治的模式有长期持续的趋势。

皮凯蒂进一步指出，财富不平等的加速扩大，极大地增强了对平等政策的阻挠力量，维护金权政治统治的力量极为强大。财富不仅给富人提供了在权力走廊和公共领域的扩音器，而且塑造了社会效仿模式。旨在保护财产的意识形态、经济、法律、政治、文化的综合体系正在主导21世纪的政治经济秩序。在富豪阶层能够靠资源获得压倒性话语权的社会，政府致力于解决的是富豪们的问题，而非普通民众关切的事务。

这正是最近几十年来美国持续发生的事实。著名经济学家、哥伦比亚大学经济学教授杰弗里·萨克斯2021年12月撰文批评道："美国的政治制度未能像美国宪法所承诺的那样'促进大众福利'。在过去的40年里，美国的政治已经成为一种局内人的游戏，以牺牲绝大多数公民的利益为代价，养肥了超级富豪和企业游说团体。"华盛顿成为富豪和利益集团围猎的目标，背后则是各种利益集团几十亿、上百亿美元的游说资金和竞选捐款。

"富者愈富"的机制降低了社会流动性。伴随社会流动性下降，曾经对"美国梦"引以为傲的大量中产阶级却正面临向下流动的危机感与"身份焦虑"。这无疑将动摇美国价值观和民主制度的基础。奥巴马时期担任美联储主席的珍妮特·耶伦（现任美国财政部长）在一次讲话中批评道："过去几十年不平等的加剧可以概括为顶层人群的收入和财富大幅度增加，而大多数人的生活水平停滞，这不是什么秘密。我认为有理由质疑这一趋势是否符合我们国家在历史上形成的价值观，特别是美国人传统上高度重视的机会平等。"

财富不平等的加剧必然导致社会撕裂、阶级对立及政治斗争。那些陷于贫困的大多数以及对改变命运无望的人群对社会长期积蓄的不满或仇恨，终将以暴烈的形式宣泄或展开抗议，类似占领华尔街或法国红马甲运动一类的激烈冲突与社会骚乱，就注定会随时反复爆发。

社会对不平等问题的普遍关注，为《21世纪资本论》的成功提供了时代背景与社会基础，也一定程度上解释了该书受到的现象级拥护。美国财政部前部长、哈佛大学著名经济学家劳伦斯·萨默斯把被重新唤起的对不平等问题的关注，尤其是公众持续的沮丧情绪，视为《21世纪资本论》流行的关键因素。他在一篇评论中写道："当我们的政治气氛被心怀抱怨的中产阶层主导，总统也把不平等作为其核心经济议题时，一本讲述财富和收入被愈演愈烈且无孔不入地集中到顶层的百分之一、千分之一和万分之一人群的书，怎么会不引起巨大轰动呢？"

皮凯蒂的成功挑战了新自由主义信条

皮凯蒂并不是一个马克思主义者，他的理论体系、研究方法仍然承袭西方经济学的衣钵与脉络。在思想深度、理论价值、革命意义上，其著作与《资本论》不可同日而语。

但不可否认，皮凯蒂把自己的著作冠名为《21世纪资本论》，为该书成功吸引关注起到了相当的助力。马克思的《资本论》作为一部划时代的政治经济学经典巨著，无论是思想理论价值还是对人类历史的巨大影响早已被举世公认。皮凯蒂的书名与这样一部经典名著挂起了钩，就容易引起某种传播上的轰动效应。无论是马克思的追随者还是反对者，都容易对这样的一个书名产生一定的好奇和阅读意愿。

皮凯蒂的"发现"并不新鲜。早在《资本论》中，马克思通过深刻分析资本主义生产方式及资本的流通过程,揭示了剩余价值的秘密、资本的本质、资本主义固有矛盾及其运动规律。按照资本的本质与运动规律,资本的积累和集中、劳动阶级的贫困化是资本主义发展的必然。因而,皮凯蒂对资本主义财富不平等加剧以及资本收入远超劳动收入的历史趋势的揭示,并非新的理论发现,这早在马克思那里就已经得到了严谨和科学的理论论证。

皮凯蒂的贡献在于,他通过对资本主义典型国家漫长历史跨度中大量收入数据的追溯与解读,为马克思的资本集中与贫富分化理论提供了可信的实证依据。这对西方经济学理论无疑造成了强烈的冲击。克鲁格曼评价道:"令人震惊的不只是他的书名来自马克思的巨著,皮凯蒂还彻底摒弃了有关不平等的现代研究方法,从一开始就提出资本的概念,回归更古老的学术传统。"

皮凯蒂的成功也与当下西方社会主义思潮的复兴有关。2008年国际金融危机后,西方国家经济持续低迷,资本与劳动关系失衡,贫富差距不断扩大,社会撕裂与对立日益加深,以新自由主义为信条的资本主义制度和民主政治正陷入制度困境。针对当今资本主义问题和弊端,西方社会"马克思热"悄然升温。"重新发现马克思主义""让马克思主义活起来"的呼声在西方共产党人和左翼派别中重新活跃。

皮凯蒂虽然不是马克思主义者,但《21世纪资本论》对资本主义制度下财富分配的不平等的批判,自然在社会主义者及对现实和自身社会地位不满的人群中引起情感的共鸣,也为西方的社会主义者提供了当下的理论武器。

《21世纪资本论》的另一个重大和现实的理论意义在于,皮凯蒂揭示出资本收入一直远超劳动收入的历史趋势,他用具有历史与空间跨度的大量翔实数据的严肃实证,打破了新古典经济学宣称的"市场经济自动达到一般均衡和最优分配"的神话。皮凯蒂指出,不平等扩大与市场缺陷无关,而是自由市场正常运转后的必然结果,不平等是自由市场中完全竞争发挥作用的自然且可预测的天然结果。只要资本回报率高于经济增长率,富人的收入和财富增速就会快于正常的劳动收入增速。从这个趋势出发解释不平等程度的扩大,尤其是顶层1%人群的收入增长,并不需要归结为经济制度的任何失灵,资本主义本身便是不平等日益扩大的原因。

在西方经济学的学术发展史上，皮凯蒂很难说会享有开宗立派的地位，尽管如此他仍可能成为未来西方经济学说史中绕不开的人物。他的理论与观点大致可以在新剑桥学派领袖人物琼·罗宾逊夫人那里找到一定渊源。在她的代表作《现代经济学导论》中，琼·罗宾逊认为在经济增长过程中，劳动收入和资本收入在国民收入中的相对份额将朝着不利于工人的方向变动，因此主张国家应采取措施，以实现收入的均等化。罗宾逊夫人对马克思主义经济理论也进行过深入的研究，对马克思的理论才能推崇备至，甚至提出了"向马克思学习"的口号。

西方对不平等研究的新议程及其对中国的镜鉴意义

皮凯蒂成功地把不平等问题重新纳入经济学的主流视野，不仅在主流经济学界引起巨大反响，还引发了社会学、政治学、历史学等领域对此问题广泛而深入的讨论。

《皮凯蒂之后：不平等研究的新议程》是《21世纪资本论》引发的回响，该书收录了其后3年西方尤其是美国主流学界围绕皮凯蒂现象及不平等问题的其他视角或学科的重要研究成果。这些专业研究对皮凯蒂的观点、研究方法从新的维度进行了阐发、补充、拓展和深化，包括对资本概念的讨论、技术进步、人力资本、全球化、职场裂变、不平等对民主政治的影响等层面，总体上对皮凯蒂的研究持正面及肯定意见，虽然也有质疑或批评，但无论如何都是把不平等问题的研究和讨论引向了深入。

该书作为一系列专业研究成果的结集，作者中既有世界顶级的经济学家，如诺贝尔经济学奖得主保罗·克鲁格曼、罗伯特·索洛，中国读者非常熟悉的美国经济学家迈克尔·斯宾塞及加利福尼亚大学伯克利分校经济学教授布拉德福德·德龙，也有法学家、历史学家和管理学家等其他学科领域的专家，来自政府、世界银行、智库、大学及研究机构的一线知名学者，其中包括拜登总统经济智囊、非官方首席经济顾问希瑟·布西，她同时是《皮凯蒂之后：不平等研究的新议程》这本书的3位主编之一。

该书作为《21世纪资本论》的姊妹篇，其中关于财富不平等及资本主义弊端的研究，对中国当下经济与社会有极为重要的现实参照意义。在社会主义市场经济体制下，在新发展阶段，如何利用资本作为生产要素的积极作用，同时避免资本与生俱来的扩张与集中属性及由此导致的垄断、财富分化等问题，避免皮凯蒂所描述的财富世袭与阶层固化、"过去吞噬未来"的前景，既关乎社会主义的本质特征与公平正义，也关乎经济可持续与高质量发展及社会与政治的稳定，因而是国家政策制定的重大课题。

从西方理论界对不平等问题及其根源的反思与研究中，我们就更能理解中国为什么要全力以赴开展脱贫攻坚，坚持走共同富裕的发展道路，以及国家要为资本设置"红绿灯"，依法加强对资本的有效监管，防止资本野蛮生长。这正是2021年以来中央对垄断企业和相关行业资本加强规范和监管的出发点。

因而，《皮凯蒂之后：不平等研究的新议程》对当前中国深化改革与未来走向极具借鉴意义，值得中国经济理论界、政策研究机构参考借鉴。

《中国发展观察》 2022年3月25日

第三部分

中美经济的"实"与"虚"
——发挥中国独特优势

CHAPTER
3

中美经济，到底谁更需要谁？

中美经济，到底谁更需要谁？

这是个重大问题。这个问题不掰扯清楚，就不可能在百年未有之大变局中知己知彼，也不可能在中美博弈中形成正确有效的斗争策略，克敌制胜。

这也不是个简单的问题。由于中美关系的复杂性，对这个问题，不同立场、不同认知的人，看法自然不同，雾里看花或执其一端也完全正常。

一个不容易挑出毛病的说法是——"中美合则两利，斗则两伤"。这固然没错，然而全球化的世界经济相互联结，各国相互需要，这似乎并不能充分揭示中美经济联系的本质。

而以特朗普为代表的、对美国的伟大抱着迷之自信的美国政客，以及国内不少对美国的强大怀着不可动摇的仰视心态的某些学者和分析家，却不这么看。他们认为中国更需要美国，是美国帮助了中国发展，而一旦美国掐断与中国的经贸联系，中国经济将停滞不前甚至被打回原形。

特朗普饮恨经贸摩擦

特朗普张口闭口就是中国通过"不公平"贸易占了美国数千亿美元的便宜，中国抢了美国工人的岗位。他声称美国可以"轻松获得经贸摩擦的胜利"，同时坚定地推动美国与中国经济"脱钩",迫使美国制造业回流美国。

2019年以来,特朗普政府加速实施对中国的战略遏制,从贸易、高科技、人文交流、政治、外交、军事及干涉中国内部事务等各个领域对中国极限施压。

而今,特朗普要解甲归田了,带着对美中经贸摩擦惨淡的"成绩单"和"壮志难酬"的遗恨。

中美经贸摩擦两年来,在对中国出口大幅加征关税的情况下,美国对中国贸易逆差不降反增。2020年中国对美国贸易顺差扩大,达到3169亿美元,上升7.1%;比贸易战之前的2017年增加了14.9%。中国重回美国第一大贸易伙伴地位。

美国对中国的经贸摩擦,没能阻止中国出口的超预期增长。2020年我国货物贸易进出口总额为32.16万亿元,同比增长1.9%,外贸规模再创历史新高,成为全球唯一实现货物贸易正增长的主要经济体。其中,出口17.93万亿元,增长4%;贸易顺差3.7万亿元,增加27.4%。中国出口市场更加多元化,占国际市场份额也创历史最高纪录。

而美国自身却开始尝到经贸摩擦的苦果。中美经贸摩擦令美国经济损失巨大,应了那句话"搬起石头砸自己的脚"。美中贸易全国委员会委托牛津经济研究院最近发布的《美中经济关系》研究报告显示,2018年至2019年,美国为经贸摩擦付出的经济成本约占美国GDP的0.5%,高峰时期让美国损失了24.5万个工作岗位。经贸摩擦增加的关税成本导致每个家庭减少675美元收入,经贸摩擦也损害了美国出口商和农民的利益。

报告同时警告:如果两国经贸摩擦持续升级,或者美国寻求与中国显著"脱钩",会进一步冲击美国企业供应链和生产率,并对美国经济增长和竞争力造成长期伤害。如果按此情景,预计未来5年美国实际GDP可能损失1.6万亿美元。

特朗普及其支持者鼓吹和期望的"制造业回流美国"也没有发生。上海美国商会2020年9月的调查显示,在340多个受访成员企业中,约92%的受访者表示将继续在中国经营。在中国拥有或外包制造业务的200多家受访企业中，有70.6%的企业表示不会将生产环节迁出中国。

相反，美国企业对华投资热情持续上升。《中国商业环境调查》显示，大约七成的美国企业对中国未来5年的市场有绝对的信心。中国商务部统计数据显示，2020年1—7月，美国在华新设企业达860家，是外商在华新设企业最多的国家。据英国分析公司Mergermarket的统计，从2020年1月到10月美国公司在华并购投资增长69%，达113.5亿美元。

特朗普曾放言，他可以完全切断与中国的联系，白宫贸易顾问纳瓦罗提出美国政府可以为美国企业撤离中国的成本"买单"。如今，这些威胁与叫嚣，与经贸摩擦的破产一样，成了可笑的梦呓。特朗普们没有看到"脱钩"，也没有看到外国公司争相离开中国，反而听到美国和世界的公司向中国纷至沓来的脚步声。

正如2019年100名美国商界、政界和学界领导人联名致特朗普的公开信所指出的："美国将中国视为敌人，并使其与全球经济脱钩的努力，将损害美国的国际影响力和声誉。**美国最终可能孤立的是自己而不是北京。**"

中美经济的"实"与"虚"

如果对比中美两国经济结构及透视中美经贸联系的实质，就会看清，中国经济是"实"的，美国经济是"虚"的。中国经济靠"实干"崛起，美国经济靠霸权在全球"寄生"。

说美国经济的"虚"，首先是美国经济的"空心化"。 在20世纪前半期，制造业曾是美国经济增长的主要动力，美国成功引领电气工业革命浪潮，借世界忙于两次大战之机专注发展，美国工业实力称雄世界，经济登顶全球霸主。但20世纪下半期特别是80年代以后，伴随全球化浪潮兴起，产业资本出于追求超额利润的目的，为了寻求成本低廉的劳动力和更大市场，美国制造业大规模地在全球范围内布局产业链。美国经济逐步形成了"去工业化"，如今除部分高科技行业和客机、军工等高端制造业外，美国一般制造业基本所剩无几，曾经繁荣的汽车城底特律几乎破产，制造业在美国经济中的比重到今天仅占11%，形成了美国经济的"空心化"。以至于面对新冠肺炎疫情暴发，美国连口罩、呼吸机等基本医疗物品都不得不依赖中国。2020年，仅口罩一项，每一个美国人大约拿到了120个中国生产的口罩。

美国经济的"虚"，其次体现在美国经济的"寄生性"。美国属于消费型社会，自己基本不生产，依托美元在全球经济体系的绝对主导地位，它可以通过发行美元，轻松从全世界获取任何需要的商品。美国多次开启量化宽松，发行美元，收取全球铸币税，在全世界"剪羊毛"，让自身的危机由全世界来买单。美国在新冠肺炎疫情暴发以来推出一轮轮纾困计划，开启直升机撒钱模式，慷慨补贴民众和企业，资金来源都靠美联储无限量化宽松，表明美国没有什么难题是印钞机解决不了的。正如美国第34任总统艾森豪威尔曾说过的一句话，充分揭示了美国经济虚伪和欺骗的本质，极具反讽意味："**我们的每一支枪、每一艘战船、每一枚火箭，从根本上说，都是用从那些吃不饱、穿不暖的弱势群体身上通过某种方式骗来的钱制造的。**"

美国经济的"虚"，再次表现在美国经济的高度虚拟化。一方面，美元的世界主导地位使得美国能够通过金融手段和跨国投资在全球聚敛财富，金融资本成为美国经济和政治的支柱。金融业成为美国GDP占比最高的行业。美国经济日益虚拟化和金融化，虚拟经济高速膨胀。另一方面，股市对美国经济的"繁荣"发挥了空前的推动作用，也与实体经济表现完全背离。2020年在美联储天量放水刺激下，在新冠肺炎疫情失控、经济衰退的形势下，美国股市上演了一场魔幻的资本盛宴与财富狂欢。2020年末美国股市总市值高达41.6万亿美元，相当于美国GDP的211%，远超2000年互联网泡沫破裂前最高点的167%。这表明美国经济已经高度虚拟化和泡沫化。

美国经济的"虚"，最后体现在美国经济已经负债累累。美国经济表面强大，却是站在巨额债务上的巨人。仔细审视之下，就会看到美国经济背后天量债务的"水分"。美国联邦政府本来就连年赤字，2020年又深陷新冠肺炎疫情危机，经济疲敝，随着几轮政府纾困计划的巨额支出，美国联邦政府负债总额已高达27.4万亿美元，占GDP比重约为134%。企业部门和家庭部门负债水平也相当高，企业部门债务总额达17.5万亿美元（2020年第三季度末），约占GDP的92%，美国家庭债务总额达到创纪录的13.95万亿美元，约占GDP

的73%。

在全球化浪潮中，中美两国形成了以经贸为纽带的共生关系。改革开放初期，中国通过吸引外资，依托劳动力成本优势，开启了一条出口导向型的经济发展之路。2001年中国正式加入世贸组织，深度融入世界经济大循环。美国巨大的消费市场成为中国物美价廉商品出口的主要目的地，中国制造撑起了美国普通百姓的衣食住行。中美两国逐步形成了"中国生产、美国消费"的经济模式。

中国经济的"实"，首先表现在中国是"生产型"国家，通过劳动创造实体财富，以实体经济为主要特征。中国是世界第一制造业大国，制造业产能相当于美国、德国、日本之和。我国是世界上120多个国家的最大贸易伙伴，提供了占世界30%的工业品，30%的全球贸易量。中国制造能力无所不包，拥有全球最完整、规模最大的工业体系，是全球唯一拥有联合国产业分类当中全部工业门类的国家。中国强大的工业化能力，与中国人民的勤劳智慧和生产组织能力相结合，形成无与伦比的竞争优势，为世界创造物质财富。

中国经济的"实"，其次表现在经过40年快速发展，已经具备雄厚的物质基础和强大的发展能力。中国拥有完备的产业链、产业集群效应和配套一流的基础设施，产业体系的广度和深度达到其他国家无法匹敌的程度。市场主体超过1亿，世界500强上榜企业数量与美国相当，一批跨国企业已经处于全球产业链中高端。我国还培养和锻造了规模庞大和素质优良的人才资本，享有全球最大的工程师红利，拥有9100万科技工作者，1.7亿人口受过高等教育。这些独具一格的优势，使中国经济具有强大的韧性和广阔的纵深，有能力应对国际国内复杂形势和各种风险的冲击和挑战。

对比美国依托美元和金融霸权在世界上巧取豪夺，中国经济的雄厚实力，完全是靠勤劳和实干创造出来的，是中国人民长期艰苦奋斗积累和打拼出来的，是中国制度、市场、规模、技术、精神等综合优势的结晶。

中国经济的"实"是美国无法比拟的，在这一点上，可以说中国离开美国可以独立生存，而美国却离不开中国。你可能会说，美国照样可以从其他国家进口产品。但是由于中国制造的竞争优势，如果它不从中国进口，它将付出更高的成本。因为中国出口的商品物美价廉，创造了巨大的"消费者剩余"，使美国企业和家庭受益。

经济规律驱使美国必然从中国进口，这正是现在发生的事实。在美国大幅加征关税且人民币快速升值的情况下，中国对美国出口逆势增长，表明美国消费者对中国产品基本是刚需，离开"中国制造"，美国人的生活几乎无法想象。而中国率先控制住新冠肺炎疫情、率先复工复产，也使中国的供应链成为稳定美国企业供应链不可替代的保证。

中国对美国长期保持贸易顺差，积累了约3.1万亿美元外汇储备，其中包括约1万亿美元美国国债资产。这实际上也是对美元体系稳定的一种重要支撑。

超大规模市场举世无双

中国超大规模市场优势，是任何国家、任何企业无法忽视的，也是中国无与伦比的竞争砝码。

中国拥有世界上最多的人口、最大规模的中等收入群体、超6万亿美元的消费市场，2020年已经取代美国成为世界第一大消费市场。中国作为全球最大制造业基地，需要进口大量原材料、零部件、能源和各类资源产品，中国已经是世界最大的单一市场。全球190个国家中，已有128个国家对中国的贸易额超过了与美国的贸易额，中国在全球贸易体系的中心地位进一步强化。

进入"十四五"，我国坚持高水平对外开放，积极扩大进口，正在迈向世界第一进口大国。中国超大规模的内需市场将成为驱动新型全球化的最主要动力，带动其他国家经济增长，使世界分享到中国稳定发展的红利，使中国真正成为世界经济新的中心。

美国从中国市场获取了巨大收益。根据《美中经济关系》报告，2019年美国向中国出口约1060亿美元的商品、570亿美元的服务，支撑美国约120万个就业岗位，覆盖制造、旅游、商业和金融服务等多个行业。美国企业在华投资1050亿美元，从中获得大量利润，提升了美国企业的竞争力；中国对美国直接投资存量590亿美元，中资企业直接雇用约19.7万名美国人。

中国庞大且充满活力的市场，是美国企业无法忽视的。例如，通用汽车每年在中国的销量超过300万辆，是其全球第一大市场；苹果公司在中国的销售额占其全球销售额的20%，是其全球第三大市场；英特尔2019年在中国的销售额超过200亿美元，超过美国销售额的4倍；高通2019年在中国内地和中国香港的销售额超过115亿美元；康明斯大约1/3的发动机销往中国。未来10年，中国对全球经济增长的贡献将达到1/3左右，中国市场对于美国企业在全球的成功越来越重要。

超大规模的市场，使中国具备内循环的巨大自主回旋空间，并形成对外合作的强大优势。中欧投资协定谈判完成以及与东盟签署《区域全面经济伙伴关系协定》（RCEP），更强化了中国的全球经贸合作空间，"双循环"新发展格局正加速形成。美国已经无法孤立中国，相反，失去中国，等于失去未来。

科技差距与"卡脖子"难题

美国仍然占据科技创新的制高点。中美科技水平，特别是在高精尖科技领域仍然存在不小差距，这是客观事实。

在一些关键核心技术方面，我国还存在明显短板，面临被"卡脖子"的风险。操作系统、高端光刻机仍被国外公司垄断；高档数控机床、高档仪器装备等关键件精加工生产线的制造及检测设备，95%以上依赖进口；130多种关键基础材料，32%在我国仍为空白、52%依赖进口；高端医疗仪器设备、高端医用试剂、重大疾病的原研药、特效药基本依赖进口。

芯片制造是我国被"卡脖子"最典型的例子。其中光刻机是我国与国际先进水平差距最大的环节。目前只有荷兰的ASML公司能够生产极紫外光刻机，由于其中用到大量美国技术和零部件，出口受到美国的无理限制。华为虽然能够自己设计出7nm甚至5nm的芯片，但是离开了光刻机，华为高端芯片被迫断供。

对于中美高科技竞争，我们既要看到差距，也要看到中国在科技创新方面追赶的速度是非常快的。我国科技创新正在加速取得历史性成就，重大创新成果相继涌现，一些前沿领域开始进入并跑、领跑阶段，科技实力正在从量的积累迈向质的飞跃。在衡量高质量科研产出的自然指数排名中，中国位居世界第二。在世界创新指数排名中，中国位居第十四。

另外要看到，科技创新需要国际合作，一个国家在科技创新的全部领域都占据领先地位是不可能的。中国科技有短板，也有在世界领先的地方，如5G、人工智能、超级计算机、量子通信等；美国在科技上领先的项目较多，但也不是在所有尖端领域都领先。美国利用自己的科技领先地位，封锁和打压竞争对手，是违背自由市场和公平竞争的霸凌行为，不得人心，也违背科学发展的历史规律。美国对中国科技企业"卡脖子"的行为必将引起世界各国的警惕。

科技进步是无法封锁的。"卡脖子"可能得逞于一时，但长远必使自身遭到反噬。波士顿咨询（BCG）2020年3月发布的一份报告指出，美国对中美技术贸易的限制可能会终结其在半导体领域的领导地位。报告测算，如果美国完全禁止半导体公司向中国企业出售产品，其全球市场份额将损失18个百分点，收入将损失37%。收入下降不可避免地导致研发和资本支出的大幅削减，进而逆转行业的良性创新周期，削弱美国企业的竞争力。更重要的是，切断对中国企业的供应，损失的不仅是中国市场和巨额收入，更意味着失去创新的源泉。没有来自最活跃市场的需求端对技术创新的驱动与支撑，美国企业的技术创新将失去生命力。

反过来，美国对中国"卡脖子"的行为，必将迫使中国警醒起来，形成自主科技创新的举国共识，奋发图强，实现核心关键科技项目的突破。"小成靠朋友，大成靠对手。"西方对中国的经济封锁和技术封锁，已经不是第一次了。中国人民依靠自主创新，奋发拼搏，照样完成了"两弹一星"奇迹、"北斗导航"创举，取得了5G领先。美国的遏制和封锁，摧不垮勤劳、刻苦、智慧的中华民族，中国人民蕴藏的惊人的学习力、创造力、创新力将得到空前激发。历史已经证明并将继续证明，别人越是封锁，中国人民的自主创新就越快。美国对中国的"卡脖子"行为，只会给自己逼出一个无法战胜的强大对手，最终断送自己的科技领先地位。

由以上分析，回到本文的问题，笔者认为，**在经济关系上，中美固然相**

互需要，合则两利，但在很多根本和重大利益上，美国更需要中国，而不是相反。

我们当然也期望中美能够形成竞争合作而不是对抗的关系，但这不是我们一方的愿望能决定的。如果拜登新政府不改变经贸摩擦、科技摩擦的政策，继续对中国采取遏制与围堵的战略，中国也无须惧怕，我们可以更有底气，应对得更加自信、从容。

"兵无常势，水无常形。"优势劣势从来都是相对的，也是不断相互转化的。在中美博弈这盘历史大棋局中，历史的天平已经向中国倾斜。

星图金融研究院　2021 年 1 月 21 日

中美经贸竞争，攻守已经易势

自2018年3月美国单方面发起对华经贸摩擦开始，美国在贸易、科技、政治、军事等领域加紧对华施压。中美之间经过3年来的贸易纷争，有争吵，有过招，也有激烈对抗，结果却是美国不但没捞到好处，反而越打越依赖中国。

最近，美方一面忙着与盟友和G7拉关系，建立对抗中国的小圈子，一面频频与中国进行经贸领域高层次沟通，讨论重启双方经贸合作。

在笔者看来，当前美国经济遇到了麻烦，美国有点儿"坐不住了"。

眼下美国国内经济状况已显示出通胀持续高涨、债务不可持续、金融风险加剧、供应链受阻等危机信号，而中国在取得新冠肺炎疫情防控战略胜利的条件下，经济快速从新冠肺炎疫情冲击下反弹，继续保持全球最大制造产能，成为稳定全球供应链和支撑世界经济复苏的最可靠力量。

世界经济格局正在深刻逆转，2020年新冠肺炎疫情的世界大考加速了这场深刻变局。中美博弈的大局日益明朗，美方在经济复苏、贸易、金融等方面更有求于中国。中美经贸竞争，攻守已经易势。

经贸摩擦的尴尬：越来越依赖中国

现在回望美国3年来对华经贸摩擦的效果，美国不仅没有达到遏制中国的目的，也没有实现缩减对华贸易逆差、促进制造业回流的初衷。讽刺的是，美国政客不遗余力地叫嚣和推动"与中国脱钩"，最终却无奈地发现：对中国是越来越依赖。离开中国制造和中国市场，美国经济基本玩不转。

2018年3月22日，特朗普政府以回应"中国不公平贸易做法"为由，提议对中国进口商品加征最高500亿~600亿美元的关税，并限制中国在美国的投资。2018年4月3日，白宫宣布对约1300种中国产品清单征收25%的关税。自此，中美贸易冲突不断升级。

截至中美第一阶段贸易协议签署，美国对中国出口美国的2500亿美元商品加征25%的关税；随后对另外1120亿美元商品加征15%的关税。同时威胁，如不能达成协议，剩余约1560亿美元商品也将加征15%的关税，2500亿美元商品的25%关税还可能增加到30%。

2020年1月15日，在中美签订第一阶段贸易协议的情况下，特朗普政府将1120亿美元商品的15%关税降为7.5%，中美经贸摩擦暂时休战。

中美经贸摩擦持续3年，对中国整体出口并未造成严重影响。中国对美国出口除2019年有所下降外，其余两年都保持了稳定增长。2018年中国对美国出口4784亿美元，比2017年增长11.3%；2019年对美国出口4185亿美元，比2018年下降12.5%；2020年对美国出口4526亿元，比2019年增长8.1%。

在对中国出口大幅加征关税的情况下，美国对中国贸易逆差不降反增。2020年中国对美国贸易顺差扩大，达到3169亿美元，上升7.1%；比经贸摩擦之前的2017年增加了14.9%。中国重回美国第一大贸易伙伴地位。

美国的对华经贸摩擦，也没能遏制中国整体出口的增长。中国不仅对美出口实现增长，对世界出口也稳步增长。2020年中国外贸规模再创历史新高，中国全年出口17.93万亿元，增长4%，成为新冠肺炎疫情之下全球唯一实现货物贸易正增长的主要经济体；贸易顺差3.7万亿元，增加27.4%。以美元计算的外贸顺差达5350.3亿美元，是1950年以来第二高纪录。与此同时，中国出口占全球份额再创新高，出口市场更加多元化，东盟、欧洲超越美国成为中国第一、第二大贸易伙伴。

进入2021年，随着美国新冠肺炎疫情控制逐步好转，美国消费快速反弹，经济复苏加快，中国对美国出口势头更加迅猛。据海关总署数据，2021年1—5月中国对美国出口累计同比增长为49.8%，美国对中国进口的需求有增无减，原因是美国自身产能、供应链瓶颈和本土劳动力供给不足。

特朗普及其支持者所梦想的"制造业回流美国"也没有发生。上海美国商会2020年9月公布的调查显示，在340多个受访成员企业中，约92%的受访者表示将继续在中国经营。在中国拥有或外包制造业务的200多家受访企业中，有70.6%表示不会将生产环节迁出中国。

相反，美国企业对华投资热情持续上升。《中国商业环境调查》显示，大约七成的美国企业对中国未来5年的市场有绝对的信心。中国商务部统计数据显示，2020年1—7月，美国在华新设企业达860家，是外商在华新设企业最多的国家。据英国分析公司Mergermarket的统计，从2020年1月到10月美国公司在华并购投资增长69%，达113.5亿美元。

外国投资者更加看好中国，全球资金加速流入中国。2020年中国吸引外国直接投资增长4%，达到1630亿美元，首次超越美国，成为全球最大外资流入国，吸收外资占全球比重提升至19%。

美中贸易全国委员会在其2020年出台的《美中经济关系》研究报告中警告称：如果两国经贸摩擦持续升级，或者美国寻求与中国显著"脱钩"，会进一步冲击美国企业供应链和生产率，并对美国经济增长和竞争力造成长期损害。

高关税：搬起石头砸了自己的脚

对中国商品施加高关税，是美国的一个筹码。特朗普一再吹嘘，加征关税能够轻松使中国付出数百亿美元的成本。这实在是自欺欺人。实际情况是，美国的高关税并未影响中国几何，反而使美国企业和消费者"很受伤"。

根据评级公司穆迪2021年5月发布的一份投资者服务报告，在中美贸易摩擦中，美对华加征的关税成本大多由美国企业承担，美国进口商承担了对中国商品加征关税当中超90%的成本。换言之，这些受影响的进口商对同一件中国商品需要比以前多付出18.5%的价格，中国出口商则少拿了1.5%。如果关税不取消，美国零售商的压力可能会攀升，增加的成本将转嫁到消费者身上。

穆迪报告还指出，中国对美国商品加征的关税让美国的出口商也蒙受损失，原因是被中国加征关税的美国商品，中国在其他地方也可以进口，这让美国的出口商不得不承担部分关税成本。

在美国对华进口需求难以替代的情况下，高关税不太容易伤害到中国出口，却显著加重了美国企业和消费者负担，增加了美国自身的成本，实在是一出现实版的"搬起石头砸了自己的脚"。

作为全球最大商品进口国，进口关税会对美国国内价格水平产生一定影响。在对华经贸摩擦之前，较低的关税水平成为维系美国长期低通胀的因素之一。在全球产业链受阻、中国生产一枝独秀的情况下，美国对中国产品的需求多为刚需。例如，中国取消对钢铁产品出口退税后，中国输美国钢铁价格随即大幅上涨。美国提高对华商品关税，增加的成本大部分不得不由美国进口商承担。

钢铁产品的大幅上涨推动了2021年4月生产者价格的大涨，使美国企业不堪重负。而汽油、食品、汽车、住房和电脑等消费品价格上涨大幅推高了消费者物价指数，中下层民众生活受到明显影响。

据美国彼得森国际经济研究所的数据，美国目前对从中国进口的商品平均征收19.3%的关税，而对世界其他地区进口的商品平均征收3%的关税。随着美国新冠肺炎疫情趋稳，民众对消费品和其他产品需求强劲，导致美国从木材到计算机芯片都出现严重短缺。美国劳工部的报告显示，2021年4月美国进口价格连续第六个月上涨，同比涨幅达到10.6%，为过去10年最高水平。

对通胀的担忧，使得美国企业和政客开始无法淡定。两党议员和企业纷纷呼吁减免进口关税。2021年4月近40名美国参议员组成的跨党派团体要求美国贸易代表戴琪启动一项程序，以推动美国企业从特朗普对中国商品征收的关税中获得豁免。近期，白宫经济官员也表示正在综合权衡是否应该降低进口关税来应对通胀上升。

挥舞关税大棒对中国已经不灵了，反而令美国自食其果。对于加征关税，中国可以泰然处之，而美国自己恐怕先撑不住了。

奉陪到底！中国的底气何来？

2018年经贸摩擦烽火初起之时，面对美方无理霸蛮和咄咄逼人的贸易挑衅，中方给予针锋相对的强力回击。《人民日报》连续发文表示：中方坚决反制任何挑衅，有足够能力奉陪到底。

也是在3年前，经济学家林毅夫先生曾预言：如果美国要和中国脱钩，结果将是美国自我孤立、与世界脱钩，中国和全世界其他国家将形成一个共同体系，继续维持经贸往来与技术合作。

彼时中方的强力回应，林毅夫先生的预言，今天都得到了应验。

美国挑起的经贸摩擦之所以无法撼动中国经济，原因就在于中国有强大、雄厚的产业支撑，中国经济有广阔的纵深，有国内、国际市场庞大的回旋空间，而美国自身经济结构注定无法摆脱对中国制造的依赖。

美国是消费型社会，自身除少部分高利润的高科技产品的产能外，一般消费性工业产品大部分依赖进口。而中国制造无所不包，拥有全球最完整、规模最大的工业体系，中国也是世界唯一拥有联合国产业分类当中全部工业门类的国家，制造业产能相当于美国、德国、日本之和，提供了约占世界30%的工业品。

特别是中国抗击新冠肺炎疫情的成功，更加凸显了中国产业链的安全性和独具优势，中国成为全球经济复苏不可或缺的重要稳定力量。当下，尽管一些国家加快疫苗接种，新冠肺炎疫情大蔓延得到一定程度缓和。但全球疫苗接种不平衡，新冠肺炎疫情一波未平，一波又起，全球陷入供应链危机。曾被西方国家寄予厚望用以取代中国制造和围堵中国的印度，在变异病毒侵袭下濒临崩溃，工业生产停顿；东南亚国家新冠肺炎疫情告急，日本防疫重新进入紧急状态。

目前全球生产和经济活动可谓"冰火两重天"。在新冠肺炎疫情使多数国家制造业陷于瘫痪或半瘫痪的情形下，全球订单纷纷转移到中国。中国各港口运输繁忙，一线航线价格上涨近10倍仍然"一箱难求"。中国制造成为新冠肺炎疫情下全球供应链屈指可数的可以指望的依靠。

新冠肺炎疫情的世界大考，成为加快世界经济格局重塑的分水岭。中国制造、中国产业链和中国市场在全球的地位进一步巩固和提升。美国要实现经济稳定和复苏，从供应端或市场端都离不开中国，这都增加了中国在中美经济博弈中的筹码。

反观美国，经济表面上复苏加快，但实际外强中干。长期存在的实体产业的空心化、虚拟经济泡沫化、社会分配两极化等结构性矛盾逐渐侵蚀美国经济肌体的健康。而随着2020年以来美国货币超宽松和财政强刺激措施密集推出，美国经济"虚火上升"，如今各种病灶一同发作，美国经济已陷入四面楚歌，走在危机的边缘。具体来说：

财政赤字和债务大爆炸。2020年美国国债总量增加4.55万亿美元，约为2019年的3倍，目前美国国债总额已突破28万亿美元，超过美国GDP的30%。而拜登政府大手笔的经济救助计划、家庭与就业计划、基建计划、竞争与创新计划，还在等米下锅。

疯狂印钞逼近极限。美联储资产负债表突破8万亿美元，比2020年初几乎翻番，比2008年金融危机爆发前的1万亿美元左右增长了7倍。美债收益率飙升，美债扩张和无限印钞面临天花板。

29年未见之高通货膨胀急火攻心。2021年5月美国消费者价格跃升至5%，为2008年8月以来的最大年度涨幅；核心消费者物价指数同比上升3.8%，为1992年以来最大年度涨幅。专家警告，美国即将到来的通胀可能直逼20世纪70年代。

股市泡沫风险史无前例。美国股市总市值与GDP之比突破200%，不仅美国历史上前所未有，在世界上也是绝无仅有，股市高估极度夸张。股市风声鹤唳，一遇风吹草动，随时面临类似2020年史诗级4次"大熔断"的崩盘危机。

美国要解决经济上的这些病症和危机，都离不开与中国的合作。中美经济博弈，中方已经掌握主动。

美国该放弃对抗思维了

拜登上台后，美国政府几乎推倒了特朗普时期的全部内政外交政策，唯独对华强硬的路线没有改变，有些方面甚至变本加厉，尽管表面上的操作稍微比特朗普时期显得规矩和理性一点。

拜登政府将中国定位为"最大竞争对手"。拜登声称中美之间将是"激烈竞争"的关系，这为中美关系定了基调。负责美国外交事务的布林肯则把中美关系表述得更加具体，"竞争、对抗、合作"。

竞争，如果是竞技场上的公平、良性竞争，中国人民从来不怕。中国的崛起，全靠自己勤劳的双手和聪明的才智，艰苦奋斗而得来，从来没有像某些自诩的"文明人"那样，靠海盗、殖民、屠戮、战争等行径掠夺别国。我们反对打着"竞争"的旗号，使绊子、出阴招、没底线的恶性竞争。

像特朗普那样不惜动用国家紧急状态法，倾举国之力，打压华为等我国高科技企业，把断供和技术封锁用到极限，这种卑劣的手段彻底扯下了美国自我标榜的"自由贸易、公平竞争"的假面。拜登政府不仅没有取消这些霸凌的贸易限制，更毫无底线地炮制新疆"种族灭绝""强迫劳动"等世纪谎言对中国进行打压、围堵，重新掀起"新冠病毒溯源"的政治操弄并纠集其他一些国家围攻中国。这哪里是"竞争"？是赤裸裸的下三滥手段。

就在美方与中方通话不久，拜登签署了一项行政令，将59家中国公司列入投资"黑名单"，禁令范围比特朗普时期有所扩大。

美方的这些行动表明，拜登政府对华贸易政策的主基调仍然是对抗与遏制，暴露出美国依然以世界领导者的傲慢姿态和例外主义本性与中国打交道。

美国视中国为最大竞争对手和威胁，这已经成为美国精英集团为数不多的共识。美国与生俱来的霸权、冷战、零和思维，深入骨髓的好胜、傲慢基因，决定了他们没有共赢的概念，中国的发展就构成了对他们霸权的挑战。为了维护自己的霸权，美国会不择手段全力对付中国。这不是特朗普或拜登个人的意志，他们代表的是美国精英集团，还有身后长期怀着种族优越感和傲慢心态的普通民众。

普京总统说过一段话："一个国家一旦变得更强大，它的对手就会立即找到试图限制其发展的理由。无论我们做什么，无论我们多么努力满足那些试图遏制我们的人的胃口，威慑仍然会继续下去。因为我们的许多对手，根本不需要像俄罗斯这样的国家。"这段话对我们认识某些国家的本性,给了一个极为贴切的警示;对一些仍然对美国抱有幻想的人,也是一针最好的清醒剂。

结语

过去3年中美在经贸领域的交锋,中国对美国对华的战略转向已经有了深刻的认识。面对美国单方面掀起的各种惊涛骇浪,中国冷静从容应对,经受住了考验,发展的势头越来越稳健。在这个过程中,中国人民对自己的发展道路更加自信,也找到了新阶段正确的发展方向。

无论外部世界如何风云变幻,对于中国来说,保持战略定力,按照自己的方向和道路坚定前行,构建"双循环"新发展格局,咬紧牙关实现科技自主与创新驱动,秉持人类命运共同体理念,扩大国际合作的朋友圈,中国就能无惧外部各种风浪,无惧任何威胁和挑战。

中美激烈竞争还会长期持续。中国期望与美国能够有更多合作,如果美方还有愿望与中国合作,必须放下单边主义、霸权主义姿态,与中方相向而行,合理照顾彼此关切,不能单方面提条件、拉清单。

如果还是要对抗,面对强加于中国人民头上的挑衅与打压,中国也将无惧面对。中国已经积累了足够的实力,能够坚决捍卫自己的核心利益和发展权利。

星图金融研究院　2021年6月22日

贸易战还打吗？美国自己先撑不住了

特朗普给拜登留下的一项政治遗产，就是与中国的经贸摩擦。美国的总统们，基本上是一届对着一届干。拜登总统上台后，第一天就签了19项总统令，一股脑把特朗普的大部分施政措施都废除了，独独对中国的强硬政策，他一个不落地全继承了。

对华强硬的贸易政策，如征收高关税，在拜登政府看来，是手里与中国讨价还价的一个筹码，哪里肯轻易放弃。另外，在两党难得一致且形成了全政府、全社会对华强硬的政治氛围下，对华哪怕有一点儿放松的举动，都会遭到强大的来自反对党的批评和政治压力，还会危及自己的选票。因此，就算硬着头皮，对华经贸摩擦这张遏制中国的政治正确牌，拜登政府是拉不下脸由自己取消的。

但形势比人强，就算他们想打，恐怕也是有心无力，他们自己已经撑不住了。

《华尔街日报》2021年8月6日报道，美国30多个商业团体联名呼吁拜登重启对华贸易谈判。他们代表着美国零售商、芯片生产商、农场主和其他企业群体等最有影响力的商业团体发声，呼吁拜登政府重启与中国的谈判，并削减进口关税，称这些关税会拖累美国经济。

这些商业团体致信美国贸易代表戴琪和财政部长耶伦，称中国政府之前已经达到和兑现了协议中的"重要标准和承诺"，包括向美国金融机构开放以及减少美国对华农产品出口的一些监管壁垒。

该信函表示："以劳工为中心的贸易议程应该考虑到美国对中国加征关税让美国人付出的代价，应取消有损美国利益的关税。"

从这些商业团体的集体表态看，大部分美国企业对拜登政府迟迟没有拿出取消对中国高关税的贸易和经济政策越来越失望。

看得出，美国企业界坐不住了，开始为美国政府取消经贸摩擦找台阶了。

此前，美国财政部长耶伦也开始放风说，美国对中国的关税政策，损害了美国消费者和美国经济。

她在接受《纽约时报》采访时，谈及特朗普政府对3600亿美元中国进口商品征收的关税时说："对中国征收关税的方式，并没有考虑到哪里存在问题以及美国的利益是什么。"

她明确地说："关税是对消费者征税。在我看来，在某些情况下，我们的所作所为伤害了美国消费者，而上届政府达成的贸易协议在许多方面并没有真正解决我们与中国的根本问题。"她表示，这些关税并无助于美国经济。

复盘中美经贸摩擦，特朗普对中国进口商品加征高关税，是妥妥地"搬起石头砸了自己的脚"。

特朗普曾经一再扬言，加征关税能够轻松使中国付出数百亿美元的成本，这实在是自欺欺人。实际情况是，美国的高关税并未影响中国几何，反而使美国企业和消费者"很受伤"。

根据评级公司穆迪2022年5月发布的一份投资者服务报告，**在美中经贸摩擦中，美对华加征的关税成本大多由美国企业承担，美国进口商承受了对中国商品加征关税当中的超90%的成本。**

换言之，这些受影响的进口商对同一件中国商品需要比此前多付出18.5%的价格，中国出口商则少拿了1.5%。如果关税不取消，美国零售商们的压力可能会攀升，增加的成本将转嫁到消费者身上。

穆迪报告还指出，中国对美商品加征的关税让美国的出口商也蒙受损失，原因是被中国加征关税的美国商品，中国在其他地方也可以进口，这让美国的出口商不得不承担部分关税成本。

美国自己挑起经贸摩擦，结果却令自身遭到反噬。**为什么会出现这种让美国政策制定者始料未及的结果呢？那是因为，美国对中国的进口基本上不可替代！**它原本意图可以向别国进口，但要么价格更加昂贵，要么品质满足不了需求，要么压根儿就找不到别的供应渠道。

特别是在全球新冠肺炎疫情反复、产业链受阻、全球产能恢复滞后的形势下，中国生产、中国制造保持一枝独秀。中国出口是满足全球供给和保证经济复苏的屈指可数的可依靠的"香饽饽"。

据美国彼得森国际经济研究所的数据，**美国目前对从中国进口的商品平均征收19.3%的关税，而对世界其他地区进口的商品平均征收3%的关税。**

美国对中国的高关税伤害不了中国几何，却显著加重了美国企业和消费者负担，增加了美国自身的成本，推高了美国进口商品价格，加剧了通货膨胀的压力。

从消费价格指数到生产者价格指数，美国各类商品价格连月来一路上扬，已经到了30年来未见的高通胀水平，美国的企业、消费者已经深感不堪重负。

对通胀的担忧，使得美国企业和政客开始无法淡定。两党议员和企业纷纷呼吁减免进口关税。早在2021年4月，就有近40名美国参议员组成的跨党派团体要求美国贸易代表戴琪启动一项程序，以推动美国企业从特朗普时期对中国商品征收的关税中获得豁免。

显然，挥舞关税大棒对中国已经不灵了，中国可以泰然处之，反而是美国自食其果。

回望美国3年来对华经贸摩擦的效果，美国不仅没有达到遏制中国的目的，也没有实现缩减对华贸易逆差、促进制造业回流的初衷。令美国政客尴尬的是，他们不遗余力地叫嚣和推动与中国"脱钩"，最终却无奈地发现，美国对中国是越来越依赖了。事实证明，离开中国制造和中国市场，美国经济基本玩不转。

在对中国出口大幅加征关税的情况下，美国对中国贸易逆差不降反增。2020年中国对美国贸易顺差扩大，达到3169亿美元，上升7.1%；比经贸摩擦之前的2017年增加了14.9%。**中国重回美国第一大贸易伙伴地位。**

进入2021年，随着美国新冠肺炎疫情控制逐步好转，美国消费快速反弹，经济复苏加快，美国对中国进口增长更加迅猛。据海关总署数据，2021年1—5月中国对美国出口累计同比增长49.8%，美国对中国进口的需求有增无减，根本原因是美国自身产能、供应链瓶颈和本土劳动力供给不足。

美国通过经贸摩擦妄图实现的"制造业回流美国"也没有发生。 上海美国商会2020年9月公布的调查显示，在340多个受访成员企业中，约92%的受访者表示将继续在中国经营。

同时，外国投资者更加看好中国，全球资金加速流入中国。2020年中国吸引外国直接投资增长4%，达到1630亿美元，首次超越美国，成为全球最大外资流入国，吸收外资占全球比重提升至19%。

实际上，任何"与中国脱钩"的幻想，注定是不切实际的黄粱一梦，最终只能是自己被世界所孤立。美中贸易全国委员会在其2020年发布的《美中经济关系》研究报告中警告称：**如果两国经贸摩擦持续升级，或者美国寻求与中国显著"脱钩"，会进一步冲击美国企业供应链和生产率，并对美国经济增长和竞争力造成长期损害。**

如今，美国通胀"高烧不退"，政府赤字连连，债台高筑，这时候他们开始感觉到"经贸摩擦"的疼痛了。

那么，对中国来说，我们大可以"让子弹再飞一会儿"。高关税，能奈我何？你愿意取消就取消，你不取消，我们就奉陪到底。

但若美国还想摆出架势，软饭硬吃，妄图拿取消关税当筹码，幻想让中国在贸易谈判和其他利益上做出让步，那还是省省吧！中国不急。

昆仑策研究院　2021年8月9日

制造业回流美国,"从良"没那么容易

"制造业回流美国",是美国政客长期挂在嘴边的一个口号。不只特朗普高举这面大旗,远在2008年奥巴马竞选时,喊的口号也是"买美国制造,投奥巴马",在其执政时期还提出了"美国再工业化"计划。

然而,制造业回流美国,终归是一场梦。或者说,那根本就是缘木求鱼;更或者说,那根本就是忽悠底层选民的一个口号而已。

因为,以金融资本和高科技为支柱的美国经济生态,已经不适宜制造业生存了。

美国早就不屑挣辛苦钱了

制造业是实体经济之本。从古典经济学来说,只有像制造业这样的经济活动,才创造真实价值。

美国还没崛起成为世界经济霸主时,曾经踏踏实实地在工业和制造业上下过苦功夫。众所周知,工业革命在英国发源,英国率先成为世界工厂。20世纪初,美国继续推动电气技术革命的第二波工业革命浪潮,各种工业发明领先于世界。在欧洲忙于一战时，美国躲在一边"闷声发大财"，迅速成为世界经济强国，一战后取代英国、德国等老牌资本主义强国，稳稳占据世界经济第一的宝座。

到二战结束的时候，美国的GDP几乎占全世界的1/3，按联合国1948年发布的《世界经济报告》统计，全球制造业产值美国几乎和"其他国家"两分天下。

美国延续其在科技创新方面的领先地位，20世纪60年代以来继续引领以计算机、互联网为标志的信息革命浪潮，进一步巩固了世界经济霸主的地位。

伴随美国经济在全球的崛起，从二战后的"布雷顿森林体系"开始，美国一手打造了美元在国际货币体系中的霸主地位，美元成为世界货币，从此，全球经济、贸易、投资建立在美元体系之上。

与此同时，以全球投资为特征的全球化潮流席卷世界。美国金融资本与工业资本携手走向世界，美国的制造业开始向劳动力成本更低的其他国家转移，并寻求更大的市场。美国的工业资本在世界获取了超额垄断利润，这进一步加剧了制造业的外流，也由此形成了美国工业的"空心化"。如今，美国制造业产值在GDP中的占比仅在11%上下。

随着制造业的外流，传统的美国工业地区如今已成为"铁锈带"。一个典型的例子是，随着三大汽车业巨头的相继迁离，美国曾经引以为傲的"世界汽车之都"底特律一度陷于破产境地。美国民众看到的是，外国进口的商品几乎占满了所有商场的货架，挤掉了他们曾经生产的货品。

有人会说，美国依然是世界制造业强国，并拿出美国在世界500强中制造业巨头数量和影响力作为证明。但如果你看美国这些制造业巨头的生产基地，其实遍布世界各地。它们与其说是美国的制造业，毋宁说是挂着美国标签的世界化工厂。

美国早已不靠传统制造业赚辛苦钱了，而是通过高科技和金融在全球的垄断地位赚取"聪明钱"。

美国是全球创新中心，特别是在原发型创新方面领先世界。自由的研究氛围，深厚的科研基础，使美国成为全球顶尖科技人才的集中地。这使得美国一直引领现代科技的潮流，美国的芯片技术、航天技术至今独步天下。美国凭借科技原发优势，占据世界科技创新的制高点，通过技术垄断，获取全球价值链最顶端的研发、设计收益，并锁定超额的利润。

而随着美元长期主导全球货币体系，美元的世界货币地位更使美国拥有了无敌的"嚣张特权"。"储备货币赋予一个国家不可思议的力量。凭借美元的世界储备货币地位，美国有权将所需要的美元交到美国人的手中。"（达利欧）利用美元特权，它可以在全世界剪羊毛，像吸血一样榨取他国财富，让美国中饱私囊。

自从拥有了美元这一利器，特别是美元与黄金脱钩之后，世界再也无法阻挡美国印钞的脚步。2008年美国金融危机以后，量化宽松成为美国解决危机的不二法门。在2020年应对新冠肺炎疫情危机中，美国更是把印钞的绝技运用到毫无底线的地步，短短几周内美联储发行的基础货币就超过3万多亿美元，相当于中国十几年积累的外汇储备，或英国全年的总产值。

美国一手发债、一手印钞的操作，保证了其从不用担心"缺钱"的问题。借助美元的特殊地位，美国实际上是在躺着挣钱。

美国金融业的影响力迅速膨胀，成为对美国经济贡献最大的第一产业，以华尔街为代表的金融资本逐步成为美国经济、政治的主导力量。他们可以通过金融的力量和资本的运作，轻松地在全世界赚"快钱、巧钱"。

随着美国经济的金融化，股市在美国经济中扮演着越来越举足轻重的角色，股市投资成为美国人创富的又一捷径。以2020年末美国股市估值来算，美国股市总市值已接近美国GDP的200%（全球股市市值与全球GDP之比约为100%）。而股市与美国实体经济的表现也越来越背离，美国经济日益脱实向虚。

美国经济以高科技和金融为支撑的特点，决定了美国无须以庞大制造业为基础，美国制造业外流也就是必然了。

美国通过高科技创新，获取产业链最高端的收益，而将低附加值的生产、制造等环节布局在劳动力成本更低、产业链配套更齐全的其他地区，对于资本来说这是绝佳选择。

而美元作为世界货币的属性，全球依赖美元作为对外贸易的计价与结算货币、投资货币和储备货币，决定了美元必须持续对外输出，才可保证世界其他国家能够持有美元。美元的持续输出，要求美国必须大量进口并长期保持贸易逆差。美国必须源源不断地输出美元，而世界必须源源不断地向美国输入商品，这是美元作为世界货币的前提。也就是说，美元作为世界货币的属性，与生俱来就带着排斥制造业的基因。

制造业成就了美国经济霸主地位，把美元推向了世界货币的"宝座"；而美元作为世界货币，却天然要求美国不能成为制造业大国。二者不可得兼，制造业终被美元反噬。笔者把这称为"美元的诅咒"，也是制造业回流美国无法逾越的内在矛盾。

产业链再造是个功夫活

2020年新冠肺炎疫情在中国暴发时，美国商务部前部长罗斯曾幸灾乐祸地说，"这有助于加速制造业向美国回流"。美国白宫贸易顾问纳瓦罗更是提出，美国政府可以为美国企业撤离中国的成本"买单"。

政客的话管不了企业的脚。2020年12月，中国外交部公布的一项调查数据显示，约82%的美企表示未来3年不会将生产迁出中国。对此，美国有线电视新闻网说得很实在：**搬迁并不是将各种设备打包装箱，运到太平洋另一头那么简单。相反，企业要为此付出高昂的转移生产的成本。**

跨国公司的产业链是经过长期生产经营的磨合与打造形成的，也是由市场潜力、产业配套能力、劳动力素质、基础设施成熟度等综合因素决定的。这不是搬走一两家工厂那么简单，而是要再造一套完整的产业生态。

不是没有企业尝试赴美投资设厂，比如富士康。在特朗普几番盛邀之下，2017年7月富士康宣布未来4年在美国投资100亿美元，生产10.5代液晶显示屏，项目将最高满足13000人就业。作为"制造业回归"的象征，这个项目被特朗普寄予厚望，甚至将该项投资赞誉为"世界第八大奇迹"，2018年工厂开始建设时他还亲自跑去为工厂奠基。然而3年过后，工厂所在地只有一座毛坯厂房。

首先，遇到的是产业链配套问题，由于美国特殊玻璃制造商康宁公司不乐意跟着在威斯康星建厂,也没有其他相关零部件的上游供应链产业集群在此设厂,原先计划的10.5代只能缩水为6代。其次,工厂还需面对征地谈判、环保组织反对、当地政府换届导致建厂协议与政府优惠政策取消等棘手难题。原本计划2020年开工的富士康威斯康星工厂至今仍然是一座孤零零的厂房。

更典型的例子是苹果。2012年苹果CEO库克宣布将在美国生产高配的Mac电脑,这将是首个由美国工人生产的苹果产品。当苹果公司开始在得克萨斯州奥斯汀生产这款售价3000美元的电脑时,没想到一颗小小的螺丝让苹果公司费尽周折。苹果公司在中国的供应链工厂能在短时间内生产大量定制螺丝,但在得克萨斯州与苹果合作的工厂一天最多能生产1000颗螺丝。最终,苹果公司不得不从中国订购大批螺丝。

这也正是从奥巴马到特朗普一再施压要求苹果公司将手机生产线迁回美国,但始终被苹果公司一口回绝的原因。

苹果表示,中国制造不可替代,如今苹果产品的大部分零部件都是在中国制造,中国拥有最完整的工业体系、足够丰富的劳动力以及足够达到苹果要求的制造水平,能让苹果在最短的时间内量产数量足够的iPhone产品。库克指出:"我们的产品需要最好的工具,再加上材料,它会成为艺术,中国的技能非常高,我不知道在美国能不能满足这个要求。"

别说美国,就连苹果手机尝试在中国之外的国家(如印度和越南)设立生产车间,在投产后也发现困难重重。富士康前高管表示,印度和越南与中国的差距是全方位的。

这也解释了特斯拉为什么一定要到中国设厂的原因。特斯拉原本在美国生产,但受困于供应链成本高昂,产能问题始终不能解决,还面临坏品率高、产品退订等诸多麻烦,经营长期亏损,濒临破产边缘。2020年以来美国新冠肺炎疫情蔓延,特斯拉在美国的多家工厂被迫停产。

2018年6月特斯拉宣布在上海建厂,2020年1月7日,特斯拉上海超级工厂项目建成投产,第一批国产版Model 3正式交付,Model Y项目也开始启动。中国供应链的完整和成熟是特斯拉特别看重的,比如其所在的临港新区聚集了一大批本地供应商,能够满足大部分配件需要,仅此一项就能节省大量成本。落地中国使亏损了十几年的特斯拉终于翻身，并一举把马斯克推上世界首富的宝座。

几十年的制造业外流，已导致美国重振制造业的产业链基础不复存在。要再造完整配套的产业链生态，岂是朝夕之功？

与此相关的还有基础设施老旧问题。一场暴风雪使美国得克萨斯州电力供应瘫痪，数百万人数日内在严寒、饥饿、缺水中饱受煎熬而叫苦不迭，暴露了美国电力设施的脆弱性。实际上，不只电力系统，美国的公路、铁路、机场、通信等基础设施也都已年久失修，状况堪忧。特朗普曾批评美国的基础设施好比"第三世界"，奥巴马政府在《交通基础设施投资经济分析报告》中指出，美国约有65%的主要道路亟待维护或重修，25%的桥梁无法满足交通需求。

劳工是个大问题

美国是服务业占主导的社会，美国服务业就业人员占比在83%左右。美国发展制造业所需的适宜的劳动力数量和素质均难以得到满足。

如今的工业制造体系，早已不是20世纪那种劳动力密集的手工作坊式工厂，而是高度自动化、专业化、信息化的生产线。要维持这样的高科技生产线的运转，需要大量掌握一定专业和操作技能的熟练工人以及工程技术人员。

对于苹果公司为什么拒绝将生产线从中国迁回美国，苹果CEO库克表示："生产苹果产品需要最先进的机器和许多懂技术会操作的工人。在美国，你和模具工程师开会时，不知道能不能坐满一个房间；但在中国，可以填满好多个足球场。"

苹果的中国供应链可以一次性提供至少25万名技术熟练的装配工人，这在美国绝无可能。富士康在美设厂就遭遇了招工难，不仅报名者寥寥，而能够通过必要技能考试的应聘者更是少得可怜。

美国的一般劳动阶级，更愿意选择技术要求和劳动强度不高的简单服务行业，如果要求他们学习操作技术，还需要一丝不苟地在复杂生产线旁机械地劳动，他们宁肯待在家里享受失业救济。

美国高等教育阶层热衷于商科和金融，最受大学生青睐的前十大本科专业，没有一个是STEM（科学、技术、工程和数学）相关学科。学STEM，那是留学生的事。加之美国本土的制造业规模较小，缺乏足够的就业机会来培养大量的工程师。

劳动力素质和数量还仅是问题的一小部分，更令美国制造企业伤脑筋的是强大的工会力量和难缠的劳资关系。

美国的工会体系，经过长期发展，已经不再是当年单纯为工人争取合法权益的组织了，而是已经成为一种特殊的利益组织，给企业带来了巨大的压力。工会制度加剧了劳资双方的矛盾，阻碍了美国制造业的发展。

而作为美国制造业重要代表的汽车工业，则不仅被阻碍了发展，更是险些被断送。美国汽车工人联合会（UAW）是美国最大的工会组织，通过组织大规模罢工和暴力冲突，与美国三大汽车工业巨头进行长期博弈，且每每占据上风。

最近的一次大罢工，是2019年9月16日由UAW组织的美国通用汽车工人大罢工，在美国的通用汽车33个工厂和22个仓库的约4.9万名工人参加。这次罢工导致通用汽车在美国的工厂全部瘫痪，造成36亿美元的巨额损失。最终通用汽车不得不妥协，为达成协议，通用汽车每年将增加1亿美元劳动力成本。

由于工会的保护，美国汽车工业体系里的工人，不仅享受着高时薪、高福利，还能获得可观的年度利润分成。数据显示，2006年美国三大汽车公司工人的平均年薪超过了14万美元，比同期美国大学教授的平均年薪（9.6万美元）还高出46%。

为保住会员的高工资、高福利和工作岗位，UAW不允许美国汽车公司为提高效率、降低成本而进行业务重组、引入新技术，想裁员就更难了。而且即使裁员，被裁员工享受的待遇也几乎没有什么变化，被裁工人可拿到95%的工资，福利不变且没有时间限制。

强大的工会力量导致美国汽车工业的高成本，最终使美国车企在激烈的市场竞争中败下阵来。2009年4月30日，克莱斯勒汽车宣告申请破产保护，最终被意大利的菲亚特汽车集团合并整合为菲亚特-克莱斯勒。2009年6月1

日，通用汽车公司申请破产保护并进行重整，由美国和加拿大两国政府接管。福特虽然没有申请破产保护，但也元气大伤，其在2008年2月通过提前退休裁员9000人，再加上2006年和2007年的裁员，福特总裁员人数达到了3.36万人，并为此付出了153亿美元的代价。

因此，马斯克直接把UAW指为"摧毁了曾经辉煌的美国汽车制造业的刽子手"。

UAW是美国工会组织的一个代表，美国汽车业遭遇的困境也是美国制造业现实窘境的一个缩影。美国有2万多个地方工会，如今，工会组织已经演变成一股极为强大的力量，成了为工人提供铁饭碗的强势组织。劳工关系成为美国投资制造业必须面对的棘手难题。

社会中下层的绝望

美国经济以高科技和金融业为支撑，习惯于赚"聪明钱"和"巧钱"，只能是极少数精英人士的游戏，与一般大众无缘。科技创新属于以硅谷为代表的科技精英，而金融是以华尔街为代表的金融资本精英的专利。美国的财富日益集中在极少数精英分子手中。

美国中产阶级和底层民众没有能力跻身科技和金融的殿堂，也就无法参与美国如火如荼的创富活动，无缘享受美国财富快速增长的成果。他们的收入增长有限，生活水平没有大的改观。他们成为被财富"抛下"的群体。

普林斯顿大学的经济学家安妮·凯斯（Anne Case）和安格斯·迪顿（Angus Deaton）研究指出，在过去30年里，在主要发达国家中，美国是唯一一个收入排名在后50%的就业群体实际收入出现下降的国家。美国的这一现象导致"绝望"情绪在白人劳工群体中蔓延，他们成为反全球化的拥趸。

即便是美国中上阶层（资产净值超过全美50%的人群，但低于最高10%的人群），也感受到了收入停滞带来的压力。他们的收入增长率开始落后于社会经济阶梯上其他较低阶层和较高阶层的收入增长率。

美国曾经标榜和津津乐道的"橄榄形"社会结构已经改变。这正是十几年前"占领华尔街"运动兴起的原因，也是美国民粹主义、反全球化思潮的社会基础。

"制造业回流美国"是个不可能的任务。它不过是政客们争取选民的口号而已。今天的美国，像极了一个吃青春饭的失足女子，眼看青春不再，原来的生计维持不下去了，才想起自力更生，却发现自己早已四体不勤，又身无别艺。一入风尘深似海，回头已是百年身。"从良"哪有那么容易？

星图金融研究院　2021 年 2 月 28 日

中国产能一枝独秀，应该站着把钱挣了

当大部分人将目光聚焦于中国拉闸限电，并对此可能造成的经济增长放缓感到忧虑时，很少有人注意这样一个事实：2021年1—8月全国规模以上工业企业利润同比增长49.5%，国有、股份制、外商投资及私营企业全部取得利润高增长，41个工业大类行业中，37个行业利润实现增长，1个行业扭亏为盈，1个行业持平。

盈利是企业经营的硬道理，也是经济运行的基本要求。效益和质量应该是观察中国经济本质与发展趋势最重要、最可靠的视角，也是新发展阶段和高质量发展的核心要义。

当前，全球新冠肺炎疫情持续蔓延，造成很多生产型国家停工停产、港口拥堵、国际物流成本上升，全球供应链遭受严重冲击。作为全球唯一成功遏制住新冠肺炎疫情传播的国家，中国保持了生产连续、经济有序运行，成为全球产业链的安全岛和供应链的稳定锚。

当全球需求订单不得不转向中国时，再次凸显了中国制造在全球产业链和供应链中不可替代的定海神针作用，中国作为世界工厂的地位更加牢固。

全球产能看中国

2021年尽管中国面临新冠肺炎疫情多地散发、部分地区遭受严重汛情等自然灾害的冲击，中国经济依然保持全球少有的较高增长速度，且效益大幅改善。这是中国实体经济具有强大韧性最有说服力的证明。

如果考察中国经济增长拉动力，出口依然是主要因素。2021年1—8月中国货物出口同比增长23.2%；与此同时，出口贸易结构持续优化，高技术含量的机电产品在出口中的占比达到58.8%，而劳动密集型产品的占比仅为18.2%。

在全球新冠肺炎疫情考验下，这更加凸显了中国制造在全球经济恢复和保证供应链稳定中不可替代的作用，中国世界工厂的地位更加巩固。

回望中美经贸摩擦之初，随着美国对中国出口商品加征高关税，一些企业将生产线迁往越南等东南亚国家，印度也被美国作为替代中国制造的国家而被寄予厚望。

如今德尔塔病毒肆虐，印度、越南等东南亚国家大面积停工停产，印度、越南经济陷入负增长。美国一些迁往越南的企业，现在正紧急安排回迁中国。实际早在2020年，一些在越南的企业就将生产线迁回了中国。

最近，福特汽车关闭了在印度的工厂。福特在印度辛苦经营10年后，终以亏损20亿美元折戟而归，而在2021年年初，通用汽车也退出了印度市场。

富士康在印度的手机生产线员工大面积染疫，产量锐减50%；2020年12月，苹果公司在印度的一个工厂发生了2000名员工暴力打砸抢烧事件，造成严重损失。

这些案例从不同侧面暴露出印度营商环境、劳动管理等方面的弊端。实际上，印度的社会结构（种姓制度）、土地制度、劳动力素质、基础设施水平（读者可以脑补印度的火车和铁路）都难以支撑制造业的发展，或者说印度从根本上仍缺乏制造业成长的土壤。这也昭示了美欧寄予厚望取代中国的"印度制造"终将是一场难圆的梦。

最近，上海美国商会与普华永道中国公布的一项联合调查显示，美国企业对中国业务状况的乐观态度已经恢复至经贸摩擦前的水平。哈佛大学管理学教授史兆威说:"如果你想要可靠的制造业,那么中国是最佳选择。"

中国世界工厂的地位无法撼动

实际上,即使没有新冠肺炎疫情的冲击,从产业规模与纵深、基础设施配套、技术水平、劳动力素质等各项条件综合比较,印度、越南等南亚、东南亚国家与中国也是不可同日而语的。他们或许能够在某些产品或产业链某些环节对中国制造产生局部替代,但难以撼动中国制造的整体地位。

国内一些研究者对中国制造业外流的忧虑和警告,大约有10年了。当时主要是由于中国劳动力成本上升,部分劳动密集型产业和低端制造业工厂向越南等国家转移。10年过去,这样的转移一直没有停止,但并没有动摇中国制造业的根本,也丝毫无损中国世界工厂的地位。

我们应该看到,随着中国制造业转型升级以及在产业链、价值链上不断向上攀升,这种低端制造业向外转移是必然的,也符合中国劳动人口下降和技术进步的趋势。

事实上,中国制造业的竞争优势,远远不是单纯由低成本劳动力决定的,而是包括政策制度、基础设施、技术进步、人才资源等一整套的适于制造业发展的整体社会环境。

中国工业门类齐全完整、产业规模大、基础设施完善、产业链配套齐全、人才资源丰富、劳动力素质高、科技创新水平迅速提高、各级政府能有效组织生产等,所有这些因素共同构成了中国制造无与伦比的综合竞争力。

中国全面的工业化是成为世界工厂的基础。 中国是全球唯一拥有联合国产业分类中全部工业门类的国家,涵盖41个工业大类、207个工业中类和666个工业小类,产品覆盖低端、中端、高端。

中国制造业连续11年位居世界第一,制造业产值占全球的30%,相当于美国、日本、德国的总和。在500种主要工业产品中,200种以上产品的产量位居世界第一。

中国制造业竞争力早已今非昔比。光伏、新能源汽车、家电、智能手机、消费级无人机等重点产业跻身世界前列；通信设备、工程机械、高铁等一大批高端品牌走向世界；拥有一批处于全球产业链中高端的跨国企业，世界500强上榜企业数量2020年首次超过美国；中小企业创新活跃，中国已成长出4万多家"专精特新"企业、4700多家"小巨人"企业、近600家制造业单项冠军企业。

从基础设施环境看，中国高铁运营里程达3.5万多公里，高速公路通车里程达15万公里，均在世界上首屈一指；电子商务、互联网经济突飞猛进，无处不在的移动支付、网络金融领先世界；人工智能、工业互联网、物联网、5G网络等新型基础设施建设在加快提速。

从人力资源看，中国拥有规模庞大、素质优良的劳动力资源与人才资本。有近9亿劳动人口，其中1.7亿受过高等教育和拥有专业技能，有9100多万科技工作者，享有全球最大的工程师红利，研发人员总量稳居世界第一。

中国制造拥有的这些绝无仅有的独特优势，决定了中国世界工厂的地位是不可替代的。

中国进入世界工厂2.0时代

对于中国制造，一些人总是有一种错觉，即认为中国制造"大而不强"。这种认识仍然是用老眼光看待中国制造，已经不能准确概括中国制造日新月异的本质特征。

笔者认为，中国制造"既大又强"，中国制造的竞争力是由快速进步的科技与创新实力支撑的（而且"大"本身也意味着强），中国已经进入世界工厂2.0时代。由早期的简单加工和组装升级为复杂制造、智慧创造和高技术产品生产，由劳动密集型转为技术密集型，在全球价值链分工中由中低端向中高端跃升。

中国制造的技术含量在不断提升。哈佛大学增长实验室2021年8月发布的一项研究发现，在2019年全球出口技术含量排名中，中国排名第16位，上升3位，美国排在第11位，过去10年中国与美国的差距缩减了一半多。

中国创新能力跻身全球第一梯队。世界知识产权组织最新发布的《2021

年全球创新指数报告》显示，中国创新能力排名第12位，超越日本，紧追德法，在中等收入国家中排名第一，中国连续9年排名持续提升。

我们观察这个排名，不能简单停留在名次上，因为排名前十的瑞士、瑞典、荷兰、芬兰、新加坡、丹麦等国，经济体量在世界经济中微不足道。

如果不考虑这些创新能力强的小型经济体，中国的创新能力实际上已经与美国、英国、韩国、德国、法国等创新强国比肩。

中国专利申请和授权数连续9年位居世界第一。据东京调研机构最近发布的分析，在6G专利申请数量方面，中国遥遥领先，占比超过40%。

中国的整体科技与创新实力与世界先进水平的差距正在迅速缩小：在一些尖端技术领域，如高温超导、纳米材料、超级计算机、航天技术、量子通信、5G技术、人工智能、生命科学等，中国已经居于世界前沿水平。

"嫦娥五号"登月、"天问一号"火星探测、"奋斗者"号万米海沟探底、"北斗三号"卫星导航、特高压输变电、C919大型客机试飞、歼–20"中国心"替代，这些领先世界的重大科技突破，是中国自主科技创新的最新例证。

时移世易，中国科技实力正在发生一系列颠覆性变化，刷新着全世界的认知：中国研发支出全球排名第二，全球创新指数从落伍者转变为领导者；人才方面，拥有全球最庞大的高端理工人才库，已是知识资本的重要创造者；技术转让方面，中国从单纯的学习者和技术接收者，转变为技术转让的来源和跨境技术标准的塑造者。这些变化表明，**中国已经由全球科技的边缘角色转变为具有重要影响力的国家。**

一个更突出的变化是，一批世界顶尖科技人才开始流向中国。华为已经打造引进海外顶尖人才的内部环境与机制，大批外籍优秀科学家为华为的创新研究效力。

2021年9月初，日本世界级科学家、"光催化"领域权威人物藤岛昭带领研究团队集体加盟上海理工大学，被日本媒体惊呼为科学家"组团出走"中国的标志性事件。越来越多的世界科技精英加盟中国企业和大学，成为"全球人才大转移"的一股新潮流。

在大国竞争的外部压力逼迫下，中国科技创新和产业升级有着空前强劲的需求和动力。

中国正在实施创新驱动发展、人才强国战略，发愤图强向着科技自立自强的目标奋进，国家的政策优势与中国无与伦比的人力资本优势结合起来，中国在创新领域正在迎来资金、技术、人才的大爆发，有望成为全球新的人才高地与创新高地。

中国制造是时候在国际竞争中挺直腰板

中国进入世界工厂2.0时代，这样的判断不仅在于增强我们对中国制造业的信心，更重要的是为宏观管理的政策调整提供参考依据。

随着科技进步和劳动生产率的提升、中国制造业竞争力的不断增强，中国制造应该走出以低价为主要手段的内卷式的竞争模式，而可以有底气地向世界要求更高的技术溢价了。这意味着中国制造、中国劳动价值的整体重估。

长期以来，中国作为世界工厂，拥有举世无双的产能，这本应该是我们的优势，但在国际市场上，却不掌握定价权、话语权，陷于"买什么什么贵，卖什么什么便宜"的窘境，中国制造只能获取低廉的附加值，沦为世界的长工。

造成这种局面的原因是一些行业集中度较低，国内有大量同质和技术水平相当的企业，它们在参与国际市场竞争中往往局限于自身利益，不能抱团，而陷于内部竞争，这让中国企业在与国际卖家或买家的谈判中处于被动地位。

随着中国制造业竞争力的不断提升，特别是中国产能在全球一枝独秀的当下，这样的局面必须扭转，也有条件扭转了。

当作为市场主体的企业个体囿于自身条件，不能把握和左右国际竞争的大势时，国家或行业管理协会等部门的宏观管理作用就应该走向前台，代表国家意志，发挥调控和指导功能，审时度势，运用多种宏观管理政策，调节国内产能输出的规模与节奏，以影响国际市场供求形势，使中国整体利益变被动为主动。

举个例子，中国钢铁产能占世界57%左右，上游长期依赖国外铁矿石供应，却不能掌握铁矿石定价权。2020年以来国际铁矿石价格一路飙升，中国钢企只能被动接受。

但在2021年5月和8月，中国两次调整钢铁产品进出口关税，取消大部分钢铁产品出口退税，同时提高铬铁、高纯生铁的出口关税。

随着中国钢铁进出口政策的调整，国际铁矿石价格应声急挫，铁矿石价格从高位下降了50%左右，而国际钢铁价格也随之上涨，中国钢铁企业从原材料进口和产品出口两头获益。这是中国运用产能优势，掌控国际市场定价权、话语权的一招妙棋。

在全球产业链受限、世界需求转向中国的情况下，类似的进出口关税政策手段可以在更多产品领域推广开来，这样可以把中国一枝独秀的产能优势真正运用好，通过合理管控产能释放水平，争夺国际市场的话语权，使中国的产能优势更多转化为效益优势。

比如稀土的生产和出口，中国处于世界垄断地位，应该灵活运用提高出口关税或调整出口配额等国际通行做法，影响稀土出口价格，真正使中国稀土体现"稀"的价值，而不再继续卖出"土"的价格。

在美国及西方推行无限量化宽松并导致全球通胀大爆发的形势下，中国应当更加灵活、务实地调整对外贸易政策，以提质增效作为进出口指导方针，不宜追求出口规模的增长，而更应该注重出口效益的提升。

面对全球原材料、燃煤、国际运费价格的猛涨，适度控制部分行业的产能，优先满足国内需要，减少低端产品出口，可以有效平抑原材料进口价格，提升企业出口价格和效益。

人民币汇率适度升值也有利于应对当前国际原材料和大宗商品价格猛涨的形势，并能够提高中国企业的出口收益。

2020年7月以来人民币持续升值，相当于中国出口商品的整体提价，在促进企业出口效益提升的同时，有效阻击了输出性通胀。研究表明，2020年下半年至2021年4月，人民币大幅升值压低了生产者价格指数约2.4个百分点。

很多人担心人民币升值影响中国出口，在2020年11月人民币大幅升值时这样的观点尤其盛行。但看看2021年中国出口的强劲增长势头，这样的观点在现实面前显得如此苍白，他们大大低估了中国制造业的竞争力和中国企业的应变能力。

2021年以来，中国企业的效益和出口大幅增长，背后的逻辑就是，中国制造业的竞争力建立在技术进步的基础上，已经走出靠价格竞争的低水平层次，中国制造业有理由获得更高的技术溢价。中国企业在国际市场竞争中，可以堂堂正正做市场的主导，站着把钱挣了，而不必继续充当赚取微薄劳动力价值的世界长工了。

观察者网　2021 年 10 月 10 日

中国经济：稳的压舱石与进的发动机

2022年以来，全球新冠肺炎疫情仍在蔓延，国内疫情多点频发、局部暴发，全球通胀高位运行，俄乌冲突、大国博弈加剧世界局势动荡，世界经济增长预期下调。同时，我国经济需求收缩、供给冲击、预期转弱的三重压力上升。面对错综复杂的形势和不确定的外部环境，国内不少人对2022年我国经济增长持悲观看法，外媒更是对我国2022年增速目标表示怀疑。

2022年我国经济确实面临诸多困难，但中高速增长的潜力没有消失，拥有长期持续发展积累的雄厚综合实力，连续多年稳居全球第一制造业大国和货物贸易、外汇储备、外资流入第一大国，为应对"三重压力"奠定了坚实的基础。

习近平总书记在2022年两会期间，做出中国有"五个战略性有利条件"的重要论断：有中国共产党的坚强领导、有中国特色社会主义制度的显著优势、有持续快速发展积累的坚实基础、有长期稳定的社会环境、有自信自强的精神力量。"五个战略性有利条件"关乎全局和长远，是我们看待中国经济应有的全局眼光和出发点。

中国的发展从来不是在风平浪静、轻轻松松的环境中实现的。中国经济一路走来，从来都是在艰难险阻中爬坡过坎，在危机四伏中披荆斩棘，在逆风逆水中开顶风船，逢山开路，遇水搭桥，化危为机，迎难而上。经过数十年持续快速发展，中国经济已不是弱不禁风的小船，而是大江大海中经得起狂风恶浪的巨轮。中国超大规模的市场、产业体系的广度与深度、在世界生产与贸易体系中的地位、科技创新能力的显著提升、经济结构转型与增长动能的转换，使中国具备突破"三重压力"的强大潜能。这是我国经济能够保持稳定的压舱石，无惧国际环境的"乱云飞渡"。

全面、准确、科学地审视内外部环境，深刻把握中国特有优势，应对"三重压力"，中国经济仍有足够的动力，实现稳中求进，保持中高速增长。

扩大内需是根本

从需求收缩看，2021年下半年以来，国内消费需求和投资需求增速同时呈现下降趋势，部分是由于2020年前低后高的基数因素，部分是由于新冠肺炎疫情、灾情对旅游、餐饮、娱乐、航空等服务业和其他消费的冲击；还有部分原因是我国主动加大结构调整力度，对部分行业进行必要整顿和市场监管。这些因素总体上具有阶段性、暂时性，并没有改变中国经济长期向好的基本面。

中国已经确立"双循环"新发展格局，坚定实施扩大内需战略，着力畅通国内大循环。围绕国家重大战略和"十四五"规划，政策靠前发力，适度超前布局基础设施，一批重大规划项目加快实施，将显著拉动有效投资需求。同时，产业升级、数字经济、智能制造、绿色经济、乡村振兴、"双碳"战略与新能源革命，也带来新的投资需求，既为长期可持续发展打下坚实基础，又有利于当前弥补需求收缩短板。

还要看到，中国经济增长的动能正在实现快速转换。中国经济应抓住新一轮科技革命的机遇，实现弯道超车，新一代通信、人工智能、工业互联网、智能制造、新能源等一批新技术、新产业、新业态为经济增长增添新动能。

宏观政策方面，国家可用财力显著增强，有足够能力支撑更加精准的积极财政政策，大力实施减税降费，直达基层，为小微企业纾困解难；加大转移支付力度，强化就业优先导向，精准提供基本公共服务，有利于扩大就业，消除群众后顾之忧，提高居民可支配收入和消费能力，有效激活国内消费需求。

外部需求仍强劲

所谓需求收缩，还有一部分原因是，很多人判断随着世界新冠肺炎疫情逐步稳定，各国生产恢复正常，2021年中国出口赖以高速增长的订单会转移到其他国家，因而出口需求会减弱。

但实际上，2022年初以来奥密克戎病毒的加速传播使世界新冠肺炎疫情形势更趋复杂，新兴市场国家的生产恢复并非易事。比如2022年3月14日，越南单日新增病例破16万，工业生产陷于瘫痪。同时，俄乌冲突发生后，全球产业链面临冲击及部分断裂，加剧了全球生产恢复的难度。中国虽然出现新冠肺炎疫情多地散发、频发和局部暴发的现象，但对比全世界情况仍是疫情控制最好的。中国拥有全世界最齐全最完整的产业链，同时统筹新冠肺炎疫情防控和经济社会发展，仍然是全世界供应链最稳定、可靠和不可替代的支撑。

此外，俄乌冲突加剧了美欧与俄罗斯的战略对抗，国际形势风云变幻对我国既有不利的一面，也有有利的一面：全球产业链更加需要中国这个稳定因素。由于美欧对俄制裁，美欧与俄罗斯的贸易遭遇断崖式冲击。在这种形势下，中俄、中欧以及RCEP（区域全面经济伙伴关系协定）内部的贸易规模都将扩大。中国继续深化高水平全方位对外开放，能够充分利用国际大循环，中国作为世界130多个国家的最大贸易伙伴，加上中国制造业和产业集群的优势，仍将是世界需求绕不开的供应来源。

2022年以来，中国出口在2021年高速增长的基础上继续保持强劲势头，同时欧洲超越东盟成为中国第一大贸易伙伴，中俄贸易在2021年历史新高基础上增速达到38.5%，就是明显的例证，表明世界对中国的需求将持续有增无减。可以预期，2022年外部需求依然强劲，中国出口仍将保持较高增速。

科技断供不足惧

从供给冲击看,主要来自美国对我国高科技产品和技术实施的单方面断供,导致我国高端芯片和某些关键技术的供应受阻。2021年以来美国拉拢欧洲及日、韩,投下520亿美元巨额补贴,试图构建将我国排除在外的半导体产业链。受此影响,我国部分高科技企业的供应链面临一定威胁,但影响是局部性的。

中国具备世界最齐全的工业门类和完备的产业链体系,在大多数产品和重要技术领域已经实现独立自主,足够保证制造业供应链基本安全。中国坚持科技自立自强,加速实施创新驱动发展、人才强国战略,强化国家战略科技力量,加强基础研究,提升企业创新主体地位,深化产学研合作,加快关键核心技术攻关,美国能够对我国"卡脖子"的领域正在不断取得重大突破。比如芯片领域,我国不仅具备高端芯片的设计能力,大部分工业领域(如汽车、5G基站、多数中高端手机)以及航天等尖端领域所需的芯片已经能够实现自主生产。

更重要的是中国科技创新能力快速提升,在全球创新指数排名保持第12位,超越日本,除去排名前十中若干体量不大的经济体,中国的创新能力接近与美、英、韩、德、法等创新强国比肩。在人工智能、大数据、5G、航天技术、量子计算、数字经济、绿色能源、工业互联网等一些科技前沿领域,中国已经处于世界第一方阵。

既要看到我国在部分核心技术和创新领域的短板,也要看到我国整体科技实力迅速提升与快速进步的现实,不宜自我低估。中国有足够的能力打破美欧的技术断供,反而是西方的技术封锁将大大削弱其未来科技创新的竞争力。

预期转弱在扭转

从预期转弱看,关键在于信心。从中央经济工作会议到全国两会,国家做出稳增长的一系列战略安排和部署,推出一系列财政、金融配套举措,加大对小微企业和个体工商户的政策支持力度，有力提振市场主体信心。两会确定5.5%的经济增速目标，传递出中国增长的积极信号和坚定信心。中国经济将继续在全球经济中发挥引擎作用，有利于增强投资者预期。2022年1—2月，我国外资流入继续保持较高增速，实际利用外资同比增长38%，表明国际投资者对中国投下信心票。

诚然，要把信心化为现实，把优势化为胜势，离不开全体人民的团结奋斗。只要我们坚定贯彻党中央、国务院各项稳增长的决策部署，充分发扬历史主动精神，踔厉奋发，中国经济就一定能够稳中求进，行稳致远。

《第一财经》 2022年4月6日

告别经济增速迷思

最近，财经界对中国经济形势的讨论非常热烈。不少学者聚焦于2021年第三季度中国经济增速显著下滑，断言中国经济增长在加速放缓，且这种放缓正在成为一种趋势，由此不同程度流露出对中国经济的担忧。

这样的分析在技术层面有一定道理，但太过纠结于短期的经济表现和增速的变动，就可能把阶段性问题有所夸大，难以准确把握中国经济发展的大格局与大趋势。而在这些观点背后，是一种挥之不去的旧的增长模式的惯性思维以及对于增长速度的迷思，从而忽略了中国经济处于国际、国内两个深刻变局下，增长的方式与底层逻辑已经发生历史性变化的大背景。

笔者认为，中国经济当前增速的下滑，更多的是一种短期现象，反映了新冠肺炎疫情冲击下全球经济增速下滑与中国经济发展格局的转换、经济结构的主动调整、"双碳"目标下增长动力转换等战略性调整相互叠加的结果。从全局的视角观察，当前中国经济增速的下调，是一种良性和健康的调整。

放在全球增长的背景下，受新冠肺炎疫情一波三折的困扰，世界经济复苏依然步履艰难。中国2021年第三季度增速快速下滑，主要是由于基数效应。横向比较世界大型经济体，即使单从2021年第三季度看，4.9%的增长仍然是最高增速。如果从全年走势看，2021年前三季度9.8%的增速，在世界范围内也是一骑绝尘。

特别是2021年以来中国主动加大经济结构调整和市场规范整肃力度,对互联网巨头的垄断行为加强了监管并出重拳处罚,全面清理校外培训行业,强化对房地产行业的宏观调控,严格落实能耗"双控"政策,对高能耗行业进行了大力限制和压降。

这些重大举措着眼于经济长期可持续发展和优化内生动力,增强竞争活力与创新动力。这些关乎社会公平与促进"共同富裕"的改革,正在全面重塑中国经济的结构与增长的底层逻辑。此时推出这些改革举措,时机是恰当的,虽然短期内带来经济增长放缓的阵痛,但这种代价是可以接受的。

中国经济正处于新发展阶段,发展的指导方针已经发生深刻变化,即由高速增长转变为高质量发展,对增速的追求已经让位于对增长质量和效益的追求。因此,我们观察中国经济发展的出发点,也应更多地考察经济发展的质量、效益、结构、动力以及对环境、对社会的正向效应等方面。

在经济增长9.8%的情况下,2021年第一季度到第三季度,居民收入同比增长9.7%,企业利润增长22%,国家财政增长高于18%,这个成绩单非常优异,表明中国经济增长的质素和态势非常可喜。

在全球经济增速陷落的大背景下,中国追求更高增速是不现实的,也未必在经济上更划算。中国贡献了世界30%左右的工业制成品,但始终面临资源不足的瓶颈,原材料、基础能源等对外依赖程度很深,很多商品却在国际市场上不具有定价权、话语权。例如,我国2021年前三季度进口价格指数上涨18.2%,出口价格指数只上涨5.7%。如果不能保证出口价格的等幅上涨,那么继续扩大出口,我国企业将承受较大损失,此时一味追求出口增加就不是明智的选择。

如今国际需求纷纷转向中国,但这些订单要不要接,接多少,企业要以能够盈利为标准,不能赔本赚吆喝。国家的经济增速也应量力而行,以资源和环境可支撑为底线,以实现较高效益为标准。

对中国经济增长持担忧论者,忽视了中国经济的强大韧性。这种韧性来自中国经济的超大体量、规模效应以及由此带来的成本优势、广阔的产业纵深与回旋空间，还深深根植于底层和草根经济的顽强生存能力与适应能力。同时，中国经济发展的动力正在不断从传统的投资拉动转向科技进步与创新驱动。

中国经济短期内增速放缓无须多虑，它更多反映了新发展阶段中国经济主动调整的阶段性冲击和对国际市场变化的适应性调整。只要坚持推进经济结构的调整与优化，坚持创新驱动发展战略，加快构建"双循环"新发展格局，中国经济就能够始终走在高质量发展的健康轨道上。

《证券时报》 2021年11月5日

"缺芯"之痛与世界半导体江湖

2019年5月，美国商务部将华为列入"实体清单"，禁止美国企业向华为出口技术和零部件；2020年5月，美国进一步升级对华为的贸易禁令，要求凡使用了美国技术或设计的半导体芯片出口华为时，必须得到美国政府的许可，进一步切断华为通过第三方获取芯片或代工生产的渠道。

此前，高通、英特尔和博通等美国公司都向华为提供芯片，用于华为智能手机和其他电信设备，华为手机使用谷歌的安卓操作系统。华为自研的麒麟高端手机芯片，也依赖台积电代工。随着美国芯片禁令的实施，华为手机业务遭遇重创，消费者业务收入大幅下滑，海外市场拓展也受到影响。

美国凭借芯片技术优势对中国企业"卡脖子"，使半导体产业陡然成为中美科技竞争的风暴眼。"缺芯"之痛，凸显了中国半导体产业的技术短板。它如一记振聋发聩的警钟，警醒国人看清国际科技竞争的残酷现实。

半导体产业是科技创新的龙头和先导，在信息科技和高端制造中占据核心地位。攻克半导体核心技术难题，改变高端芯片受制于人的现状，成为中国高科技发展和产业升级的当务之急。

全球半导体版图

半导体产业很典型地体现了供应链的全球化，各国在半导体产业链上分工协作，相互依赖。美国、韩国、日本、中国、欧洲等国家或地区发挥各自优势，共同组成了紧密协作的全球半导体产业链。

根据美国半导体行业协会发布的最新数据，美国的半导体企业销售额占据全球的47%，排名第二的是韩国，占比为19%，日本和欧盟半导体企业销售额占比均为10%，并列第三。中国台湾和中国大陆半导体企业销售额占比分别为6%和5%。

具体来看，美国牢牢控制半导体产业链的头部，包括最前端的EDA/IP、芯片设计和关键设备等。具体而言，在全球产业链总增加值中，美国在EDA/IP上，占据74%的份额；在逻辑芯片设计上，占据67%的份额；在存储芯片设计上，占据29%的份额；在半导体制造设备上，占据41%的份额。

日本在芯片设计、半导体制造设备、半导体材料等重要环节掌握核心技术；韩国在存储芯片设计、半导体材料上发挥关键作用；欧洲在芯片设计、半导体制造设备和半导体材料上贡献突出；中国则在晶圆制造上发挥重要作用。

中国大陆在全球晶圆制造（后道封装、测试）增加值中占比高达38%；中国台湾在全球半导体材料、晶圆制造（前道制造、后道封装、测试）增加值中占比分别达到22%和47%。

以上国家和地区构成了全球半导体产业供应链的主体。

芯片是人类智慧的结晶，芯片制造是全球顶尖的高端制造产业之一，是典型的资本和技术密集型行业。制造的过程之复杂、技术之尖端、对制造设备的苛刻要求，决定了芯片产业链的复杂性。半导体制造中的大部分设备，包含了数百家不同供应商提供的模块、激光、机电组件、控制芯片、光学、电源等，均需依托高度专业化的复杂供应链。每一个单一制造链条都可能汇集了成千上万的产品，凝聚着数十万人多年研发的智慧。

芯片技术涉及学科广泛，需要长期的基础研究和应用技术创新成果的累积。举例来说，一项半导体新技术方法从发布论文到规模化量产，至少需要

10~15年的时间。作为全球最先进的半导体光刻技术基础的极紫外线（EUV）应用，从早期的概念演示到如今的商业化花费了将近40年的时间，而EUV生产所需要的光刻机设备的10万个零部件来自全球5000多家供应商。

芯片制造的复杂性，创造了一个由无数细分专业方向组成的全球化产业链。在半导体市场中，专业的世界级公司通过几十年有针对性的研发，在自己擅长的领域建立了牢固的市场地位。比如，荷兰ASML垄断着世界光刻机的生产；美国高通、英特尔，韩国三星，中国台湾的台积电等也都形成了各自的技术优势。目前全世界最先进制程的高端芯片几乎都由台积电和三星生产。

中美芯片供应链各有软肋

"缺芯"，不仅困扰着中国企业。

自2020年下半年以来，受新冠肺炎疫情及美国贸易禁令的干扰，芯片产能及供应不足，全球信息产业和智能制造都遭遇了严重的"芯片荒"。

随着新一轮新冠肺炎疫情在东南亚蔓延，汽车行业芯片短缺进一步加剧，全球3家最大的汽车制造商装配线均出现中断。丰田称2021年9月全球减产40%。美国车企也不能幸免，福特汽车旗下一家工厂暂停组装F-150皮卡，通用汽车北美地区生产线停工时间也被迫延长。

蔓延全球的"芯片荒"，迫使各国对全球半导体供应链的安全性、可靠性进行重新审视和评估。中美两个大国在半导体供应链上各有优势，也各有软肋。

中国芯片产业起步较晚，但近年来加速追赶。根据中国半导体行业协会统计，2020年中国集成电路产业销售额为8848亿元，同比增长17%，5年增长了超过一倍。其中，设计业销售额为3778.4亿元，同比增长23.3%；制造业销售额为2560.1亿元，同比增长19.1%；封装测试业销售额为2509.5亿元，同比增长6.8%。中国2020年出口集成电路2598亿块，出口金额为1166亿美元，同比增长14.8%。

中国芯片核心技术与美国有较大差距，主要突破在芯片设计领域，芯片设计水平位列全球第二。制造的封测环节不是我们的短板。中国芯片制造的短板主要在三方面：核心原材料不能自给自足、芯片制造工艺与国际领先水平有较大差距、关键制造设备依赖进口。

由于不能独立完成先进制程芯片的生产制造，大量高端芯片依赖进口。2020年中国进口芯片5435亿块，进口金额为3500.4亿美元。

美国是世界头号芯片强国，拥有世界领先的半导体公司，但其核心能力是主导芯片产业链的前端，包括设计、制造设备的关键技术等，但上游资源和制造能力也依赖国外。美国在全球半导体制造市场的市占率急速下降，从1990年的37%滑落至目前的12%左右。

波士顿咨询公司和美国半导体行业协会在2021年4月联合发布的《在不确定的时代加强全球半导体产业链》的报告显示，若按设备制造/组装所在地统计，2019年中国大陆半导体企业销售额占比高达35%；美国则排名第二，销售额占比为19%。

世界芯片的主要制造产能集中在亚洲，2020年中国台湾半导体产能全球占比为22%，其次是韩国21%，日本和中国大陆皆为15%。这意味着美国在芯片的制造和生产环节，也存在很大的脆弱性。这也是伴随东南亚新冠肺炎疫情暴发导致芯片产业链产能受限，美国同样遭遇"芯片荒"的原因。

对半导体产业链脆弱性的担忧，推动美国加大对半导体产业的投资和政策扶持。2021年5月美国参议院通过一项两党一致同意的芯片投资法案，批准了520亿美元的紧急拨款，用以支持美国半导体芯片的生产和研发，以提升美国国内半导体产业链的韧性和竞争力。2021年2月24日，美国总统拜登签署一项行政命令，推动美国加强与日本、韩国及中国台湾等地区合作，加速建立不依赖中国大陆的半导体供应链。

除了产能问题，美国在全球半导体竞争中的另一个软肋就是对中国市场的依赖。中国是全球最大的半导体需求市场，每年中国半导体的进口额都超过3000亿美元，大多数美国半导体龙头企业至少有25%的销售额来自中国市场。可以说，中国是美国及全球主要半导体供应商的最大金主。如果失去中国这个最富活力、最具成长性的市场，那么依赖高资本投入的美国各主要芯片供应商的研发成本将难以支撑，影响其研发投入及未来竞争力。

这从另一方面来说，恰恰是中国的优势，中国庞大的市场需求和发展空间，足以支撑芯片产业链的高强度资本投入与技术研发，并推动技术和产品迭代。

"中国芯"提速

随着中国推进《中国制造2025》，芯片制造一直是中国科技发展的优先事项。如今，美国在芯片供应和制造上进行霸凌式断供，使中国构建自主可控、安全高效的半导体产业链的任务更加紧迫。

客观来说，半导体产业链需要各国协作，这从成本和技术进步角度而言，对各国都是互利共赢的。但美国的断供行为改变了传统的商业与贸易逻辑。在大国竞争的背景下，对具有战略意义的半导体和芯片产业链而言，安全、可靠成为主导的逻辑。

中国要成为制造强国，实现在全球产业链、价值链的跃升，摆脱关键技术受制于人的困境，芯片制造这道坎儿就必须跨过。

随着越来越多的中国高科技企业被列入美国实体清单，迫使半导体产业链中的许多中国企业不得不"抱团取暖"，携手合作，努力寻求供应链的"本土化"。"中国芯"突围，将成为中国科技界、产业界不得不面对的一场"新的长征"。中国半导体产业进入攻坚期，也由此迎来发展的重大战略机遇期。

在国家"十四五"规划和2035年远景目标纲要中，把科技自立自强作为创新驱动的战略优先目标，致力打造"自主可控、安全高效"的产业链、供应链；国家将集中资金和优势科技力量，打好关键核心技术攻坚战，在"卡脖子"领域实现更多"由零到一"的突破。国家明确提出到2025年实现芯片自给率70%的目标。

2020年8月，国务院印发《新时期促进集成电路产业和软件产业高质量发展的若干政策》，瞄准国产芯片受制于人的短板，在投融资、人才和市场落地等方面进一步加大政策支持力度，助力打通和拓展企业融资渠道，加快促进集成电路全产业链联动，完善人才培养体系等。

全国多地制定半导体产业发展规划和扶持政策，积极打造半导体产业链。

长三角地区是我国半导体产业重点聚集区，深圳市则是珠三角地区集成电路产业的龙头，京津冀及中西部地区的半导体产业也正在加快布局。

作为中国创新基地，上海市政府2021年6月21日发布《上海市战略性新兴产业和先导产业发展"十四五"规划》，其中集成电路产业被列为第一位的发展项目，提出产业规模年均增速达到20%左右，力争在制造领域有两家企业营收进入世界前列，并在芯片设计、制造设备和材料领域培育一批上市企业。

在上海市的规划中，对芯片制造也制定出具体目标和实施路径：加快研制具有国际一流水平的蚀刻机、清洗机、离子注入机、量测设备等高端产品；开展核心装备关键零部件研发；提升12英寸硅片、先进光刻胶研发和产业化能力。到2025年，基本建成具有全球影响力的集成电路产业创新高地，先进制造工艺进一步提升，芯片设计能力国际领先，核心装备和关键材料国产化水平进一步提高，基本形成自主可控的产业体系。

上海联合中国科学院和产业龙头企业，投资5000亿元，打造世界级芯片产业基地——东方芯港。目前，东方芯港项目已引进40余家行业标杆企业，初步形成了覆盖芯片设计、特色工艺制造、新型存储、第三代半导体、封装测试以及装备、材料等环节的集成电路全产业链生态体系。

在国家政策指引和强劲市场的驱动下，国家、企业、科研机构、大学、社会资金等集体发力，中国芯片行业正展现出空前的发展动能和势头。

在外部倒逼和内部技术提升的共同作用下，中国芯片产业第一次迎来资金、技术、人才、设备、材料、工艺、设计、软件等各发展要素和环节的整体爆发。国产芯片也在加速试错、改造、提升，正在经历从"不可用"到"基本可用"再到"好用"的转变。

中国终将重构全球半导体格局

中国芯片制造重大技术突破接踵而至：

中微半导体公司成功研制了5纳米等离子蚀刻机。经过3年的发展，中微半导体公司5纳米蚀刻机的制造技术更加成熟。该设备已交付台积电投入使用。

上海微电子已经成功研发出我国首款28纳米光刻机设备，预计将在2021

年交付使用，实现了光刻机技术从无到有的突破。

中芯国际成功推出N+1芯片工艺技术，依托该工艺，中芯国际芯片制程不断向新的高度突破，同时成熟的28纳米制程扩大产能。

2021年7月29日，南大光电承担的国家科技重大专项"极大规模集成电路制造装备及成套工艺"之光刻胶项目通过了专家组验收。

2021年8月2日，芯恩（青岛）集成电路有限公司宣布8英寸晶圆投产成功，良率达90%以上，12英寸晶圆厂也于8月15日开始投产。

2017年，合肥晶合集成电路股份有限公司12英寸晶圆制造基地建成投产，至2021年合肥集成电路企业数量已发展到近280家。

中国半导体行业集中蓄势发力，在关键技术和设备等瓶颈领域，从无到有，由易入难，积小成而大成，关键技术和工艺水平正在取得整体性跃迁。

小成靠朋友，大成靠对手。某种意义上，我们应该感谢美国的遏制与封锁，逼迫我们在芯片和半导体行业加速摆脱对外部的依赖。

回望新中国科技发展史，凡是西方封锁和控制的领域，也是中国技术发展最快的领域：远的如"两弹一星"、核潜艇，近的如北斗导航系统以及登月、空间站、火星探测等航天工程。在外部压力的逼迫下，中国科技与研发潜能将前所未有地爆发。

实际上，中国的整体科技实力与美国的差距正在迅速缩小。在一些尖端领域，如高温超导、纳米材料、超级计算机、航天技术、量子通信、5G技术、人工智能、古生物考古、生命科学等已经居于世界前沿水平。

英国世界大学新闻网站2021年8月29日刊发分析文章，梳理了中国科技水平的颠覆性变化：

在创新领域，中国在全球研发支出方面排名第二，全球创新指数在中等收入国家中排名第一，正在从创新落伍者转变为创新领导者。

人才方面，拥有庞大的高端理工人才库，中国已是知识资本的重要创造者，美中科技关系从高度不对称转变为在能力和实力上更加对等。

技术转让方面，中国从单纯的学习者和技术接受者，转变为技术转让的来源和跨境技术标准的塑造者。

人才回流，中国正在扭转人才流失问题，积极从世界各地招募科学和工程人才。

这些变化表明，中国科技整体实力已经从追赶转变为能够与国际前沿竞争，由全球科技中的边缘角色转变为具有重要影响力的国家之一。

中国的基础研究水平也在突飞猛进。据《日经新闻》2021年8月10日报道，在统计2017年至2019年全球被引用次数排名前10%的论文时，中国首次超过美国，位居榜首。报道还着重指出中国在人工智能领域相关论文总数中占比为20.7%，美国为19.8%，显示中国在人工智能领域的研究成果正在超越美国。

另有日本学者在研究2021QS世界大学排名后，发现世界排名前20的理工类大学中，中国有7所上榜，清华大学居于第一位，而美国有5所。如果进一步细分到"机械工程""电气与电子工程"，中国大学在排名前20中的数量更是全面碾压美国。

芯片技术反映了一个国家整体科技水平和综合研发实力，中国的基础研究、应用研究、人才实力具备了突破芯片核心技术的基础和能力。

正如世界光刻机龙头企业——荷兰ASML总裁温尼克2021年4月接受采访时所说：美国不能无限打压中国，对中国实施出口管制，将逼迫中国寻求科技自主，现在不把光刻机卖给中国，估计3年后中国就会自己掌握这个技术。"一旦中国被逼急了，不出15年他们就会什么都能自己做。"

温尼克的忧虑，正在一步步变成现实。全球半导体产业正进入重大变革期，中国在芯片制造领域的发愤图强，正在改写世界半导体产业的竞争格局。

中国的市场优势加上国家政策优势、资金优势以及基础研究的深入，打破美国在芯片制造领域的技术垄断和封锁，这一天不会太遥远。

星图金融研究院　2021年9月11日

华为，一个企业的悲壮突围

在被美国疯狂围剿3年后，华为的顽强抵抗，终于到了最艰难时刻。

华为业务上遭受的影响在业绩上慢慢浮现。2021年上半年，华为销售收入3204亿元人民币，比2020年下跌约30%。而其中受影响最大的消费者业务收入，几乎缩水一半。

从2020年起，华为海外市场的销售开始萎缩，手机的全球市场份额也大幅下滑。2021年第一季度，手机出货量暴跌18%，全球市场占有率仅剩4%，从第二滑到了第六。

不仅如此，2021年7月29日，备受人们期待的华为旗舰新品发布会上，新推出的P50和P50Pro两款旗舰新机，由于芯片受制的原因，无法搭载5G功能。

作为全球5G技术执牛耳者，却不能在自己的产品上实现5G，这不由让每一个关注华为命运的人为之感到悲凉与不平。

同时，华为的首席财务官孟晚舟女士遭加拿大警方无理扣押，至今已经超过1000天。2021年8月18日在加拿大某省高等法院，关于孟晚舟引渡美国的听证会结束，法官对孟晚舟律师提出的辩护意见和证据不予接受。孟晚舟的命运吉凶未卜，回家路依然充满艰辛。

重压，接踵而来……华为遭遇的打击一次比一次沉重。

华为几十年一路走来，经历了数不清的市场搏杀。华为的技术创新与突破，标志着中国科技顽强攀登的高度。

而华为今天遭遇的野蛮"绞杀"，折射出大国科技竞争血淋淋的残酷真相，也折射出中国的大国崛起之路注定荆棘密布。

华为的命运，承载了太多厚重的意义，已远远超出了华为一家企业的兴衰。

华为捅破了美国科技垄断的一片天

华为是什么？

华为是一把利剑，它捅破了长期以来美国在尖端科技领域独霸天下的一片天。

华为专注于自己认准的领域，几十年沉下一颗心，长远布局，在研发上高强度投入，孜孜不倦地埋头进击，取得了一项又一项技术创新，直到在5G技术拿下全球数量第一的专利，达到5G技术世界领先水平。这是近百年来中国人首次在科技的最前沿领域，在西方严密而坚固的技术城墙上，撕开一个巨大的缺口。

国际竞争，归根到底是尖端科技的竞争。自19世纪以来，美国在创新和技术方面一直处于世界领先地位。美国的经济、军事霸权都建立在科技领先这个硬核基础之上。

而华为在5G技术上的领先，第一次撬动了美国的科技领先优势和战略利益。用美国司法部前部长巴尔的话说："这是历史上第一次，美国没有引领下一个科技时代。"

5G技术处于未来技术和工业世界的中心，它正在演变成下一代互联网、工业互联网以及依赖于这一基础设施的下一代工业系统的中枢神经系统。5G将引领包括智能家居、智能制造、智能交通系统、机器人技术、物联网、自动驾驶、3D打印、纳米技术等一系列新兴技术的革命。

巴尔指出，以华为为代表，中国企业在5G领域确立了领先地位，占据了全球5G基础设施市场40%的份额。"如果中国继续在5G领域独占鳌头，他们将能够主导一系列依赖5G平台的新兴技术的机遇。如果工业互联网依赖于中国的技术，中国将有能力切断各国与其消费者和工业所依赖的技术和设备之间的联系。"

"与我们将屈服于中国主导权这个前所未有的杠杆影响相比，美国今天使用的经济制裁力量将显得苍白无力。"

这才是美国不惜动员整个国家的力量，不惜一切代价，手段无所不用其极，歇斯底里要绞杀华为的原因。

在美国独占的高端芯片研发领域，华为海思经过20年厚积薄发，在手机芯片设计上突破一系列技术难题，推出的鲲鹏和麒麟系列芯片，在技术和性能上已经能够与美国芯片巨头媲美，某些性能还超越了这些巨头。华为手机超过半数的芯片来自华为海思的设计。2018年，华为海思跻身全球前十大芯片设计企业第五名，增速居于第一名。在手机CPU芯片这个美国独步天下的市场，成功切走14%的份额。

作为中国科技创新企业的先锋和旗舰，华为在技术上的突破意味着，中国可以在科技上取得与美国一样甚至超越美国的成就，中国有潜力打破美国的科技垄断。这也意味着，中国人可以在高端制造业占有一席之地。

通过技术进步，中国制造可以实现在全球价值链的向上攀升，从而改变8亿件衬衫换一架波音飞机的卑微的世界分工角色，摆脱世界低端打工仔的命运。

中国科技的迅猛发展，挑战了美国的科技垄断，这是美国无法接受的。

从2019年5月开始，美国对华为一轮又一轮的极限打压不断升级。不惜动用国家紧急状态法，把华为列入"实体清单"，断供芯片，禁止包含美国技术的企业为华为代工生产，游说、施压盟国禁用华为5G项目，甚至唆使加拿大政府扣押华为高管孟晚舟。

为了打压华为，美国已经彻底撕下"公平竞争、自由贸易"的伪装，到了歇斯底里的地步。

中美科技竞争的决战，率先在华为打响。华为以一己之力，顽强地抵抗着来自一个强权大国的全面封杀。

华为能否挺住，关乎中国科技的未来，也关乎中美大国竞争的走向。

"不死鸟"的精神基因

在华为的历史上，从来不乏面临绝境的至暗时刻。

但华为犹如一只"不死鸟"，一次又一次获得重生，一次又一次铸就生命中新的辉煌。

华为有一种基因，就是不屈不挠，向死而生。

华为的理念根植于5000年中华文明沃土，"天行健，君子以自强不息"，"奋斗"精神是华为基因的内核。

崇尚奋斗，坚韧不拔，顽强拼搏，勇毅前行，追求卓越；不畏强敌，不惧困难，不屈不挠，愈挫愈勇，"拼死拼活要把事情做成"。华为每一次的蜕变与辉煌，都由艰辛和苦难凝成。

想到华为，就想到那双"芭蕾舞演员的脚"。一只脚穿着优雅的芭蕾舞鞋，光鲜亮丽；另一只脚却赤裸着，伤痕累累，扭曲变形。这个形象诠释着华为的拼搏与艰辛，也诠释着华为的辉煌与成功。

"华为一路走来，像一只倔强爬行的乌龟，在泥泞的道路上，在尖利的石头上，在坚冰和沙漠上，不断爬行所留下的斑斑脚印，是血淋淋和惨不忍睹的付出。"

在华为的成长过程中，始终有一个声音在警醒它自己：下一个倒下的会不会是华为？这让华为永远保持一种危机感，它让华为人永远不满足，永远不懈怠，永远在学习，永远在批判自我、超越自我。

这也使华为经常保持高远的目标、开放的胸怀、宽广的格局、世界的眼光；它使华为永远想到极限生存状态，从而深谋远虑，布局长远，养兵千日，用兵一时。

长期的市场拼杀，使华为深谙技术自立才是根本。它坚持自立、开放的技术发展道路，把研发作为生存之本、竞争之基。科研经费永远保持在销售收入的15%以上，常年保持1000亿元以上，在所有中国企业中排第一位。

对研发不惜血本地投入与坚持，使华为修炼出一项又一项独门绝技，傲立于全球科技群雄。

它始终瞄准世界上最先进的标杆，孜孜不倦地学习。在过去20年中，华为花了10多亿美元，认认真真将西方的管理制度学习消化了一个遍。

它集西方先进管理经验于一身，又将中华文明博大精深、厚德载物的深厚底蕴，以及中华民族自强不息、不屈不挠的韧性品格融于其中，这样海纳百川、中西合璧、知彼知己的企业，自有无敌于天下的力量。

这就是为什么，当美国宣布禁止其芯片企业向华为供货时，华为海思自主设计的芯片一夜之间由备胎全部转正；当华为不能继续使用谷歌的操作系统时，其潜心多年打造的"鸿蒙"系统横空出世。

如今，华为手机已全部搭载自主的"鸿蒙"系统，短短数月，"鸿蒙"用户已经超过5000万。最新发布的华为P50系列旗舰手机，从硬件到软件，已经完全实现"去美化"，而功能和体验更有新的独特之处。

一面是来自美国全面封杀的重压，一面是埋头坚忍，艰难前行。

面对美国的疯狂绞杀，2020年华为推出了一张宣传画：一架弹痕累累、千疮百孔但依然飞行的战斗机。此时的华为，就像这架被炮火打得破烂不堪的飞机，它代表了华为不屈的精神、永不低头的决心。

任正非说，"求生的欲望，使我们振奋起来了。全体员工已表明：宁可向前一步死，决不后退半步生。"

华为能够活下来，是因为它生命中有着"不死鸟"的基因。

悲壮地突围

华为面临的困境，折射出我国半导体产业生态的技术瓶颈。

华为在技术上的探索，已经突入国内相关领域的无人之境。华为能做出一流的产品，设计出性能领先世界的芯片，但以国内的工业水平还造不出来。

"除了胜利，我们已无路可走！"任正非的这句话，既体现了华为宁折不弯、誓不低头的勇气和决绝，也透出一种悲壮感。

没有退路，只有破釜沉舟，壮士断腕，拼死一搏。要打破美国的围剿，唯有自力更生。华为开始了有可能是人类科技史、企业史上最艰难、最惨烈、最悲壮的突围，它要依靠自己的技术，联合国内产业链上相关伙伴，整合所有资源，集中攻坚，突破现有的技术屏障，打造一条完全没有美国技术的半导体产业链，核心是芯片的自主研发与生产。

这几乎是一项不可能完成的任务。要知道，全球半导体产业链是高度分工协作的结果，每个国家或地区均相互依赖，没有一个国家或地区能够实现半导体的自给自足。

即便强如美国，虽然其在核心技术、研发、设计等方面有主导优势，但也不是掌握全部技术，而且其在半导体生产、制造环节的份额仅为12%左右。

"没有退路就是胜利之路。"华为已经向着打造半导体完整产业链这个艰巨的目标发起挑战并进行长远布局。通过投资国内相关技术企业，建立从材料、设备、关键部件、制造、工艺、软件等芯片生产各环节的技术资源池，在半导体全产业链和基础技术上全面扎根。

2019年4月以来，通过控股子公司哈勃科技和哈勃投资，华为已投资芯片及半导体相关企业40家，涵盖芯片设计、EDA、测试、封装、材料和设备各环节，并筹划自建晶圆厂。

目前，华为已经在12寸晶圆、光掩膜、EUV光源、AI智能等高科技设备和材料领域悄然发力，并取得很多实质性进展。

华为自己上场，打造一条自主芯片及半导体生态链的雄心已经清晰可见。

可行吗？奇迹都是被逼出来的。回望新中国科技发展史，凡是西方封锁和控制的领域，也是中国技术发展最快的领域，远的如"两弹一星"、核潜艇，近的如北斗导航系统以及登月、空间站、火星探测等航天工程。反而恰恰是芯片领域，本来中国具备一定的技术基础，由于依赖进口，中国自主核心技术与西方的差距越来越大。

华为能够走到今天，曾经创造业界无数奇迹，它卧薪尝胆，十年磨一剑，使华为在芯片设计方面从相当落后直到超越世界同行，令世界惊叹。

如今，任正非再次发下非凡的愿力——"向上捅破天，向下扎到根"，我们没有理由怀疑华为缔造奇迹的潜能。

除了布局半导体全产业链，华为正在凭借5G、人工智能等方面的领先优势，开辟全新赛道，打造全场景智慧生态。依托中国庞大的市场和用户基础，把自主的鸿蒙操作系统、软件、设备、装备、生态服务等联结起来，构筑完整、智慧、便捷的万物互联的应用生态系统。

这个赛道，潜力无限，华为如鱼得水，可以大有作为。单是这个领域，就能够为华为赢得战略纵深，并为未来实现关键领域的技术突破而蓄势。

经过这场艰苦卓绝的突围，华为在未来3到5年有望浴火重生，凤凰涅槃。在重压和打击中，它将被淬炼得更加强大。

国家后盾不会缺席

华为是民族科技企业的骄傲，承载着中国科技腾飞的梦想，也承载着中国崛起的希望。如果华为倒下，对中国的高科技发展和高端制造而言犹如被砍断臂膀。同时，对民族心理和精神层面也势必造成沉重打击。

因此，华为的抗争，其意义不亚于一场"科技的上甘岭战役"。保卫华为，就是保卫中国的"科技长城"。

华为曾在市场搏杀中披荆斩棘，如今它面对的是世界头号强权国家，以举国及西方同盟的力量，发动的全面绞杀和围堵之战，目标是置华为于死地。在这场不对称、不平等的战争中，华为处于极端弱势。

对华为遭受的极端无理打压，中国政府一直以来强烈谴责和批评美方打压华为的霸权行径，并表示将采取必要措施维护中国企业的正当合法权益。

2021年8月在天津举行的中美高层会谈中，中方明确把"停止打压中国企业、撤销对孟晚舟的引渡"列入美方纠错清单，进一步升级对美方霸权行径的严正交涉。如果美方继续要求与中方进行贸易谈判，那么相信中方将把落实这两条纠错要求作为谈合作的前提。

国家的支持是华为最强有力的后盾。除了从外交层面提出严正交涉外，在立法层面国家也出台相关规定和法律，以反制美国无理地打压、制裁和长臂管辖。

2020年9月，商务部颁布《不可靠实体清单规定》，对不遵守市场规则，背离契约精神，出于非商业目的对中国企业实施封锁或断供的外国企业组织或个人,将被列入该清单。2021年1月,商务部进一步出台《阻断外国法律与措施不当域外适用办法》。

2021年6月10日,中国公布并施行《中华人民共和国反外国制裁法》,依法反制一些国家和组织对我国的遏制打压。

随着这些政策、法律的深化和实施,将对美方针对中国企业的无理遏制行为形成一定威慑,也会为包括华为在内的中国企业的正当合法权益提供有力的保护。

未来,中国还可以充分运用巨大市场的优势,对美国打压中国企业的无理霸凌行为进行反制和震慑。美国虽有技术优势,但也有软肋,那就是中国在世界半导体市场占据半壁江山,没有了中国市场提供的巨额收入和利润,美国企业在芯片领域的技术研发的高投入将难以为继,给其未来竞争力带来致命打击。如果美方对华为继续不择手段进行打压,我国可以考虑运用市场调控手段进行必要反击。

另外,美国在半导体芯片产能、电动汽车大容量电池、稀土材料和药品等几大类产品的供应链上,也存在明显的脆弱性,而中国恰恰具有显著优势。在必要的时候,中国可以运用某些关键材料和产品的产能优势,增加应对美国贸易遏制的筹码。

中国半导体产业正在迎来整体性跃迁

随着美国遏制中国高科技发展的图谋越来越清晰地暴露,中国从上到下达成一个强烈的共识,那就是"关键核心技术必须掌握在自己手里"。

在国家"十四五"规划和2035年远景目标纲要中,把科技自立自强作为创新驱动的战略优先目标,致力打造"自主可控、安全高效"的产业链、供应链;将集中资金和优势科技力量,打好关键核心技术攻坚战,在"卡脖子"领域实现更多"由零到一"的突破。国家明确提出在未来5年内实现芯片自给率70%的目标。

2020年8月,国务院印发《新时期促进集成电路产业和软件产业高质量发展的若干政策》,瞄准国产芯片受制于人的短板,在投融资、人才和市场落地等方面进一步加大政策支持力度，助力打通和拓展企业融资渠道，加快促进集成电路全产业链联动，完善人才培养体系等。

在国家政策指引和强劲市场的驱动下，国家、企业、科研机构、社会投资等集体发力，中国芯片行业正展现出空前的发展动能和势头。

重大技术突破接踵而至：

——中微半导体公司成功研制了5纳米等离子蚀刻机。经过3年的发展，中微半导体公司制造5纳米蚀刻机的技术更加成熟。该设备已交付台积电投入使用。

——上海微电子集团已经成功研发出我国首款28纳米光刻机设备，预计将在2021年交付使用。

——中芯国际成功推出N+1芯片工艺技术，依托该工艺，即使不依赖EUV光刻机，通过芯片的优化，也可以达到7纳米的技术水平。

——长春机电加紧研究基于EUV光刻机的曝光机。

在外部倒逼和内部技术提升的共同作用下，中国芯片产业第一次迎来资金、技术、人才、设备、材料、工艺、设计、软件等各发展要素和环节的整体爆发。

国产芯片也在加速试错、改造、提升，正在经历从"不可用"到"基本可用"再到"好用"的转变。

随着中国半导体行业集中蓄势发力和关键技术的整体性跃迁，华为打造"去美化"的自主芯片产业链的努力，将获得更多助力。华为卧薪尝胆的自救与行业的整体性技术跃升彼此呼应，其打破美国技术封锁，实现战略突围，相信为期不远。

在磨难中奋发的华为，必将再次王者归来！

昆仑策研究院　2021年8月29日

第四部分

美元与人民币
——世界货币体系面临改革关头

CHAPTER
4

当全球货币洪水泛滥，如何保卫我们的财富？

新冠肺炎疫情肆虐之下，全球经济陷入严重衰退。为救助本国经济，西方国家采取财政、货币扩张的刺激政策，央行更是大举量化宽松，开足马力印钞，规模史无前例。

央行货币大放水，增发的货币通过救助法案直接流向本国公民和企业。美国银行体系存款猛升，大量注水已经形成一个可怕的资金堰塞湖。巨量美元资金正趴在美国大型机构的账户上，它们随时会汹涌而出，资金的洪水席卷世界，可以横扫一切商品和优质资产。

别说这离你很遥远，与你无关！国际贸易和投资已经将世界每个人紧密联结。美国凭借印钞机，就能拿走你辛苦劳动的成果和真实财富。这正是美元这种货币霸权的魔力。

这引出一个问题，面对西方主要央行的货币大放水，如何保卫我们的财富？

美元"嚣张的霸权"短期内还不能打破，我们也无法干预美联储和西方央行的政策操作。可以肯定的是，美国放任量化宽松无限印钞，必然不可持续，也必然削弱和摧毁美元的信用基础，最终导致美元霸权的瓦解。那么在当下，面对西方汹涌的货币洪水，我们应该筑起什么样的屏障，使我国人民的财富不被轻松夺走？

我想，最直接的办法是允许人民币升值，从而削弱美元的购买力，同时乘势扩大人民币在对外贸易和跨国投资中的使用，积极创造条件加速人民币国际化的步伐，减少对美元的依赖。这既有中国经济稳定增长、长期向好的基本面的坚强支撑，也是中国经济体量在世界经济中占比不断提升决定的；既是世界新变局下中国高质量发展的需要，也是适应以国内大循环为主体的"双循环"新发展格局的需要。

大大方方允许人民币稳步升值

在与朋友探讨外币资金洪水泛滥，如何保卫我们辛辛苦苦创造的财富这个问题时，一位媒体的朋友直言："要让美元买不到东西！"这在当下虽然还办不到，但方向是对的，至少不能让美元买到和以前一样多的东西。

在笔者看来，在美元疯狂注水、外资大举进入中国市场的情势下，人民币升值既是合理的，也是必要的。美元在当前仍然是国际通行货币，虽然没法阻止它收割，但我们也绝不做廉价的韭菜，必须让它付出更高的成本。因此，人民币升值是保卫我们人民的财富不被轻易掠夺的第一道屏障。

随着美联储天量放水，3月以来美元指数快速下跌，由103到现在的93左右，而人民币走出了稳步升值的态势，2020年以来，从7.19升值至6.67左右。在整个第三季度，人民币累计升值6.3%，创下了12年来人民币汇率"表现最强劲"纪录的一个季度。

人民币的走强，既与美元快速贬值有关，也是中国经济迅速从疫情中复苏并长期向好的结果，同时人民币与外币较高的利差，正在吸引国际资本加快流入。在全世界16万亿美元的债券收益已接近负值之际，10年期收益3.19%的中国债券颇具投资吸引力。

根据彭博社计算，国际基金在2020年第二季度增持了4390亿元人民币的中国国债，创下历史纪录。截至2020年9月，外国投资者已连续6个月增持人民币债券，累计达到3万亿元人民币的历史新高。2020年9月中国国债也被富时罗素纳入富时世界国债指数，至此，全球三大债券指数均纳入了中国国债。

人民币汇率从早期盯住美元，到现在盯住一篮子货币，其汇率的波动离不开美元及其他货币的涨跌。美元的无限量化宽松，正引起国际投资者对美元信用的担忧，多数投资机构预测，美元已经进入一个新的、可能长达10年的贬值周期。高盛集团大胆预测，美国无限宽松的财政货币政策"可能会终结美元在全球外汇市场的主导地位"。桥水基金创始人达利欧2020年多次发出警告，新冠肺炎疫情对美元形成一个前所未有的压力测试，美元的储备货币地位面临风险。著名经济学家、耶鲁大学教授斯蒂芬·罗奇更直言，到2021年美元有50%的概率贬值35%。

在人民币快速走强的形势下，对于美元前景以及人民币汇率走势，中外学者的观点出现了明显的反差。当美国学者及国外投资者普遍看衰美元，甚至一些学者和机构已经直白地讨论"后美元时代"来临的时候，国内不少学者仍然对美元是否进入贬值周期小心翼翼地下不了定论，对人民币升值也大多持谨慎态度。主流的观点是人民币汇率弹性上升，保持双向波动。我国央行也于2020年10月10日出台措施，将远期售汇业务的外汇风险准备金率由20%下调为0，降低企业购汇成本，增加企业购汇需求，以稳定人民币汇率。

我国央行强调，坚持市场化方向，增强汇率弹性，优化人民币汇率形成机制。浮动汇率制改革以来，市场化的人民币汇率形成机制经受住了多轮外部冲击考验，包括最近中美经贸摩擦和新冠肺炎疫情这样的重大考验，也促进了我国经济的内部均衡和外部均衡。笔者认为，在西方货币大放水的背景下，中国经济将长期向好并迈向高质量发展，人民币长期注定要升值。笔者建议要破除固有思维，顺应历史大势和市场趋势，在市场要求人民币升值的形势下，应该放心允许人民币升值。

长期以来，中国理论界似乎存在人民币升值的"恐惧症"。其担心的背后，是基于一个根深蒂固的理论观点，即人民币升值，会对出口造成压力，影响出口竞争力。这种观点影响极为广泛。升值不利于出口，是西方经济学中一个理论推论，它基于很多假设条件，但在现实中却缺乏实证的依据。价格仅仅是决定出口竞争力的一个因素，它还由产品的可替代性、技术的可复制性以及市场的充分性等诸多因素综合决定。

从历史经验看，回顾人民币汇改历程，人民币升值削弱出口的情形并未发生。其一，2005年我国启动人民币向浮动汇率改革，从2005年到国际金融危机之前的2007年，人民币对美元累计升值20%，但中国出口增速年均达到23%，是中国出口增速最快的一段时期。与此同时，中国出口产品从简单加工不断转向深加工，出口附加值有所提高，产业链条也有所拉长，这说明中国出口并未受到汇率升值影响，而出口企业也随汇率升值而不断提高应变能力。

其二，在2008—2009年国际金融危机期间，国际需求下降，为减少对出口的冲击，我国采取了包括提高出口退税率等一揽子鼓励出口的系列措施，以降低企业出口成本。但出口企业因此而降低的成本很快转化为出口价格的普遍降低，中国企业本身并未得到相应好处。但即使出口价格下降，2008年我国出口增速依然下降，2009年更是经历了出口负增长。这说明出口价格下降并不一定能够增加出口，提高出口竞争力。全球经济危机下外部需求下降是2009年中国出口下降的主要原因。

最新的例证是，美国从2018年3月对中国挑起贸易摩擦，加征关税提高了中国出口美国产品的价格（其效应与汇率升值对价格的影响等同），虽然中国对美国出口出现了一定程度下降，但2018年、2019年中国出口仍然分别保持了9.9%和5%的增长，2019年贸易顺差达到2.92万亿元，扩大25.4%。而2020年中国仍然回到美国第一贸易伙伴地位，对美出口继续增长。加征关税提高的成本，大部分由美国消费者承担，说明中国出口产品具有一定的不可替代性。因此，价格不是决定出口竞争力的主要因素，人民币汇率上升对中国出口的影响有限，对此我们应该要有足够的信心。

还有一个被理论界长期误读的例子是美日"广场协议"，认为20世纪80年代日元对美元大幅升值，是导致日本经济长期停滞和"失去的20年"的原因，并以此作为警惕和反对汇率升值的依据。这其实是一个影响深远的理论讹误。实际上1985年德、法、英和日本一样都签署了"广场协议"，都经历了汇率大幅的快速升值。1985到1987年日元对美元汇率最大升值99.78%，同期德国马克升值了101.27%，法郎最大升值了100.55%，英镑升值了66.98%。

而德、法、英三国并未出现泡沫经济，也未出现"失去的20年"，可见日本出现泡沫经济并非源自汇率的快速升值，而是有其经济结构、人口结构、经济政策等方面的其他原因。同时也很难解释，在"广场协议"前的20世纪70年代，日元同样经历了大幅升值，累计升值117%，而日本出口稳定增长，经济增速在短暂触底后强劲反弹至超过5%。1985年"广场协议"后，日本GDP增速反而在1988年达到6.79%的历史峰值，同时20世纪80年代日本出口一直保持增长，并实现了翻番。理由很简单，由于汇率的快速升值，出口价格的提升使得单位货品的价值也提高了。日本出现泡沫经济主要还是由日本扩张性的经济政策造成的。由于日本政府认为升值将打击日本的出口，对国内经济产生紧缩效应，因此日本在日元大幅升值后，采取了持续的扩张性货币政策，特别是超低利率政策，货币供应猛增，大量资金流入股市和房地产市场，导致了泡沫经济。

世界经济发展的历史证明，决定出口竞争力的最主要因素是技术进步和劳动生产率的提升。中国经济已经走过了靠低技术含量、低附加值和价格竞争的初级阶段，正在向以高技术含量、高附加值为核心竞争力的高质量发展挺进。廉价不应继续成为中国制造的标签，也不应该是中国经济发展的方向。

人民币升值后，一些低端制造产品出口企业可能会被淘汰，这也有利于促使企业加快寻求技术升级，实现由低价取胜转向依靠质量、技术取胜，从而提升中国制造的附加值、品牌和竞争力，提高出口商品价格，实现更大的出口收益。依托我国拥有的世界独一无二的最完整的工业体系，不断提升的科技水平，成熟的产业链配套，高效的产业集群，生产的规模化效应，即使出口价格因汇率提高而有所上升，中国出口也依然具有竞争优势，人民币稳定升值对中国出口不会产生大的影响。

人民币升值符合"双循环"新发展格局的需要

中国发展已经走到一个新的历史关头，要有充分的自信和勇气，摆脱固有思维和西方理论教条的束缚，独立开创新的发展理论，开辟符合中国经济特点和长远利益的发展道路。

在当前国际竞争和世界新变局下，人民币主动、有序地升值，有助于改善中国的对外贸易结构，扩大进口，稳定出口，提高对外贸易的效益；有助于促进发展方式转变，更好把握扩大内需这个战略基点，满足人民日益提高的对美好生活的需求，增进人民福祉；有助于加快中国科技进步和自主创新步伐，实现高质量发展；有利于构建"以国内大循环为主体，国内国际双循环相互促进"的新发展格局。

改革开放初期，中国通过优惠条件吸引外资，依托劳动力成本优势，开展一般商品贸易、加工贸易、"三来一补"等，政府制定鼓励出口的优惠政策，开启了一条出口导向型的经济发展道路，并取得了很大成功。2001年中国正式加入世贸组织，融入世界经济大循环。在这一阶段，我国经济主要靠出口拉动，出口在国内生产总值中的占比在2006年达到最高值，为35.4%，而我国经济外贸依存度也达到历史最高的67%。我国进出口长期保持高额顺差，也由此带来我国经济内部失衡和外部失衡问题。

此后，我国转变发展方式，积极扩大内需，由注重出口向进口与出口并重，由重视吸收外资向吸收外资和对外投资并重。此后出口在国内生产总值中占比逐年下降，到2019年出口在国内生产总值中的比重为17.4%，我国经济外贸依存度也下降到31.8%。

伴随这一过程的是我国经济体量的迅速增长。中国经济在全球经济总量中的份额从1995年的2%上升到2019年的16%（美国为24%），中国经济增长多年以来对世界经济增长的贡献率达30%以上，成为全球增长的主要引擎。中国产业体系的广度和深度也达到任何国家无法撼动的程度，中国制造业的规模占世界的28%，大约是美国、德国、日本之和；拥有完备的产业链，产业具有集群效应，技术水平由跟跑到部分领域实现领跑，配套一流的基础设施。这些独具的优势，使新冠肺炎疫情不但没有削弱中国的产业链，反而让中国"世界工厂"的地位更加牢固。可以说，中国经济已经由一条弱不禁风的小船成长为在大江大海中遨游、经得起大风大浪的巨轮。

也正是因为中国经济发展到今天这样的新阶段，同时面临世界百年未有之大变局，以及新冠肺炎疫情暴发以来国际政治、经济形势巨变，党中央果断提出构建"以国内大循环为主体,国内国际双循环相互促进"的新发展格局。

经过2010年以来实施扩大内需战略,我国经济增长主要靠内需拉动(包括消费和投资),净出口对经济增长的贡献率降低到11%,而消费对经济增长的贡献率提升到57.8%,连续6年成为中国经济增长第一拉动力。这是我们提出以国内大循环为主体战略部署的坚实基础。实际上,随着中国经济规模在世界经济中占比的提升,超过80%的生产和消费已经实现国内循环。

人民币稳步升值,符合构建"双循环"新发展格局的战略需要。构建"双循环"新发展格局,核心要义之一是坚定实施扩大内需战略,牢牢把握扩大内需这一战略基点,使生产、分配、流通、消费各环节更多依托国内市场,实现良性循环。人民币升值有助于调整经济结构,扩大内部需求,使内需成为经济增长的主要拉动力量。

构建"双循环"新发展格局,必须优化和稳定产业链、供应链。人民币稳定和升值,有助于保持外国企业和投资者对我国经济稳定增长的信心,从而牢牢稳住外资企业留在中国,同时吸引更多外国投资者来中国投资。这有助于稳定我国的产业链和供应链。2020年以来,新冠肺炎疫情对各国经济造成前所未有的冲击,但中国吸收外国直接投资稳步增加,外商直接投资累计达7188.1亿元人民币,同比增长5.2%,连续6个月实现同比增长。随着出口效益增加和更多外资流入,我国可以获得更充分的资源和条件,来优化国内产业链和供应链,加大核心技术和关键领域研发投入力度,打造自主可控、安全可靠的国内生产供应体系。

人民币升值有利于进一步扩大进口,更好满足人民不断提高的对美好生活的需求,促进国内消费升级。出口的本质是以本国的实体经济资源换取以外币计价的货币资产,进口的本质是以货币财富换取外国的实体经济资源,积极扩大进口,减少贸易顺差规模,对应着我国从世界获取更多实体经济资源。由重视出口和追求贸易顺差转向注重进出口平衡,把我国转变为世界第一进口大国,由过去的向世界"卖卖卖"转向对世界"买买买",有利于我国充分利用国际资源,扩大国民实体财富,符合中国战略利益。

我国拥有世界上最多的人口、最大规模的中等收入人口、5万亿美元的超大消费市场，是全球最大制造业生产基地，需要进口大量原材料、零部件、能源和资源，预计从2018年到未来15年，中国进口商品和服务将分别超过30万亿美元和10万亿美元。中国正在取代美国成为世界第一大消费市场，加上庞大的制造业所需原材料、零部件和各类资源、能源的进口，中国将成为世界最大的市场。我国从2018年开始每年举办世界进口博览会，就是向世界展示我国积极扩大进口、更高水平对外开放的信心和决心。未来，中国发展成为世界第一进口大国，有利于提高我国在国际贸易中的谈判地位，吸引和锁定更多贸易伙伴。同时，扩大进口将使世界分享中国稳定发展的红利，带动其他国家经济增长，中国超大规模的内需市场将成为驱动新的全球化的主要动力，从而使中国真正成为引领和推动全球化的新的世界中心，提升中国在全球体系和全球治理的地位和话语权。在西方主导的旧全球化体系中，中国是跟随者，在多极化的新全球化格局中，中国将是引领者，为推进人类命运共同体建设提供强大动能。

人民币升值有利于增进国民福祉。改革开放初期至21世纪第一个10年，中国实行出口导向型经济发展模式。这一时期的发展特征是，通过较低的汇率，低廉的劳动力、资源、环境成本价格，取得出口竞争优势，中国迅速发展成为世界工厂、世界商品第一出口大国、全球外汇储备第一大国。但同时，低廉的出口商品价格，并没有带来较高的出口效益，实质上等于每年为世界提供了数千亿美元的补贴，这实际上是国民福利的巨大流失，这不是高质量的发展。

人民币升值使我国等量的出口商品实现更多价值，我国人民的劳动价值通过出口价值的提升得到应有体现，企业获得更大出口效益，有助于整体提高国民收入，增加国民财富，提升国民福利水平。我国人民的勤劳刻苦和埋头钻研应该得到相应的回报，获得更多的收入，享受更多的福利。这充分体现了以人民为中心的发展观，把提高人民福祉作为发展的目的和出发点。

让人民币扬眉吐气走向世界

从长远看，要保卫我们的财富不被美元掠夺，必须打破美元"嚣张的霸权"，那就是实现人民币国际化，让人民币在全球贸易和投资中获得更广泛的认可和使用，在国际货币体系中占据与中国经济规模相当的份额和地位。

自2009年开始，我国推进人民币跨境结算试点，开启了人民币国际化征程（虽然起初我们非常低调和含蓄，并没有明确提出人民币国际化的目标）。到今天，人民币已经成为世界第五大支付货币，在全球储备货币中的占比也排第五位。

如果从份额看，人民币距离真正的国际化还很遥远。我国经济在世界经济中的占比为16%，出口占全球出口的14%，而人民币在全球支付市场中的占比仅为1.91%，在全球储备资产中的占比为2.05%，次于美元、欧元、英镑、日元，与澳大利亚元地位相当（要知道澳大利亚经济总量在世界经济中的占比仅为2%），人民币国际地位与中国经济在全球地位存在极大落差。

为什么我国近10年来积极推进人民币国际化，出台了不少支持人民币跨境使用的政策，但效果并不显著呢？引用人民银行前行长周小川在一次论坛上所说的：我们不可能一边实行外汇管制，一边又希望人民币实现国际化。目前人民币实现真正国际化，仍然需要跨过最后一个门槛，就是完全放开资本项目可自由兑换。国际化的货币要求资本项目可兑换达到一定的程度，如果一国货币可兑换程度低，资本管制较多，国际投资者对该货币的持有和交易成本将会上升，该货币难以实现真正的国际化。

在推进人民币国际化过程中，我国在完全放开资本项目可兑换方面态度谨慎。其原因是考虑我国金融体系抵御外部风险的能力有待增强，担心资本大规模外流，人民币汇率遭受冲击，从而引发金融风险。

对人民币进一步放开资本项目可兑换的担忧，实际上忽略了中国经济的规模和特点。要理解中国经济，必须看到中国经济的超大规模、超大市场、超强韧性、超宽纵深，这是中国经济区别于世界任何其他经济体的显著特点。如果说其他一些新兴经济体是小池塘，容易遭受货币狙击并引发金融动荡，那中国经济就是汪洋大海，有足够的空间和容量抵御各种金融风浪。除了中国经济的超大规模外，作为世界第一商品出口大国和第一外汇储备大国，中国具备世界最完备的工业体系和产业链、供应链，中国经济外贸依存度逐步降低，已经形成以内循环为主体的经济结构，这些独有的优势和雄厚的物质基础，使得我国经济和金融体系具备足够的抵御外部冲击的实力。

从国际经验看，一些新兴市场经济体之所以会面临汇率冲击和资本流动压力，从根源上说，还是因为本币的国际化程度不足，一旦经济出现波动，国际投资者容易对本币失去信心，甚至大量抛售。反观其他国际储备货币，投资者对其使用程度高，信心牢固，反而不易贬值，资本外流风险也较低。因此，进一步加快人民币国际化，有助于增强中国抵御外部冲击的能力，从根源上降低金融风险。

中国经济发展到今天，加快推进人民币国际化具备坚实的基础，也面临前所未有的机遇。中国经济在全球新冠肺炎疫情危机中率先实现增长，并将长期保持稳定增长，中国金融业对外开放的大门日益敞开，外资对中国经济和人民币保持信心，外资稳定流入，境外投资者使用人民币在我国金融市场投资的规模不断扩大，人民币汇率稳中有升。我们应该有充分的信心，积极创造条件，让人民币加快走向世界，使其在国际货币体系中占据与中国经济相称的地位。

2020年以来，我国加快推进金融领域对外开放，已经彻底放开外资进入中国金融业的限制。目前，银行、证券、基金管理、期货、人身险等领域外资股比限制已完全取消，信用评级也对外资开放，并在市场准入、业务范围、营商环境等方面进一步加大开放力度。2020年5月，我国取消境外投资者投资中国金融市场的额度限制。对外资充分敞开金融业大门，表明决策层对中国金融改革取得的进展和中国金融体系应对外部风险的能力抱有充分的信心。

在这样的形势下，我国坚持资本项目开放和推进人民币国际化的决心更加坚定，步伐也将进一步加快。2020年9月人民银行、证监会、国家外汇局等陆续发布关于便利境外机构投资者投资境内债券市场、优化跨境人民币政策、完善债券通机制和优化QFII、RQFII境内证券期货投资管理等5项政策措施，加大对跨境人民币和外资投资人民币资产的支持力度，进一步完善人民币跨境使用的政策框架。"十四五"规划提出："稳慎推进人民币国际化，坚持市场驱动和企业自主选择，营造以人民币自由使用为基础的新型互利合作关系。"相信中国管理层有足够的智慧和能力，把握历史机遇，加快推进人民币国际化的各项举措，同时有效管控资本项目开放过程中的外部风险，保持中国金融市场的稳定。

未来，笔者建议进一步扩大与我国签署货币互换协议国家的范围，利用我国超大市场优势以及在全球贸易和对外投资中的有利地位，积极鼓励和引导国内外企业扩大人民币在贸易和投资中的使用，扩大人民币国债市场规模，进一步加快离岸人民币市场建设，加快创新面向国际企业和投资机构者的以人民币计价、交易、结算、投资的金融产品，充分发挥紧密的贸易与投资纽带作用，优先推进人民币在东南亚地区和"一带一路"相关国家进行布局。随着国家政策推进、企业积极参与、境外企业和投资者认同，人民币国际化将自然水到渠成。我们有理由期待，人民币昂首挺进世界的一个大时代正在到来。

坚持以内循环为主体，坚定实施扩大内需战略，积极扩大进口，加快金融双向开放，保持人民币稳定和强势，积极推进人民币国际化，这将形成一个相互促进、相互支撑、螺旋上升的内外大循环，推进中国经济不断向更高水平、更高质量发展。

当我国进出口贸易大部分采用人民币计价和结算，当国际投资者更加愿意使用和持有人民币，当人民币在国际支付结算、全球储备资产货币中占据足够高的地位时，我们就可以挣脱美元霸权的讹诈与威胁，从根本上保护我们的财富不被美元掠夺。

观察者网　2020 年 11 月 10 日

中国如何抵御"输入性通胀"？

通胀，是最近国内外经济界与学界热烈讨论的话题。原因之一是，西方国家的货币大放水引发对全球通胀的担忧；原因之二是，随着各国特别是美国经济复苏，美国通胀预期在快速上升，美国国债收益率大幅上扬，引发资本市场恐慌和巨震，并由此导致市场对美联储宽松刺激政策转向的担忧。

关于通胀，人们首先想到货币主义大师弗里德曼的名言："通胀在任何地方都永远是一个货币现象，只能由于货币比产出增长更快而产生。"货币供给增长过快必然导致通货膨胀。

然而，这与人们观察到的"现代经济情况"大相径庭。比如，2008年金融危机以来，西方国家央行推行激进量化宽松政策，并没有引起普遍的通胀。美国、欧元区和日本的通胀率（核心CPI）大部分时间都低于2%。美联储为应对新冠肺炎疫情危机，疯狂开动印钞机，短短一个月内货币扩张了3万亿美元（相当于英国一年的GDP），然而到目前为止，美国的核心通胀率也仅为1.4%。

为什么发了那么多货币，没有导致通胀？这是个非常有意思的问题。弗里德曼大师的训诫不灵了吗？

确实有些不灵了。因为现代经济的性质与特点已经和传统经济发生了根本改变。虚拟经济在现代经济中已经成为举足轻重的因素，承载货币扩张的程度已经远超出商品世界，还有高度金融化的资本市场。

需要指出的是，作为衡量价格水平（哪怕仅仅是商品价格）的一个重要变量，通胀率指数所观察的范围也太局限了。人们往往拿消费品价格的变动作为通胀率的标尺，这就大大削弱或扭曲了这个指标的经济意义和政策参考价值。这是人们观察通胀的一个误区，或者说是这个指标本身就固有一定的缺陷。

中国金融学会会长、人民银行前行长周小川2020年年底撰文指出，当前各国对通胀的度量忽视了投资品和资产价格，特别是资产价格如何反映到生活质量和支出结构上，而较少考虑资产价格会带来失真，这不利于货币政策的制定。

特别重要的是，当一国的货币是国际储备货币时，那么该货币增发的通胀效应，就远远突破了该国范围，单纯从该国国内的货币总量变动来分析通胀已经失去意义，这恰恰是一些学者看待美国通胀问题的另一个误区。实际上，作为世界货币，美元增发引起的通胀，感受最深、影响最大的恰恰不是美国本身，最应该警惕的是对别国的通胀溢出效应。

美国：通胀会不会来？

眼下，美国各界对较高通胀是否会到来的讨论非常热烈。2021年3月初以来，由于美国国债收益率的飙升，引发市场恐慌，股市连续暴跌，几乎抹平了美国股市2021年年初以来的全部增幅。关于通胀的隐忧，也像悬在美国股市头上的达摩克利斯之剑，牵动着市场的每一根神经。

对美国通胀上升的担心，绝对不是多余的。

一是自2020年以来美国持续、规模空前的财政、货币强刺激。日前，拜登政府1.9万亿美元经济纾困法案在参众两院获得通过，这是美国政府第三轮大规模财政刺激措施，加上前两轮美国用于经济救助的法案，财政支出总额超过5万亿美元（相当于美国GDP的25%），如此庞大的财政刺激规模全世界绝无仅有。美联储也几乎使出了全部政策工具，推出史诗级的无限量化宽松政策，开足马力印钞，美联储资产扩张相比新冠肺炎疫情危机前超过3万多亿美元。

疯狂的货币洪水涌出闸门，金融市场流动性泛滥。弗里德曼的"古训"言犹在耳，美元基础货币发行骤然暴增，对通胀不可能没有影响。

二是美国经济走出新冠肺炎疫情危机快速反弹。随着疫苗广泛接种、新增病例稳步下降，新冠肺炎疫情初步稳定，美国经济活动正在快速回升。2021年2月以来，美国制造业PMI指数维持高位，耐用品订单环比增长3.4%。失业人数逐月下降，2021年2月美国新增非农就业37.9万，好于预期值21万，失业率跌至6.2%。餐饮、休闲、酒店行业反弹强劲，2021年2月净增岗位35.5万。

美国政府持续的刺激计划为经济快速复苏提供强劲动力。拜登表示，经济刺激计划可以使美国国内生产总值增加1万亿美元。

经济预测机构最新月度调查显示，受访经济学家预计美国2021年第一季度GDP将同比增长约4.8%，是1月预期的2倍；预计美国2021年GDP增速为5.5%，这将是1984年以来的最快增速。而高盛的预测更加大胆，其预计2021年美国GDP全年的增速将达到7%，超出所有观察机构的预估。美国市场开始洋溢着对经济前景的乐观情绪。许多市场分析人士预计，随着2021年下半年美国经济加速反弹，通胀将会上升。

三是美国民众收入和储蓄2020年以来快速增长，2020年疫情后出现爆发式消费将推高通胀。尽管美国遭受新冠肺炎疫情严重冲击，企业大面积停工，大批服务行业关门歇业，数百万民众失业，无数家庭不得不依靠食品救济过活，美国经济2020年衰退3.5%（预测值），但凭借美国政府大手笔的纾困救助计划，美国居民的收入并没有受到影响，反而大幅增加（这实在是怪诞无比的奇观）。

美联储报告显示，2020年第三季度美国家庭净资产增加3.8万亿美元（增长3.2%）至123.5万亿美元。美国居民个人收入大幅增长，2021年2月美国居民储蓄总额达到3.9万亿美元，比2020年同期增长了1.8倍。美国政府通过救助计划提供的现金补贴和失业救济金，直接增加了美国民众的财富。

拜登政府1.9万亿美元救助计划预期将在2021年3月14日前签署，除去少数个人年收入超过7.5万美元、家庭年收入超过15万美元的家庭外，大部分美国民众将获得每人1400美元的现金补贴，失业者每周300美元的失业救济金也将延续到2021年9月底。美国居民手里积蓄了大笔收入，在新冠肺炎疫情得到初步控制后，被疫情压抑的消费欲望将彻底释放，2021年美国将出现一场报复性的消费狂潮。这也成为拉动美国通胀的因素之一。

美国国内对于较高通胀是否快速到来意见不一。包括美联储主席鲍威尔在内的一众官员频频喊话：对通胀不必过分担心，美债收益率的飙升也是暂时的，它更多反映了经济前景的改善。根据美联储的最新预测，美国通胀上升将是缓慢的，2021年美国核心通胀率将上升到1.8%，2022年升至1.9%，到2023年升至2%。

但市场另有解读，他们对美联储官员的表态更多看成是对市场的安抚。比如，高盛经济学家预计，2021年美国将出现经济重启的繁荣，失业率将回到4.5%左右。在基本情景下，美国核心通胀率将在2021年4月达到2.4%的峰值。如果需求超预期释放，2021年年底的核心通胀也将达到2.36%。

尽管两派意见对美国通胀可能的幅度和进程有分歧，但认为美国通胀上升这一点是一致的。实际上，2021年2月美国核心通胀率达到1.4%，已经连续8个月持续上升。

还有一点是肯定的，从美联储官员的反复表态看，哪怕美国通胀率在2021年突破2%，美国宽松的货币刺激政策也不会转向。他们为了保证美国经济完全复苏、充分就业将不遗余力。

多印的钱，都去了哪里

美国自2008年金融危机以来，多次祭出量化宽松的法宝，加之2020年美联储史无前例的无限量化宽松，美联储资产负债表已经由2007年底的1万亿美元扩张到2020年末的7.35万亿美元，直到目前美联储仍维持每月增加购债计划。美元基础货币发行扩张了6倍以上。但是美国多年来维持了低通胀，即使现在人们开始担心通胀上升，其水平也是温和的，最高的预测也不过2.4%。

弗里德曼定律在美国失效了。美联储多印的那么多钱，都去了哪里？

这需要从美国经济的特点找原因。弗里德曼的货币和通胀理论在传统经济条件下是管用的，但对于虚拟经济充分发展的现代经济来说，确实有些不适宜了。美国经济高度金融化，股市对美国经济的影响大大超过实体经济，随着美联储大举持续扩张流动性，即便在经济遭受重创的情况下，2020年美国股市仍然上演了空前的大牛市。股市成为承载货币超发的一个巨量的蓄水池。

美国经济在新冠肺炎疫情下风雨飘摇，而股市却牛气冲天，原因就是美联储大肆放水在支撑。源源不断的流动性被注入股市，提供了股市不断攀升的动能。美国股市已经和实体经济基本面高度脱节。2020年2月9日，美国股市总市值达到41.85万亿美元，相当于美国2020年末GDP（20.8万亿美元）的2倍（全球股市总市值与全球GDP比值约为100%）。可以看出，美联储大量增发的货币很大部分流向了股市。股市的上涨吸纳了大批流动性，资金并未进入实体经济，而是在金融体系流转，这很大程度上减轻了货币增发对物价上涨的压力。

股市的上涨，也增加了美国居民的财富。在美国家庭净资产增加的3.8万亿美元中（2020年第三季度），2.8万亿美元来自持有的股票增值。自2020年3月到2020年末，美国亿万富翁人数增加了46人，亿万富翁们拥有的总财富增加了1.1万亿美元。这些增加的财富几乎全部来源于股市的财富效应。

第二个蓄水池是房地产。自2020年3月以来，美国房地产价格经历了一波大涨。2021年3月美国房价指数达到313，比2020年1月上扬了33个点，而且房价上升在2020年下半年后呈加速趋势。这远高出以往年份的平均涨幅，其支撑因素也与美联储大举货币扩张有关。房地产价格上升是吸纳货币增发的又一大资产类别。

股市、房地产价格都不反映在通胀指数中。因此将通胀作为衡量价格水平的指标，其范围确实是太狭窄了。如果把"通胀"理解为包括商品和各类资产的价格上涨，那么弗里德曼关于货币与通胀的断言仍然是成立的。

美国的良方，别国的陷阱

美国之所以能够长期保持低通胀，更根本的原因还是受益于美元作为世界货币的特殊地位及全球化的红利。美元作为全球独一无二的通用货币，可以在全球购买商品，美国增发货币造成的通胀效应并不单单由本国承担，而是通过全球贸易和美元的输出由别国分担。这使得美联储增加货币发行，并不必然引发本国的通货膨胀。

美国经济与全球紧密联结，发行的美元向世界流动和输出。任何拿美国国内的M1、M2、货币乘数等货币理论概念来考察美国通胀，并与中国进行比较的分析，都陷入了幼稚的逻辑和理论误区。这样的一国经济分析框架根本不适用于美国这种高度开放、美元作为世界货币的特殊经济体。如果美元不是世界通用货币，如果美国发行的美元仅在其国内流通，美国如此肆无忌惮地发钞，其通货膨胀水平早就成为脱缰的野马了。

美国在20世纪70—80年代也经历过高通胀。在长达10余年的"滞涨年代"，美国通胀率最高一度达到13.55%。而滞涨的起点正是1971年美国终止美元兑换黄金，美元成为信用货币。失去了"金本位"的约束，美元发行变得任性，美元的超发导致其快速贬值，美国也由此迎来通胀的第一波高峰。直到20世纪80年代初，时任美联储主席保罗·沃尔克以"无情""铁腕"的货币紧缩政策，才终于把通胀压住。

美国后来长期能够保持低通胀，得益于全球化的好处。美国是消费型社会，基本生活用品和消费品几乎全部来自发展中国家的进口。自中国加入WTO以来，美国大量进口来自中国的廉价产品，中国制造为美国消费者提供了巨大的"消费者剩余"，也大大减轻了美国通胀的压力。举例来说，新冠肺炎疫情暴发后，美国自其主要贸易伙伴进口的制成品价格明显攀升，涨幅为1.6%~9.3%，而自中国进口的商品价格仅上涨0.7%（同时期人民币对美元升值7.7%）。

美国一再指责中国对美高额贸易顺差，并担心中国会"吃掉我们的午餐"，但美国政客没有说出的真相的另一面是，**如果不是中国以低劳动成本、低环境成本为代价对美国廉价出口，美国人的午餐恐怕会更贵。**

美国及西方央行敢于大胆放任施行量化宽松的理论依据，是所谓"现代货币理论"。该理论的核心是"功能财政+通胀稳定"，央行可以充分发挥货币创造功能，以追求充分就业为目标。货币发行只要不引起过高的通货膨胀，那么就可以无限制地发行。这为财政赤字货币化打开了闸门。

这个理论的硬伤之一是，仅仅以"通胀率"水平作为约束货币发行的参考指标，这就忽略了股市等金融资产价格的上涨，这为金融泡沫风险累积留下了一个漏洞。

硬伤之二是，该理论仅适用于其货币国际化程度高（如美元、欧元）的国家，他们放任扩张国家债务和增发货币对自身的伤害较轻。其他国家如果效仿起来，结果注定是高涨的通货膨胀和债务危机。

美元的任性增发，注定造成其他国家的通胀压力。2020年以来，尽管新冠肺炎疫情下全球经济活动受到抑制，但铜、铁矿石、原油、煤炭等大宗商品及工业原材料价格飙升。自拜登胜选以来，布伦特原油上涨60%，铜上涨超过30%，玉米上涨近40%，大豆上涨30%。2021年，随着全球经济缓慢回升，全球通胀将不可避免，发展中国家遭受的痛苦将更为明显。2021年年初以来，我国居民已经明显感受到日常生活必需品价格上涨的压力。如果这还不算输出通胀，那什么才叫输出通胀呢？

美国这种出于解决自己问题和危机的需要，无底线地扩张债务、任性发钞，并凭借美元世界货币特权对他国财富进行明火执仗的洗劫，对美国自己是良方，但对别国无疑是陷阱。

美国敢于放任撒钱、放任印钞，实际上是因为有其他国家在为美国的任性买单。

疏堵结合，抵御输入性通胀

中国作为美国最大贸易伙伴，对美常年保持贸易顺差，美国持续推行债务扩张和无限量化宽松政策，其溢出效应对我国影响最大、最直接、最深刻。美国的货币扩张，对我国造成输入性通胀的影响不容忽视。

通胀输入的第一个通道，是我国与美国的贸易联系和美元外汇的结汇机制。除去少数拥有自主保留外汇许可的企业外，我国其他企业出口赚取的美元，需要向商业银行进行结汇，按照央行公布的汇率兑换为人民币，这样我国对美贸易顺差的大部分就转换为人民币进入流通领域。对美贸易顺差越大，由美元换汇形成的外汇占款人民币的被动投放就越多。尽管央行对外汇占款形成的人民币投放有调节和管理措施，但总体上是由对美国出口带来的美元流入，其通胀输入效应仍然是存在的。与此类似，以美元计价流入中国的投资，其在中国经营活动，也需转换为人民币，并增加了人民币的投放。

通胀输入的第二个渠道，是由于西方货币超发引致全球基础能源、资源和原材料价格的大幅上涨。我国作为世界第一制造业大国，所需要的大量基础原材料依赖进口，这导致我国制造业成本上升，工业制成品价格不得不上涨。在我国具有竞争力的产业领域，这些制成品出口可以通过价格上涨部分地抵消成本上涨。但用于国内消费的制成品，将不可避免地推高国内的价格水平。

实际上，我国对美国的贸易顺差，就是用自己的商品财富，交换了美国的信用货币。在美国和西方央行大肆印钞的形势下，我国作为出口大国和贸易顺差大国，输入性通胀不可避免。如何最大限度减轻输入性通胀的危害，值得深入思考。

第一，扩大内需。构建"以国内大循环为主体、国内国际双循环相互促进"的新发展格局，牢牢把握扩大内需这个战略基点，把满足国内需求作为发展的出发点和落脚点，激发超大规模国内市场的巨大潜力，既是我国对抗短期外部经济环境冲击的举措，也是保证我国经济高质量发展的根本战略。2021年两会《政府工作报告》提出，要提升科技创新能力，强化国家战略科技力量，提高基础研究投入；推进"两新一重"建设；增强产业链自主可控能力；全面实施乡村振兴战略；加强生态建设等。这些战略举措立足补齐发展短板，强基固本，有利于构建新发展格局，也从长远上有利于我国降低输入性通胀的影响。

第二，减少顺差。在我国进入新发展阶段的当下，应该重新审视出口、进口和贸易顺差的意义和价值。我国作为全球第一制造业大国和第一货物出口大国，常年保持贸易顺差，人民币汇率稳定具有坚实的基础。中国经济体量巨大，拥有超大规模的内需市场，内循环具备广阔的空间和纵深。我国当然应该发挥出口对经济的拉动作用，但无须追求贸易顺差，而应更加注重进口、出口的平衡。2021年，两会强调，要促进我国外贸"稳中提质"，反映出外贸指导方针开始由注重外贸的"量"的增长向注重"质"和"效"的转变。进口对应着我国从世界获取更多实体经济资源，笔者认为，进一步扩大进口，能够更好地满足人民对美好生活的需求，促进国内消费升级，增进国民福祉，符合中国战略利益；同时，中国成为世界进口大国，能够大大提升我国在国际竞争中的战略地位。中国贸易顺差减少，可以有效抵御输入性通胀。

第三，人民币适当升值。进一步完善人民币汇率形成机制，坚持市场化方向，增强汇率弹性。2020年在美国对我国商品大幅加征关税和人民币汇率升值的情况下，我国出口继续保持大幅增长。这表明在抗疫取得战略性胜利的形势下，我国对美国和其他国家的出口绝大部分都是刚需，也表明我国出口企业的竞争力已经超越凭借廉价获取竞争优势的阶段。

当前，各国完全走出新冠肺炎疫情阴影尚需时日，全球生产和供应链尚未完全修复，各国对中国制造和中国供应链的依赖仍将持续较长的时间，我国出口仍然具有较大的竞争优势。2021年前2个月，我国对外贸易和出口继续保持高速增长态势，货物贸易进出口总值为5.44万亿元人民币，比2020年同期增长32.2%。其中，出口3.06万亿元，增长50.1%；贸易顺差为6758.6亿元。中美贸易总值为7163.7亿元，增长69.6%。其中，对美国出口5253.9亿元，增长75.1%；自美国进口1909.8亿元，增长56.1%；对美贸易顺差为3344.1亿元，增长88.2%。在这样的形势下，我国可以适当提高出口产品价格，提高出口的经济效益，人民币具备进一步升值的空间和支撑。

第四，货币政策回归常态化。为控制我国通胀上升，在货币政策上要进一步突出金融服务实体经济，把握灵活精准、合理适度，保持货币供给和社会融资规模增速与经济增长率基本匹配，把资金更多引导到支持小微企业、科技创新、绿色发展、国家战略项目上。规范科技金融、网络金融健康发展；防范系统性金融风险。王岐山副主席指出："金融脱离实体经济就是无源之水，无本之木。中国金融不能走投机赌博的歪路，不能走金融泡沫自我循环的歧路，不能走庞氏骗局的邪路。"这深刻阐明了中国金融的本质和正道。当前，我国金融正在向服务实体经济的本源回归，货币政策由相对宽松向常态化回归，同时要注意保持金融对经济的必要支持力度，不急转弯。

第五，充分用好财政政策工具。积极的财政政策可以更加有为。我国财政体系基础稳健，政策工具箱充足。支持经济稳健增长，财政政策有更大的空间。两会提出，2021年财政支出总规模比2020年增加，重点加大对保就业、保民生、保市场主体的支持力度；落实和优化减税措施，助力市场主体青山常在；有保有压，强调各级政府过紧日子、节约为民。这充分体现了以人民为中心的发展理念，有力促进了民生福祉，巩固了发展根基。

观察者网　2021年3月11日

汇率升值影响出口？理论不应成为教条

2020年下半年以来，随着美联储3万亿美元大放水，美元指数急剧走弱，人民币汇率快速升值。如今美国政府财政强刺激、货币超宽松的政策仍然持续，人民币汇率未来将如何走？这个问题越来越现实地摆在人们面前，关乎每个人的利益，格外引发各界关注。

围绕人民币汇率问题，有一种声音总是挥之不去，那就是"人民币升值会影响中国出口"。这种观点藏于很多人大脑深处，从一般学者到宏观管理者，从企业人士到寻常百姓，流传非常久远，影响根深蒂固，形成了思维惯性。

然而，实际情况真是这样的吗？这个问题实在有重新审视和澄清的必要。

中国自2005年8月开始的浮动汇率改革历程，并未给出所谓"升值影响出口"的实证，反而提供了反证。其他一些国家的历史经验，在仔细审视之后，也并不支持这样的结论。

理论是对现实的抽象，都有其假设前提和适用条件。如果前提或条件变了，其对现实的反映就会失真。

中国汇改的实证与近年出口表现

汇率升值影响出口，来源于西方经济学价格理论，认为汇率升值使得以外币计价的出口商品价格上涨，从而导致需求下降，因此削弱了出口竞争力。但从历史经验看，回顾人民币汇改历程，人民币升值削弱中国出口的情形并未发生。

2005年以前，人民币汇率实行盯着美元的固定汇率制，对美元汇率保持恒定。从2005年8月开始，中国启动人民币由固定汇率向浮动汇率的改革，从2005年到国际金融危机之前的2007年，人民币对美元累计升值20%，但中国出口依然保持快速增长，年均增速达到23%，比升值前增速还提高了。这段时期也是2000年以来中国出口增速最快的时期，这说明中国出口并未受到汇率升值制约。

与此同时，中国出口产品从简单加工不断向深加工延伸，出口产品种类由纺织服装鞋帽等基本消费品向机电产品扩展，出口附加值有所提高，产业链条有所拉长。而出口企业在应对汇率变化和国际市场搏杀中，技术水平、经营管理和竞争能力得到锻炼和提升，出口效益也有所提高。

2000—2010年，中国出口出现的唯一一次负增长是在2009年。其间，人民币汇率并未升值，而是由于2008年国际金融危机后，全球经济疲软，国际需求下降，故与人民币汇率无关。

2008年国际金融危机后，为减缓国际需求下降对出口的冲击，中国采取了包括提高出口退税率等一揽子鼓励出口的措施，以降低企业出口成本。但出口企业因出口退税而降低的成本，随即变成中国出口商品价格的普遍降低，中国企业本身并未得到相应好处。同时，尽管出口价格下降，2008年中国出口增速仍然下降，2009年更经历了出口负增长。这说明出口价格下降并不一定能够提高出口竞争力和增加出口。

2018年以来，中美经贸摩擦与中国对美出口的表现，为观察此问题提供了一个最新的例证。美国从2018年3月对中国挑起经贸摩擦，加征关税提高了中国对美国出口产品的价格（其效应与汇率升值对价格的影响类似）。中国对美出口只有2019年出现了下降，其他两年增长都不错。2018年中国对美出口4784亿美元，比2017年增长11.3%；2019年对美出口4185亿美元，比2018年下降12.5%；2020年对美出口4526亿元，比2019年增长8.1%。

特别突出的是，2020年中国对美出口增长，是在人民币汇率显著升值（全年升值76点，升值幅度为6.47%），且美国对中国出口商品大范围加征25%高关税的背景下实现的。2020年中国重回美国第一贸易伙伴地位，对美贸易顺差继续扩大，达到3169亿美元，比经贸摩擦前的2017年增长了14.9%。这表明美国对中国的进口绝大部分都是刚性需求，要"替代"中国进口并不容易。

2020年在人民币汇率显著上升的情况下，中国不仅对美出口实现增长，对世界出口也稳步增长，成为全球唯一实现货物贸易正增长的主要经济体，外贸规模再创历史新高。中国全年出口17.93万亿元，增长4%；贸易顺差3.7万亿元，增加27.4%。以美元计算的外贸顺差5350.3亿美元，是1950年以来的第二高纪录。与此同时，中国出口在全球所占份额再创新高，东盟、欧洲超越美国成为中国第一、第二大贸易伙伴。

人民币升值并未显著影响中国的出口增长，表明中国制造和中国供应链具有一定的综合竞争力，中国外贸有比外界预期更强的韧性，汇率高低并非决定出口增减的最重要因素，中国出口靠廉价作为主要竞争力的阶段似乎正在过去。

被长期误读的"广场协议"

还有一个被人们经常引用的例子是美日"广场协议"，认为20世纪80年代日元对美元大幅升值，是导致日本经济长期停滞和出现"失去的20年"的原因，并以此作为警惕和反对汇率升值的依据。这其实是一个严重的误读和理论讹误。

实际上，在"广场协议"前的20世纪70年代，日元同样经历了大幅升值，累计升值117%，而日本出口稳定增长，经济增速在短暂触底后强劲反弹至超过5%。1985年"广场协议"后，日本GDP增速反而在1988年达到6.79%的历史峰值，同时20世纪80年代日本出口一直保持增长，并实现了翻番。理由很简单,由于日元汇率升值,出口价格的提升使得单位货品的出口价值也提高了。

可见日元升值并未真正制约日本出口,此外,日元的升值大大增强了日本企业对海外并购和全球扩张的实力。1985年"广场协议"签署后,日本对外投资在这个时期急剧扩大。到20世纪末,日本企业的境外投资、境外法人的海外产值规模甚至超过了日本的出口总额。这一时期,也是日本银行业大举向海外扩张的时期。日本通过"融资进口"与"开发进口"的对外投资战略,不仅确保了对海外资源的控制,而且借助日元大幅升值获取了额外的对外借贷收益。

有人认为"广场协议"后日元升值是导致日本泡沫经济的原因,那就无法解释同期一起与美国签署"广场协议"的其他发达国家的经济表现。1985年,德、法、英和日本一样都签署了"广场协议",都经历了汇率大幅的快速升值。1985年到1987年日元对美元汇率最大升值99.78%,同期德国马克升值了101.27%,法郎最大升值了100.55%,英镑升值了66.98%。而德、法、英三国并未出现泡沫经济,也未出现"失去的20年",可见日本出现泡沫经济并非源自汇率的快速升值,而是源于日本自身的因素,包括其经济结构、人口结构、经济政策等其他原因。

日本出现泡沫经济,主要是日本扩张性的经济政策造成的。由于日本政府认为升值将打击日本的出口,对国内经济产生紧缩效应,因此日本在日元大幅升值后,采取了持续的扩张性货币政策,特别是超低利率政策,货币供应猛增,而这些资金并未流入实体经济,却在金融体系内自循环,大量资金流入股市和房地产市场,形成股市和房地产泡沫,导致了泡沫经济。另外,20世纪90年代日本经济陷入"失去的20年",也与其快速老龄化的人口结构有关(相关学者已有专论,这里不赘述)。

盲目照搬,理论就成为教条

中国和世界经济发展的历史证明,价格仅仅是影响出口的一个因素,但绝非关键因素。决定出口竞争力的最主要因素是技术进步和劳动生产率的提升。

那些持"汇率升值影响出口"的论者,其误区就在于片面、狭隘地照搬西方经济学的一般结论,而忽视了其假设前提及约束条件。

首先,该结论来源于西方经济学的价格决定需求理论,其理论假设是市场是充分竞争和自由的,消费者可以在同类商品中自由选择和替代。然而这与现实世界有相当大的距离,直到今天,自由市场仍然是一种理论化的存在,现实中我们看到了太多的贸易壁垒、出口限令、国际政治博弈等非自由市场因素。

其次,该结论的成立,还取决于在商品价格变动时,消费者的需求弹性充分大。而现实的情况是,消费者的选择往往受到消费习惯、文化心理、情感因素、品牌忠诚度、产品设计、质量差异、供需缺口、供应链依赖等各种因素影响,价格仅仅是其中的一部分,把价格的影响夸大就会得出片面的结论。

忽略理论的前提,不顾理论的约束条件,不结合各国的具体发展阶段,不加分析地照搬西方理论的结论,理论就成了教条。抱着这种教条,用于分析和观察中国经济,就是片面和僵化的;用于指导和管理宏观经济,也是有害的。

中国制造经过几十年发展奋进,已经具备相当的成本优势和综合竞争力。举例来说,新冠肺炎疫情暴发后,美国自其主要贸易伙伴进口的制成品价格明显攀升,涨幅为1.6%~9.3%,而自中国进口的商品价格仅上涨0.7%(同时期人民币对美元升值7.7%)。

2021年前2个月,中国对外贸易和出口继续保持高速增长态势,货物贸易进出口总值5.44万亿元人民币,比2020年同期增长32.2%。其中,出口3.06万亿元,增长50.1%;贸易顺差6758.6亿元。对美国出口5253.9亿元,增长75.1%;对美贸易顺差3344.1亿元,增长88.2%。在这样的形势下,中国可以适当提高出口产品价格,人民币具备进一步升值的空间和支撑。

中国正处在向高质量发展挺进的新阶段,廉价不应继续成为中国制造的标签,也不应该是中国经济发展的方向。人民币升值后,一些低端制造产品出口企业可能会被淘汰,这也逼迫中国企业加快技术升级,实现由低价取胜转向依靠质量、技术取胜，从而提升中国制造的附加值、品牌和竞争力，提高劳动生产率，促进中国经济转型升级。

汇率升值使等量的出口商品实现更多价值，劳动价值通过出口价值的提升得到应有体现，企业获得更大出口效益，有助于整体提高国民收入，增加国民财富，提升国民福利水平。发达国家经济发展的历史表明，汇率升值绝非出口和增长的"陷阱"，反而对一个国家收入的提高有重大意义。例如，日本、德国的历史经验还表明，汇率升值对于其人均收入的增长的贡献远大于实际GDP增长。

根据国务院发展研究中心原副主任刘世锦先生领导的研究，从1975年到1991年的16年间，日本实际GDP年平均增长4.4%，累计增长99.6%；日元兑美元汇率年平均升值幅度为5.1%，累计升值幅度为120.3%。从按美元计价的日本人均GDP增长来看，日元兑美元汇率升值的贡献要大于GDP实际增长的贡献。从1971年到1987年的16年间，德国实际GDP年平均增长2.3%，累计增长43.2%；德国马克兑美元汇率年平均升值幅度为4.3%，累计升值幅度为95.1%。从按美元计价的德国人均GDP增长来看，德国马克兑美元汇率升值的贡献要远大于德国GDP实际增长的贡献。

在现阶段，中国已接近高收入国家的门槛，已经走到一个发展的历史关头，经济增长正经历重大转型。可以说，中国走过了靠低技术含量、低附加值和价格竞争的初级阶段，正在向以高技术含量、高附加值为核心竞争力的高质量发展转换。

处在新发展阶段，要有充分的勇气和自信，立足于中国大地，着眼于中国经济实际，与时俱进，摆脱固有思维和理论教条的束缚，为推进新时代中国高质量发展、构建新发展格局做出贡献。

《财经》杂志　2021年3月18日

SWIFT牵手中国央行数字货币，
意味着什么？

2021年1月16日，SWIFT（环球银行金融电信协会）联手中国人民银行清算总中心、跨境银行间支付清算有限责任公司（CIPS）、央行数字货币研究所和中国支付清算协会，在北京成立了合资的金融网关信息服务有限公司。该合资公司将致力于提升中国对跨境报文传输、连接、韧性以及数据管理方面的合规要求，并积极拓展中国相关网络管理业务。消息一出，立时引发业界和媒体广泛关注。

牵手中国央行，彰显了SWIFT对中国市场的重视和信心，也代表了世界对人民币国际地位的认可，有利于其更好地服务中国市场，并满足自身改革要求，加快技术创新与变革，以及应对跨境支付数字化转型的需要。而中方跨境银行间支付清算公司、央行数字货币研究所的加盟，则标志着我国跨境金融基础设施建设又一重要进展，为人民币国际化增添新的助力，也将为未来数字人民币实现跨境支付和流动探索可行的方式和路径。

SWIFT，是国际银行同业为统一资金支付结算通道、标准和语言而成立的全球性合作组织，运营着覆盖全球的金融报文网络，对接全球超过11000家银行、金融机构、金融市场基础设施和企业用户，覆盖200多个国家和地区，将全球国际化银行联结，完成跨境支付交易中信息和资金的互相传递。它是当今全球最重要的金融基础设施之一，全球几乎所有跨境支付交易都通过SWIFT系统来提供金融报文。

中国是全球第一贸易大国，进出口贸易在全球所占份额接近13%，出口份额超过14%，在全球贸易体系中的中心地位日益提高。中国是SWIFT最重要的全球市场之一。因此，SWIFT对中国市场历来十分重视，与中国联系及合作非常紧密，并不断增加投入。

SWIFT在中国业务的战略重点是：为金融基础设施和机构提供可靠的互联互通，连接更多的用户以支持中资机构走出去；不断优化产品和服务，更好地支持人民币国际化的发展；与会员、监管机构在金融创新、合规、反洗钱及网络安全等方面保持密切沟通与合作，促进人民币业务的标准化。目前SWIFT在中国有超过600家的用户，包括银行、金融机构、金融基础设施及企业。

2019年6月，SWIFT在华注册成立全资子公司。此举被视为SWIFT"中国战略的重要里程碑"，也体现了其对中国市场长期、明确的战略承诺，并以实际行动体现了SWIFT组织对人民币更广泛的国际使用的坚定支持。

此次SWIFT再次携手中国央行成立合资公司，标志着双方合作进一步深化，对于SWIFT推进内部改革和技术创新有积极意义。

SWIFT作为全球应用最广泛的金融基础设施，要长久保持其在跨境支付体系的主导地位，就必须不断回应市场和用户关切，顺应技术变化的要求，完善内部体系，优化运行机制，提高服务效率。SWIFT是基于传统电报网络的系统，通过代理行间接力的信息与资金的传递，以完成资金的跨境支付与结算。目前，SWIFT在跨境支付中的主要问题是资金路径复杂，清算链条长，导致资金到账手续多、速度慢、费用高、效率低。

因此，近年来SWIFT内部一直在考虑引入区块链技术，对传统的跨境支付模式进行技术重塑。中国央行数字货币研究所以股东身份加盟新成立的合资公司，其在相关技术领域的创新经验和理念，对SWIFT的技术创新和流程改造可以提供重要的支持和借鉴。

另外，数字货币的兴起将对全球货币体系及跨境支付体系带来革命性的重大改变。私人机构推出的比特币、Libra等已经受到广泛、热烈的追捧，而越来越多的国家也开始加入央行数字货币研发的竞争，SWIFT必须未雨绸缪，为应对即将到来的数字货币时代的挑战，做好制度和技术上的前瞻性准备。而中国在全球法定数字货币竞争中走在前列，将为SWIFT应对全新的数字货币变革挑战，提供极为重要的样本和参照。

中国央行在全球法定数字货币的研发竞争中，已经取得先发优势。2019年人民银行基本完成数字人民币（DC/EP）的顶层设计、标准制定、功能研发和联调测试等工作。2020年4月起，在深圳、苏州等多地启动数字人民币的试点。2021年2月，继2020年在北京冬奥场所试点应用数字人民币之后，北京又开启了新一轮以"数字王府井、冰雪购物节"为主题的1000万元数字人民币红包大型试点活动。数字人民币的落地呼之欲出。

我国是全球数字经济大国，并全面进入移动互联时代，我国网民规模达9.35亿人，其中手机网民超过9亿人。庞大的用户群体、海量的移动端应用，为推行数字人民币提供了坚实的基础和广阔的落地应用场景。相比其他国家，我国推行法定数字货币具有无可比拟的巨大优势。

我国数字人民币的技术设计和运行架构已趋于成熟。数字人民币基于特殊设计，不需依赖银行账户，通过交易双方的数字钱包即可完成价值转移，实现点对点交易。不仅可以满足网上银行、微信支付、支付宝等平台全部的支付功能，还克服了这些支付方式必须依赖网络的缺陷，更好地满足便捷支付的需求。数字人民币具有可追溯的匿名性，也在一定程度上满足了匿名支付的需求，用户隐私得到保护。数字人民币也支持开启企业部门与政府部门的数字支付，从而打开数字支付的对公场景。数字人民币在国内的落地和普遍推广，已不存在技术和运行上的障碍，相信未来推出的步伐将会越来越快。

未来，数字人民币要实现跨境支付和流动，将比在国内推行面临复杂得多的问题。既涉及各国间对数字货币的互认、兑换，以及发行标准、运行架构、技术路线的区别，地区技术条件的限制等，也面临各国政府对货币主权的考虑、经济安全的质疑、跨境资金的管控、反洗钱监管等一系列问题，还涉及数字货币流通机制和技术模式与标准的统一等。这些都将取决于各国间广泛、深入、紧密的合作与研究。在这方面，中国央行，特别是数字货币研究所，与SWIFT的合作将变得非常重要。这既可对双方探索未来全球数字货币的跨境支付和流动的解决方案具有积极意义，也有望为未来数字人民币走出国门、获得广泛跨境使用，探索出一条可行的模式与技术路径。

从人民币国际化角度来看，CIPS和中国支付清算协会与SWIFT的合作，将进一步促进人民币跨境支付基础设施的完善，构建人民币跨境支付的网络体系。

随着中国经济在世界经济中的影响力日益增强，各国对改革国际货币体系以及人民币国际化的需求不断提升。我国一直在悄然推进人民币国际化布局，并自主加快人民币跨境支付清算的基础设施建设。人民银行于2015年启用了CIPS，该系统对标发达经济体清算系统，采用自己的报文标准，支持人民币在国际贸易和跨境投资中进行支付和结算，成为人民币跨境支付清算的主渠道。2018年5月，CIPS二期全面上线，实现了对全球各时区金融市场的全覆盖。截至2020年末，CIPS系统已吸引1092家参与者，覆盖全球99个国家和地区。

依托SWIFT在全球支付市场的强大影响力，CIPS可以吸引全球更多的参与者和用户，构建起覆盖范围更广、联通交互更便捷的人民币跨境支付网络和通道，进一步提高国内外用户使用CIPS系统的便利性和可获得性，从而为人民币国际化提供更坚实的基础和更多助力。

随着中国经济的崛起，人民币国际地位的提高是必然的，但人民币国际化依然任重道远。人民币在全球支付市场和国际储备资产的占比均在2%上下，这与中国经济和贸易在全球的地位落差很大。推进人民币国际化，需要人民币跨境支付基础设施的完善，更取决于国家政策层面的大力推进与引导。

2020年9月，人民银行、证监会、国家外汇局等陆续发布关于便利境外机构投资者投资境内债券市场、优化跨境人民币政策、完善债券通机制和优化QFII、RQFII境内证券期货投资管理等5项政策措施，进一步加大对跨境人民币和外资投资人民币资产的支持力度，人民币跨境使用的政策框架逐步建立。

随着我国加快构建以内循环为主体的"双循环"新发展格局，金融双向开放提速，国家政策的积极引导和支持，加上人民币跨境支付基础设施日益完善，越来越多的国内外企业将乐于和更便利地在对外贸易和投资中使用人民币。假以时日，人民币国际化自然将水到渠成。

观察者网　2021 年 2 月 15 日

人民币国际地位上升大有潜力

环球银行金融电信协会（SWIFT）最新数据显示，2021年12月，在SWIFT全球支付货币排名中，人民币在国际支付中的份额上涨至2.7%，超越日元升至第四位。这是自2015年8月以来，人民币国际支付全球排名首次跻身全球前四大活跃货币。

对人民币国际化来说，这确实是个好消息。不过，在全球主要货币的支付份额中，人民币与排名第三位的英镑（份额5.89%）仍有较大差距，与占第五位的日元2.58%的份额相比，优势并不明显。同时，单个月份的支付占比经常出现一定波动，人民币是否能够稳固占据全球支付货币第四位，仍有待后续表现来确认。

人民币在全球支付货币中的地位，此前长期居于第五位甚至有时是第六位，与中国经济总量全球第二以及世界第一贸易大国的地位并不匹配。这表明全球市场主体对贸易、投资支付货币的使用有很强的历史惯性和路径依赖，人民币国际地位的提升是一个长期的过程，但未来上升空间和潜力非常大。

近年来，人民币跨境收付快速增长，由2017年10万亿人民币增至2020年约28.4万亿元人民币，年均增长超40%。2021年上半年人民币跨境收付总额为17.6万亿元人民币，同比增长38.7%。经常项目和直接投资的跨境人民币结算量快速增长,大宗商品及东盟等地区人民币使用进一步增加,是人民币跨境收付增长的支撑力量。

此外,近年来中国经济稳定增长,人民币投资收益较高,全球投资者对人民币资产青睐有加。2018年到2021年,外资累计净增持境内债券和股票超过7000亿美元,年均增速达34%。境外投资者加大投资人民币资产,资本项下人民币使用成为人民币跨境收支增长的又一主要推动力量。这样的趋势未来仍会增强。

人民币在SWIFT支付份额的变化并未反映人民币跨境使用的快速增长,部分原因是SWIFT并非人民币国际支付的唯一渠道。我国在2015年启用人民币跨境支付系统CIPS,经过6年运营与优化,该系统已有逾1200家参与者,实际业务覆盖178个国家超过3600家法人机构,成为人民币国际化的"高速公路"和人民币跨境支付清算的主渠道。也就是说,相当一部分人民币跨境收付已经不依赖SWIFT系统,而是通过中国自己的CIPS系统完成。从这个因素看,仅看人民币在SWIFT中的支付份额,实际上低估了人民币在国际支付中的真实活跃程度。

人民币国际地位的进一步提升有牢固的经济基本面支撑。2021年全球经济在新冠肺炎疫情冲击下步履维艰,中国克服了各种内外部不利因素,依然保持了8.1%的增速,外贸规模突破6万亿美元,在全球贸易中的占比进一步提升。在后新冠肺炎疫情时代,中国的制度优势、规模优势、技术优势将进一步凸显,产业体系的完整性、规模效应、成本集约效应也将使中国产业链在全球生产体系中的地位更加牢固。

人民币在与东盟国家贸易投资中的使用基础较好。2022年RCEP(区域全面经济伙伴关系协定)正式生效,中国与区内国家贸易投资联系更加紧密,扩大人民币在区内的使用面临更多机遇。随着国家继续优化人民币使用的相关政策,加强与区内国家双边货币合作,不断提高人民币贸易投资使用的便利化程度,人民币有望成为区内投资、贸易的主导货币。

越来越多的国际机构看好人民币的使用前景。摩根士丹利预测,2030年人民币有望成为仅次于美元和欧元的第三大储备货币。笔者认为,这样的前景仍是基于常规趋势演变的预测。我国当前对人民币国际化的政策基调仍然是"稳慎"，在健全跨境资金流动审慎管理的同时，有序推动金融市场双向开放，而人民币国际化未来的发展极可能大大提速。

在后新冠肺炎疫情时代，世界经济及国际格局将加速演变，国际货币体系也面临深刻调整。中国在全球生产、贸易中的地位以及超大规模的内需市场，使中国正在成为驱动新型全球化的主要动力和世界经济新的中心。随着中国经济进一步崛起和在世界经济的中心地位日益突出，人民币国际地位的进一步提升将是自然而然的事情。

《证券时报》 2022年2月8日

人民币长期稳步升值的
大趋势不可阻挡

2021年4月以来，人民币兑美元汇率一路上扬。2021年5月25日，离岸人民币兑美元汇率升破6.4，在岸人民币兑美元收报6.4078，较上一交易日大涨215个基点，均创3年来新高。

在岸人民币兑美元从2021年4月初的6.5739升至目前站稳6.40的水平。

新冠肺炎疫情发生以来，随着美国开启无限量化宽松和大规模财政刺激模式，自2020年5月起，美元持续贬值，人民币、欧元等主要货币走强。2020年人民币汇率先抑后扬，美元兑人民币中间价重回6.5时代。

短期内人民币兑美元仍将保持升势

人民币近期的快速升值，与美元指数走软有关。美元指数从2021年3月底的93.28上方，降至90以下，最低报89.61。相对于一篮子货币，人民币汇率没有较大波动。美元相比于2021年峰值贬值4%，欧元升值4%，而人民币升值3%。

美元指数的走低，背后是美国政府连续推行超大规模财政刺激政策，以及美联储无视美国高额国债和赤字水平、通货膨胀率快速攀升的形势，继续维持宽松货币政策和购债计划所推动。

拜登政府上台以来，不仅延续了特朗普执政时期大肆印钞的宽松货币政策，还连续推出财政刺激计划。特朗普政府2020年财政刺激规模大约为3.6万亿美元，而拜登政府计划出台4项财政刺激方案。2021年3月已经出台的新冠肺炎疫情救助计划规模为1.9万亿美元，正在推进的就业和基建计划预计为2.2万亿~2.3万亿美元，此外还在酝酿出台"美国家庭计划"，市场预期超过1万亿美元。这些刺激计划财政支出总规模高达7万亿~8万亿美元。美国财政部前部长拉里·萨默斯曾多次警告说，拜登政府的刺激计划会创造出相当于"产出缺口规模至少三倍"的购买力，将是"过去40年里最不负责任的宏观经济政策"。

美国超大规模的货币宽松及财政救助、刺激计划使得美国家庭、企业和投资机构获得大笔收入，市场到处充斥着流动性的洪水。《华尔街日报》发表评论指出，2021年第一季度美国工资和薪水已经比新冠肺炎疫情暴发前高得多，加上政府用于失业救济等公共福利的开支几乎翻倍，导致个人储蓄从一年前的1.6万亿美元激增至惊人的4.1万亿美元。随着美国新冠肺炎疫情控制逐步好转，被压抑的消费需求如同洪水面前打开闸门。

美国政府不负责任地进行货币放水和财政刺激，终于让自己尝到了通胀的苦果。2021年4月消费者物价指数同比上升4.2%，价格上涨遍及食品、汽油、日用品、木材、大宗商品、汽车、住房等各领域。房屋市场更为火爆，2021年4月，房屋销售价格中位数较2020年同期增长16.2%。

经济学人：美国火热的房地产市场对消费者价格意味着什么？

一方面美国通货膨胀快速攀升，国债收益率持续走高，而另一方面就业市场并没有随着新冠肺炎疫情好转而显著改善，2021年4月美国新增就业人数严重低于预期。拜登政府慷慨的刺激、救济和补贴反成了生产的限制，失业补助金使得大批美国人得到不劳而获的依靠，不工作甚至成为比工作还受欢迎的选项。

面对来势凶猛的通胀大潮，美联储不为所动。各州联储官员轮番表态，声称高通胀和就业疲弱是暂时的，美国经济正在开足马力、强劲增长，在美国实现充分就业前将不会改变超宽松货币政策，并将继续维持每月1200亿美元购债计划和接近于零的短期利率政策。无他，没有了美元印钞机提供动能，美国经济将无法维持，更何谈增长！

一方面是天量的国债、持续攀升的赤字，另一方面是源源不断的美元供给，动摇了世界对美元的信心，导致美元指数持续走软，重新跌入90以下。可以肯定，在美联储收紧量化货币政策前，美元将持续处于贬值通道。

2021年以来，中国出口继续保持高速增长，同比增长28.5%。其中对美国出口增长49.3%，对美贸易顺差增长47%。这也成为人民币对美元升值的驱动因素。

短期内，人民币对美元汇率仍将保持升势，升值幅度视美元指数走势而定。

在当前美国和西方央行货币大放水、国际大宗商品价格暴涨、全球通胀压力骤然上升的形势下，人民币适度升值有助于降低进口产品价格，对国内通胀有显著的抑制作用。 有研究表明，2020年下半年至2021年4月，人民币大幅升值约压低了生产者价格指数2.4个百分点。

中期内人民币对美元双向波动将是常态

随着美国通货膨胀率攀升，美国国债长期利率上行趋势凸显，美国超宽松货币政策被迫转向的时间点可能大大提前。如果美国退出或减少量化宽松规模，美元加息周期来临，将导致全球美元流向逆转，美元指数可能重回上升轨道。

尽管美联储官员一再喊话维稳，坚称目前的高通胀只是暂时的，调整宽松货币政策为时尚早，但形势比人强，消费者对通胀的预期与美联储的喊话相差甚远。密歇根大学2021年5月所做的调查显示，消费者预期未来一年通胀率将升至4.6%，为10年来最高，43%的受访者预期价格可能至少涨5%。彭博社最新月度调查显示，经济学家对通胀的预期也在上升。

投资者对迅速飙升的通胀水平显然更为敏感和担忧。当下通胀正在成为金融市场最大的风险，根据美国银行的数据，"通胀"一词正成为流行词，在最近的美国企业业绩电话会议上，通胀出现的次数比一年前增长了8倍。桥水基金创始人达利欧警告称，拜登的财政刺激加剧了通胀和美元贬值的风险。而华尔街的交易员们正在加大押注美联储可能在2022年被迫升息的力度，远早于决策者们暗示的时间点。

美联储的口风也正在发生微妙变化，似乎正在含蓄承认通胀上升的现实。美联储主席鲍威尔前期一直表示2024年以前不会退出量化宽松政策，但在近期口风有所变化。关于量化宽松政策，他最新的表态是："过早退出的风险大于过晚退出，所以不能过早退出。如果美联储要退出，一定会与相关经济体和市场充分沟通。"这与美联储原来根本不考虑退出有了细微的变化，市场猜测美联储可能实际上已经开始考虑货币政策的退出问题。

而美联储最近出台的提高隔夜逆回购上限的政策，显然更具标志性意义。逆回购操作是美联储控制短期市场利率的政策工具，即市场参与者可通过该操作向美联储存入现金。最近美联储逆回购操作的规模激增，这个过去一向乏人问津的政策工具，如今却备受市场青睐，市场需求飙升至4年多以来的最高水平。

纽约联储的数据显示，2021年5月21日美联储隔夜逆回购操作规模达到3511亿美元，比上一交易日增加570亿美元，是自2017年6月30日以来的最高水平。尽管该项工具的利率为0%，但市场需求仍在增加，这表明银行、货币基金等机构已经持有太多现金而需要寻找出路。这意味着美联储通过每月购债继续向金融体系注入1200亿美元的量化宽松操作正在接近极限，市场已经没有接纳空间，也意味着美国国债供应远大于需求，继续发行国债面临阻力。投资者预计，这样的市场形势可能迫使美联储退出量化宽松政策的时间点大大提前，甚至有可能在2021年内就发生。

一旦受通胀发展和市场形势影响，美联储开始缩减或退出量化宽松政策，美元利率将上升，从而导致美元回流，美元走势将发生逆转。在美联储退出量化宽松开始后，美元指数将转为升势，开启新的美元强势周期。

伴随美元重拾升势，人民币对美元汇率可能回调。届时，随着市场供求状况和国际金融市场变化，人民币对美元将呈现有升有贬、双向波动相互交替的态势，并在合理均衡水平保持基本稳定。

近日，人民银行副行长刘国强就人民币汇率走势及汇率形成机制表示："人民银行完善以市场供求为基础、参考一篮子货币进行调节、有管理的浮动汇率制度，这一制度在当前和未来一段时期都是适合中国的汇率制度安排。"

这一表态，表明人民币汇率形成机制是"市场化"和"有管理"相结合的机制，并盯住一篮子货币。人民币汇率形成机制既考虑市场供求需要，也兼顾汇率调节目标，对于防止人民币汇率骤升骤降、保持人民币汇率基本稳定是有利的。

只要我国汇率形成机制不发生重大调整，从中期看，人民币对美元汇率双向波动将是常态。

长期看人民币稳步升值的大趋势不可阻挡

从一个更长的时期看，世界正在经历百年未有之大变局，新冠肺炎疫情暴发成为国际格局重塑的重大转折点，世界经济格局东升西降的大趋势日益明显，中国的制度优势、市场优势、精神优势、文明优势日益凸显，经济实力、科技水平和综合实力与美国的差距在加速缩小，中美大国博弈此消彼长的趋势日益清晰。

中国已经全面开启"十四五"规划新征程，加快构建"双循环"新发展新格局，推进高质量发展，加快高水平对外开放，中国经济全面崛起势不可挡。在这个伟大的历史叙事中，中国将日益成为世界经济新的中心和新型全球化的主要驱动力量，人民币长期稳步升值的大势不可逆转，也不可阻挡。

如果从人民币升值的更长周期看，笔者认为这一周期从2020年就已经开始了。

2020年席卷全球的新冠肺炎疫情，如同人类历史一道新的分水岭，加剧了国际地缘政治的竞争，也加快了世界经济秩序的重构。全球新冠肺炎疫情更如一场世界大考，在这场同疫情的较量中，中国率先取得了遏制疫情的战略性成果，在全世界面前展示出我国的制度优势和治理能力优势，彰显了中国社会非凡的组织动员能力、统筹协调能力、贯彻执行能力以及坚实的经济实力、科技实力等综合优势，也展现了中华民族万众一心、众志成城的精神伟力和中华文明的深厚底蕴。

中国抗疫的战略胜利，也充分证明了中国制造、中国供应链强大的抗压能力与韧性，使中国成为保证世界经济恢复和供应链稳定的安全岛。美国和西方曾大肆鼓噪中国制造业外流，国内一些人也有类似论调。但随着新冠肺炎疫情在世界的发展，特别是2021年在印度及周边国家的肆虐，中国制造业产业链愈加显示出特殊的吸引力，在全球供应链中越发不可或缺。

新冠肺炎疫情发生以来，中国非但没有发生明显的制造业外流现象，反而是美国和世界的公司在纷纷加大对中国的投资力度，特别是高端制造业和科技企业。中国商务部统计数据显示，2020年1月到7月，美国在华新设企业达860家，是外商在华新设企业最多的国家。中国产业体系的广度和深度无与伦比，巨大的市场潜力、齐全的工业门类和产业配套能力、优良的劳动力素质、成熟完善的基础设施，共同构成了中国产业链无可匹敌的综合优势，成为吸引国际高端制造业流入的主要目的地。

2020年，中国取代美国成为世界第一大消费市场，同时中国作为全球最大制造业基地，也是世界最大的生产资料进口市场。全球190个国家中，超过128个国家对中国的贸易额超过了与美国的贸易额，中国在全球贸易体系的中心地位进一步增强。进入"十四五"时期，中国继续推动高水平对外开放，积极扩大进口，正在迈向世界第一进口大国。中国超大规模的内需市场将成为驱动新型全球化的最主要动力，带动全球经济增长，使世界分享中国稳定发展的红利，使中国正在成为世界经济新的中心和最主要增长引擎。

中国科技创新和科技实力也在快速提升，重大创新成果不断涌现，科技实力正在从量的积累迈向质的飞跃。在一些前沿领域开始进入并跑、领跑阶段，在5G、人工智能、超级计算机、量子通信、航天技术等领域取得世界领先地位。"十四五"规划提出，将坚持创新在我国现代化建设全局中的核心地位，把科技自立自强作为国家发展的战略支撑，面向世界科技前沿、面向经济主战场、面向国家重大需求，深入实施创新驱动发展战略，科技创新、产业升级将成为经济增长的主要动力，中国经济发展的质量将显著提升。

在未来5到10年，中美经济实力、科技实力、综合国力的对比将发生根本转变，中美竞争大局初定。到那时，适应中国经济在世界经济中的地位和影响力的飞跃，人民币汇率制度将面临新的变革，人民币可望成为主要的国际储备货币，人民币价值将得到重估，并可望成为世界货币之锚。

未来人民币价值的重估，将是对中国劳动、中国智慧、中国创造和中国贡献的价值重估，中国将迎来国民财富、社会福祉的全面整体提升。

观察者网　2021年5月29日

走出"美元陷阱"

改革开放30多年来,中国取得了举世瞩目的发展成就,创造了持续高速增长的经济奇迹,但同时也积累了日益突出的结构性矛盾。2008年国际金融危机以来,随着全球经济"再平衡"和结构调整,中国经济发展方式变得日益不可持续。党中央指出,转变发展方式刻不容缓。调整经济结构,解决和消除经济发展中的内外部失衡问题,是转变发展方式的关键。在世界格局大变革、大调整的今天,中国要以立足世界的眼光和智慧,审时度势,积极转变对外经济发展方式,实施更加积极主动的对外经济战略,在更高水平上参与国际经济竞争,加快中国崛起的步伐。

中国经济外部失衡与"美元陷阱"

改革开放以来,我们采取了大多数发展中国家所采取的出口导向型增长模式。通过对外扩大开放,发挥比较优势,以廉价劳动力参与全球生产分工,并以加工贸易为主带动出口和经济增长。政府制定各种优惠政策鼓励出口,使出口成为拉动经济增长的主要动力。

这样的发展路径导致中国经济增长主要依赖投资和出口拉动,造成中国经济长期存在结构性失衡:内部是投资与消费失衡,投资率过高,消费率持续下降；外部是内需与外需失衡，主要表现为我国长期保持对外贸易顺差，出口对经济增长的贡献率持续上升，2006年、2007年分别达到19.3%和19.7%。2008年后，欧美主要经济体出现衰退，外需锐减，出口对我国经济增长的贡献度下滑，但中国出口仍然保持了较高的顺差。

中国经济的外部失衡，突出表现为中国经济对外需的过度依赖。1978年中国进出口贸易总额占GDP的比重仅为9.7%，1994年达到一个阶段性高点（42.8%），到2006年该比重更达到65.2%的历史高位。2008年国际金融危机后受外需减少影响，这一比例有所下降，但2010年仍然在50%以上。同时，这一比重的下降并不是我们主动调整的结果，而是由西方国家经济增长放缓的外部强制力量所造成的被动下降。

中国经济外部失衡的另一个突出表现是国际收支的不平衡，特别是经常项目收支的不平衡。中国经常项目收支顺差与GDP之比高达10%左右。即使在国际金融危机发生的2008年，该比例仍然达到9.8%，远高于同为出口大国的德国的6.4%和日本的3.2%。中国占全球经常项目顺差的比重达到23.4%，高于德国的12.9%和日本的8.6%，并超过德国和日本之和。从绝对规模看，2008年中国经常项目收支顺差达到4261亿美元，相当于美国逆差的60%。从历史比较看，20世纪80年代作为全球最大的经常项目收支顺差国，其时日本的经常项目收支顺差与GDP之比为3%~4%。中国当前的顺差规模已经是日本的2~3倍。从这些数据看，中国的经常项目收支顺差规模确实大到了惊人的程度。

高速增长的贸易顺差导致中国外汇储备急剧增长，并出现加速增长的势头。2000年我国外汇储备仅1656亿美元，2006年首次突破1万亿美元达到10663亿美元，2008年接近2万亿美元，2010年末达到28473亿美元，到2011年3月已突破3万亿美元。在当前全球经济面临再调整，特别是美元出现长期贬值趋势的情况下，中国庞大且不断增长的外汇储备面临资本损失的风险。中国外汇储备中70%左右为美元资产，我国是美国国债最大的外国持有者。而美国长期出现高额贸易逆差，美元自2002年以来累计贬值40%。特别是2008年国际金融危机以来，为刺激经济复苏，美国推行两轮量化宽松货币政策，财政状况加剧恶化。美国政府负债总额已经突破14万亿美元，占GDP的比重已经超过90%，且仍保持快速攀升态势。长远看，美元贬值是不可避免的趋势。美国通过货币贬值，可以轻松摆脱负债，而我们通过辛苦劳动和以资源环境为代价所积累的储备财富却在不知不觉中消失，我国外汇储备的安全性面临巨大风险。

不仅如此，中国保有巨额外汇储备在资源配置和投资收益上也是得不偿失的。中国一方面保持庞大的经常项目顺差，同时又把积累的外汇储备以购买国债的方式返回到美国等发达国家，积累起高额的对外净资产，但收益率却很低。另一方面中国长期以优惠政策甚至以超国民待遇大规模引进外国直接投资。有研究表明，外商在华投资年平均收益率在20%左右，但2002—2009年中国外汇储备投资的平均名义收益率为5.72%，如果考虑到美元贬值和通货膨胀的影响，外汇储备投资的收益率还将进一步大幅缩水。这是中国对外经济资源配置的扭曲，也是中国福利的重大损失。

仔细审视中国面临的对外金融形势，实际上我们在不知不觉中已落入一个进退两难的"美元陷阱"。美国经济学家克鲁格曼在2009年发表的《中国的美元陷阱》中，描述了中国巨额外汇储备面临的困境：中国已持有超过2万亿美元的外汇储备，其中70%为美元资产。如果在外汇储备资产中继续维持或增加美国国债，那么会面临美元对一篮子货币贬值或美国出现通胀的风险，这无疑是中国所担心的；但由于中国持有的美元太多，如果中国选择实行外汇储备多元化，抛售美元，必然导致美元迅速贬值，那么马上就将面临资本损失。

法国著名经济学家雅克·胡耶夫（Jacques Rueff）在20世纪六七十年代针对后布雷顿森林体系的实质，曾经讲过一个裁缝与顾客的故事。裁缝为顾客做衣服，卖给顾客后，再把顾客所付的钱借给这个顾客。然后顾客再用这笔钱回来向裁缝买新衣服，如此循环往复以至无穷。胡耶夫说，如果我是那位顾客，这样的好事我为什么不干呢？多少年来，中国与美国就反复重复着这样的故事：我们为美国生产，美国支付美元，我们拿美元来购买美国国债或其他美元资产，美国再用我们借给它的钱继续购买我们的产品。如果没有意外发生，或者中国不去刻意改变这样的发展模式，我们对美国的债权将无休止地扩大，也就是美国将无限期地无偿占有中国人民的劳动和物质财富。

快速增长的外汇储备还增加了中国货币政策调控的难度。在巨额外贸顺差积累的情况下，人民币承受升值的压力。但为保持人民币汇率的稳定，我国央行不得不频繁干预外汇市场，购进美元而投放人民币，导致外汇占款增加，从而使人民币投放增加。这些增发的货币流向资产市场，导致资产价格上升，这就是外汇储备增加引起通胀上升的机制。蒙代尔在"不可能三角"理论中已揭示出：独立货币政策、资本自由流动和固定汇率三者不可能同时满足。因此，要维持盯住美元的汇率制度，我国央行货币政策操作难以保持自己的独立性。

扭转经济对外失衡态势，走出"美元陷阱"，终结传统对外经济发展模式，避免在经济上长期面临被动和依附的风险，就成为中国必须认真思考和亟待解决的重大问题。

主动、适度、有序进行人民币汇率调整

在经济全球化发展过程中，各国经济增长速度的差异以及经济实力的消长，总会导致世界经济的不平衡。市场机制自发应对经济失衡的方法，就是调整价格。在中国巨额贸易顺差和外汇储备持续增长且不断累积的形势下，无论是主动调整还是被迫调整，人民币汇率升值不可避免。纠正中国对外经济失衡问题和调整经济结构，根本的解决之道仍然是人民币汇率形成机制改革。

国际贸易不平衡在根本上是要素价格、资源禀赋、产业分工、储蓄/投资结构的综合和内在反映。但这并不意味着汇率对贸易失衡的调节不起作用。尽管汇率与贸易差额之间的关系并非简单的线性关系，但汇率的浮动将直接调节国际贸易商品的比价，并反过来影响国内生产和投资结构的转变以及产业结构的优化调整。因此，汇率调节通过国内相关变量的调整，有助于经济内外平衡的实现。

在人民币汇率问题上，不少人担心人民币升值会打击中国的出口，造成中国出口企业大面积停产以及失业增加。这种担心至今似乎仍然是决策层在

人民币升值问题上最大的顾虑。

在中国经济对外失衡的形势下，我们实际上面临着两种风险的权衡：一是继续维持较低的汇率，依靠价格优势对中国低效的出口部门持续进行保护，那么我们就永远不能摆脱对出口的依赖，扩大内需和转变发展方式就根本无从实现；更严重的是，我们还会继续被绑在美国经济的战车上，永远走不出"美元陷阱"，只能继续以资源、环境甚至血汗为代价去累积大量美国和西方的债权，并将长期面临美元贬值而导致重大财富损失的风险。二是允许人民币升值，这或许会削弱中国经济的竞争优势，并可能使中国经济增长减速或增加经济波动的风险，导致延缓或中断中国经济发展进程。我认为前一种风险的威胁更大。而后者的风险更多的是一种理论推测和静态的分析，而忽略了经济的动态调整与相互作用，缺乏实证依据。换句话说，人民币升值的风险可能被夸大了。

从历史经验看，对人民币升值的过分担心实际上是多余的。其一，从2005年到国际金融危机之前的2007年，人民币对美元累计升值20%，但中国出口增速年均达到23%，是中国出口增速最快的一段时期。其间，出口部门从简单加工不断转向深加工，出口附加值有所提高，产业链条也有所拉长，这说明出口部门对汇率升值的承受能力和应变能力在增强。其二，2008—2009年金融危机期间，为减少对出口部门的冲击，中国采取了包括提高出口退税率等鼓励出口的系列措施，以减少企业出口成本。但出口企业因此而降低的成本很快转化为出口价格的普遍降低，中国企业本身并未提高出口利润。在全球经济低迷的时候，这好比中国给世界送了一份大礼。但即使这样，2008年出口增速依然明显下降，2009年中国更经历了出口负增长。这说明在影响中国出口的众多因素中，外部需求的影响最为显著。中国的出口数量，主要决定于海外的刚性需求，而不是中国企业的供给因素。

对于海外消费者来说，绝大多数"中国制造"并没有替代品，出口价格取决于国内的生产成本而不是国外的支付能力。由于劳动力价格相差悬殊，"中国制造"的成本远比西方国家低，甚至欧美等国家几乎很难找到从事传统加工业、制造业的劳动力。人民币升值引起的成本上升，最终能够向买家转嫁。另外，从中国的出口结构看，加工贸易占比50%左右，货币升值在提高出口价格的同时，也降低了进口原材料的成本，所以这一部分贸易对汇率升值的敏感度较低。

值得指出的是，经过30多年来对外开放的锤炼，中国出口企业不仅拥有明显的价格竞争力，也积累了技术、管理经验以及培养了应对国际市场风险的能力。如果人民币大幅升值，可能会有部分产业转移到其他发展中国家，但从劳动生产率水平、生产组织、基础设施成熟度、市场化水平等因素进行分析，还没有哪个国家能够取代中国"世界工厂"的地位。作为具有市场优势的制造业大国，适当提高出口价格对中国有利，人民币升值不会削弱中国出口部门的竞争力并造成明显冲击。

有人将20世纪80年代日元对美元大幅升值，导致日本泡沫破裂及长期经济停滞，作为汇率升值有害论的依据。这是只看现象不见本质。实际上1985年德、法、英和日本一样都签署了"广场协议"，都经历了汇率的大幅、快速升值。1985到1987年日元对美元汇率最大升值了99.78%，同期德国马克升值了101.27%，法郎最大升值了100.55%，英镑升值了66.98%。德、法、英三国并未出现泡沫经济，可见日本出现泡沫经济并不具有共性。也很难解释，在"广场协议"前后的20世纪70—80年代，在经历了两次日元大幅升值后，日本仍能保持较高的增长速度。日本出现泡沫经济主要还是其他经济政策造成的。主要是日本政府对日元升值的影响过于悲观，认为升值将大大打击日本的出口，并对国内经济产生紧缩效应，因此日本在日元大幅升值后，仍然采取了持续的扩张性货币政策，特别是超低利率政策，金融机构贷款大量增加，大量过剩资金流入股市和房地产市场，酿成了经济泡沫。

在中国经济发展新的阶段和当前国际经济调整的新形势下，人民币主动、适度、有序地升值，有助于改善中国的对外贸易结构，扩大进口，稳定出口，从而缓解贸易顺差和外汇储备快速增加的局面。人民币升值有助于我国调整经济结构，扩大内部需求和消费需求，减少对出口的依赖，使消费成为经济增长的主要拉动力量。人民币升值使我国等量的出口商品实现更多价值，从而有助于增加国民财富，提升国民福利水平。人民币升值后，我国等量出口将能够实现更多价值。长期以来，中国通过较低的汇率和劳动力、资源、环境成本价格，压低出口商品价格，等于每年为世界提供了数千亿美元的补贴，这实际是国民福利的巨大流失。人民币升值后一些低水平、低附加值以及高资源消耗的企业会被淘汰，从而促使企业加大自主创新，实现技术升级，改变我国在全球分工中长期处于价值链低端的窘境，实现由低价取胜向依靠质量、技术取胜转变，提升"中国制造"的附加值、品牌和持久竞争力。

我国有广阔的国内市场，工业化、城镇化处于快速发展阶段，能够持续创造巨大的内部需求，产业结构升级有广阔的空间和潜力。我们完全有条件充分利用人民币升值带来的好处，也有足够的回旋空间来降低和消化升值带来的影响。

走向新平衡

这是一个世界格局大变革、大调整的时代。最近世界银行发布题为《2011年全球发展地平线——多极化：新全球经济》的报告，指出随着中国等新兴经济体的快速发展，到2025年世界格局将完全改变，美国、欧元区和中国将成为世界经济三大主要"增长支柱"，人民币将与美元、欧元一道成为世界主导货币。经过30多年持续高速发展，中国经济已经积累了较强的综合实力，具备了向更高层次、更高水平跨越的基础。而完成这一艰巨的跨越，需要有全局的战略考量和科学的顶层设计。站在新的历史起点，中国要以立足世界的眼光，以更大的决心、魄力和智慧，审时度势，主动实施对外经济战略调整，促进中国全面崛起。

"十二五"规划提出，适应我国由出口和吸收外资为主向进口和出口、吸收外资和对外投资并重转变的形势，要按照互利共赢原则，实行更加积极主动的开放战略，加快转变外贸发展方式，推动外贸发展从规模扩张向质量效益提高、从成本优势向综合竞争优势转变，提高对外开放水平。这为处理中国对外开放、解决中国经济对外失衡、确立新型对外经济关系指明了战略方向。我们要进一步推进经济金融改革，确立新型对外经济战略，推动中国经济走向新的平衡。

坚持以互利共赢原则处理对外经济关系。 开展对外贸易、引进外资、对外经济合作等都应坚持互利共赢原则，以促进我国经济发展、提高经济效益、促进技术进步、增进国民福祉、维护国家利益为目的，提高对外开放和经济活动的效益和水平，一句话，不做亏本买卖。

终结出口导向，促进对外贸易平衡。 从鼓励出口的政策，向扩大进口、稳定出口的外贸策略转变，减少或取消刺激出口的各项优惠政策，不以追求贸易顺差为目标，更加注重贸易平衡。优化出口产品结构，扩大机电产品和高新技术产品出口，大力发展服务贸易，严格控制"两高一资"产品出口；积极推进加工贸易转型升级，提升出口产品的品牌、质量和档次。积极扩大进口，增加先进技术、核心科技、关键零部件以及资源、能源、大宗商品、节能环保产品进口，适度扩大消费品进口，发挥进口对宏观经济平衡和结构调整的重要作用。取消给予外国直接投资的优惠政策，同时深化国内金融市场和投融资体系改革，使国内储蓄能够顺利转化为投资。

加快人民币汇率形成机制改革，主动增加人民币汇率弹性。 实行按照市场供求决定均衡汇率和有管理的浮动汇率制度，最终目标应该是实现人民币自由浮动。2010年6月，人民银行宣布重启人民币汇率形成机制改革，增强人民币汇率弹性。当前我国采取的是参考一篮子货币和有管理的浮动汇率制度，并通过主动管理控制人民币升值的速度。在市场存在人民币升值预期的条件下，人民币单向缓慢升值，将加剧投机资本流入，导致资产泡沫。因此，汇率形成机制的改革还需要与经济结构调整、货币政策调控及金融市场化改革协调推进。从长期看，人民币要实现自由浮动，由市场供求发现和决定均衡汇率。在自由浮动汇率下，人民币汇率可能大幅波动，并带来较大市场风险和金融风险。但这一步迟早要迈出！在全球化的今天，无论是否情愿，我们都已无可避免地卷入全球化的进程中，这是不以人们的意志为转移的，不可能永久地通过制度屏障与国际风险隔绝。因此，要积极推进国内市场化改革，为人民币汇率自由浮动创造条件。

加快人民币区域化和国际化进程，让人民币在更大范围内发挥更积极作用。 随着中国经济的崛起，人民币在未来成为国际主导货币是必然的趋势。

美国凭借美元在国际货币体系中的特殊地位，从自身的利益出发，不顾各国反对，肆意推行量化宽松货币政策，无节制地扩大政府债务规模，严重损害了各国特别是我国的经济利益，国际社会要求改革国际货币体系的呼声日益强烈。当前，中国经济稳定快速增长，人民币币值稳定，各国对人民币信心增强。从长远看，人民币应该也必须在全球范围内发挥更积极作用，并应向成为国际储备货币的方向努力。

在现阶段，我国应顺应时势，着力加快人民币区域化步伐。以我国主要贸易伙伴为重点，从周边国家和地区开始，逐步将人民币作为我国与主要贸易伙伴双边贸易的结算货币。允许境外人民币贸易融资，推动人民币出口信贷业务发展。结合对外援助，设立人民币投资基金、人民币贷款和人民币形式的对外援助。推进人民银行与海外各国央行人民币互换计划。同时按照"主动、渐进与可控"的原则，逐步开放人民币资本账户，加快人民币可自由兑换进程。

积极实施"走出去"战略，充分利用国际市场和国际资源。要支持和引导实力雄厚的中国企业开展境外投资，拓展国际化经营空间，扩大中国企业在全球市场的影响力，并更有效地利用国际资源，提高资本利用水平和对外投资效益。努力培育和打造一批有国际影响力的中国大型跨国企业和跨国金融机构，支持国内企业收购兼并国外资源类和高技术企业，加强与国际资源类、高技术企业集团的跨国合作，在降低储备资产风险的同时，提高我国资源供给的安全性。

加快发展现代服务业。发展服务业是我国产业结构优化升级的战略重点，也是调整中国经济对外失衡的重要举措。2009年我国服务业增加值占GDP的比重仅为42.6%，比世界平均水平低25个百分点，甚至比低收入国家平均水平还低4.9个百分点。这也说明我国发展服务业潜力巨大。提高服务业在国内生产总值中的比重，可以缓解我国第二产业产能过剩的问题，从而减少对外需的依赖。同时，发展服务业能够吸纳大量就业人口，显著增强我国应对外部需求波动的能力。发展服务业有助于扩大居民消费，满足居民多元化的消费需求，提高人民生活水平和生活质量。要大力发展商贸服务、休闲旅游、文化创意等生活性服务业，加快现代物流及与先进制造业配套的生产性服务业和高技术服务业发展，推进服务业规模化、品牌化、网络化经营，不断提高服务业比重和水平。

《中国发展观察》 2011年第8期

中国制造是强势人民币的可靠支撑

一段时间以来，人民币对美元大幅贬值，引发广泛关注。自2022年8月15日，人民币兑美元汇率一路下行，9月中旬后离岸、在岸人民币对美元相继贬值至7.0关口下方。

2022年9月28日，离岸、在岸人民币兑美元分别跌破7.25、7.24关口，分别为2008、2010年以来的最低水平。9月当月，在岸、离岸人民币兑美元汇率贬值4.4%、4.8%，2022年以来人民币兑美元累计下跌12%左右。

多数分析认为，人民币兑美元汇率下跌是由于美元强势引起。美元持续大幅加息，导致美元回流美国，国际市场美元流动性紧张，美元指数急速走高，全球非美货币均大幅贬值。相对于欧元、英镑、日元、韩元等其他国际主流货币，人民币贬值幅度是最小的。

笔者认为，在当今复杂动荡的国际局势和全球经济面临衰退的形势下，中国经济的稳定增长是步履唯艰的世界经济中唯一一抹亮色，是各种不确定中唯一的确定性。

对比中美经济走势、中国出口增长和外汇储备总量，人民币对美元大幅度贬值，短期内人民币仍有一定压力；与深陷战争阴云与能源危机下苦苦挣扎的欧洲、日本经济相比，中国经济的稳定与增长更具显著优势，因而人民币不宜与欧元、日元等货币作等量观。

在当前大国竞争日趋激烈和国际变局加速演进的复杂形势下，保持人民币汇率稳定甚至一定程度的强势，符合国家战略利益。

人民币深度贬值背离中美经济基本面

按照经济学家巴拉萨和萨缪尔森提出的著名的"巴萨效应"（1964年），两国的汇率取决于两国长期经济增长的预期。一个国家如果经济增长强劲，那么它的货币将会长期升值。

美元目前的强势源于美联储持续大幅加息，这是美国为遏制国内肆虐了两年多的"超高通胀"不得不采取的措施。

伴随美元加息，一方面带来了美元指数的强势上扬，一方面也引致美国股市、债市的大幅跳水，美国经济也开始出现"技术性衰退"：美国商务部公布的最终修正数据显示，2022年第二季度美国国内生产总值按年率计算下降0.6%。2022年第一季度美国经济按年率计算已经下降1.6%。这意味着美国经济连续两个季度出现下滑，陷入技术性衰退。

在居高不下的持续高通胀影响下，美国经济活动低迷。2022年数月以来，美国个人消费持续疲弱，工业生产和制造业增长停顿，固定资产投资和设备投资下降，进出口双双回落。

美联储在2022年9月大幅调低了2022年美国经济预测，从6月份预测的1.7%大幅调低到0.2%，而高盛经济学家的报告预测2022年美国经济增长率为零。

反观中国，尽管经受疫情多地散发影响，经济增长受到较大冲击，2022年上半年依然保持2.5%的经济增速。

2022年数月以来，中国政府高效统筹疫情防控和经济社会发展，一揽子稳经济政策和举措持续发力，经济恢复和上升势头日益明显。生产需求稳中有升，消费投资稳步增长，固定资产、制造业、高技术产业投资加速增长，工业增加值增速稳定。特别是出口保持强劲势头，贸易顺差继续扩大，2022年1到7月累计达到4823亿美元，扩大61.6%，是十大工业国中唯一实现贸易顺差的国家。外汇储备规模继续保持在3万亿美元以上。

中美经济基本面的反差，并不支持人民币对美元大幅贬值。有分析认为，美国加息和中国降息的货币政策反差，使人民币承受贬值压力。这也是只看表面不看本质的缺乏说服力的结论。

实际上，尽管美联储2022年以来累积加息225个基点，联邦基准利率达到2.25%~2.5%之间，但考虑到美国高达8.5%~9.1%的通胀水平，美国实际利率仍为负值。与此同时，中国虽然小幅降息，1年期政策利率（MLF）为2.75%，人民币实际利率仍处于正值范围，远高于美元。

中美两国的经济表现，善于用脚投票的国际资本的选择可能更具说服力。外国投资者特别是产业资本持续加仓中国，2022年1到8月，中国实际利用外商直接投资高达8900亿元人民币，创下历史新高。

在我国出口保持较高速度增长、贸易顺差持续扩大、国际收支基础牢固的情况下，短期内对美元汇率急剧贬值需要重视。这固然与美元指数走高、国际市场美元流动性紧缩的外部因素有关，也与市场预期与心理因素作用、国际热钱投机、游资趁势"做空"人民币、国内一些企业跟风"炒汇"等市场行为有关。

从更深层次说，此轮人民币对美元贬值也与国内某些理论观点的推动有关。有些人以人民币对美元贬值幅度小于欧元、日元、英镑等其他货币作为说辞，似乎在证明人民币贬值是不可避免的，而不考虑中国经济走势与这些国家和地区摇摇欲坠的经济表现不可同日而语，更不愿提及正在遭受美欧联手围殴和绞杀的俄罗斯卢布，依靠针锋相对的有力反制已经杀出一条血路，走出了对美元及其他货币升值的截然不同的行情。

实际上，相对于中国雄厚的外汇储备实力，游资的影响是极其有限的，中国有足够的干预能力和政策工具打击这些"做空"势力，捍卫人民币汇率稳定。

强势人民币符合国家战略利益

货币贬值，特别是剧烈贬值，是一国经济出现严重危机的征兆。货币贬值往往伴随债务危机、经济危机、资本外流、市场动荡和国民财富的劫难。苏联解体后，俄罗斯卢布对外贬值超过100倍，人民辛苦积累的财富一夜之间几乎归零。1997年亚洲金融危机由货币汇率暴跌肇始，货币贬值加剧债务危机，进一步导致相关国家经济下滑。

经济学家们经常向人们灌输的观念是，货币贬值有利于促进出口。但这个一般的理论结论在复杂的国际贸易现实中，往往得到相反的例证。由于货币贬值，出口的货物量貌似可能增加，但出口的价值却可能大大缩水，并不必然增加贸易收益，也无助于改善国际收支。

眼前活生生的例证是，美国依靠强势美元，大大降低了进口价格，贸易逆差有所收窄，并对国内通胀压力起到一定缓解。而其他主要工业国由于汇率大幅贬值，无一例外地出现贸易逆差。

传统的出口强国如德国，2022年出现近30年来首次贸易逆差，法国贸易逆差迭创新高，英国的贸易逆差连破记录。日元兑美元汇率从年初的113左右，贬值到目前的约145，贬值了约28%。

虽然日本出口额显著增长，但由于进口价格高企叠加日元大幅贬值，日本已连续十几个月出现贸易逆差。进口价格飙升也推高了日本的通货膨胀至9%，创有统计以来新高。

不仅如此，据经合组织预测，日本2022年国内生产总值将低于4万亿美元，这是1992年以来最低水平，日本GDP一夜回到30年前。

韩国对美元汇率贬值接近到2009年以来最低点，但韩国20种主要出口产品中，计算机、手机及零部件、石化产品出口都出现同比下降。同时，韩国连续6个月出现贸易逆差，这种情形上一次还是在25年前。新兴经济体越南、印度也出现贸易逆差。

我国既是出口大国，也是原材料、能源等大宗商品进口国，人民币贬值将加大进口成本，侵蚀我国企业利润，同时对内输入通胀。

我国商品出口价格下降，单位商品出口收益减少，因此需要出口更多产品予以弥补。人民币贬值还使外汇储备缩水，尽管今年我国出口继续保持强劲增长，但外汇储备规模仍有所减少，主要是汇率波动影响。

当前，百年变局叠加世纪疫情，正加速世界格局演进，国际地缘政治形势复杂多变，大国竞争趋于白热化，各种不确定性急剧上升。在大变局的新时代，保持人民币强势，符合国家战略利益。

经济高质量发展的需要。 中国经济发展进入新阶段，经济增长正经历由高速增长向高质量发展的转型。伴随科技创新的不断进步和制造业的技术升级，我们有条件追求更高的发展质量和更好的发展效益。

可以说，我们已经走过了靠低技术含量、低劳动成本和低价格竞争的早期阶段，正在向以高技术含量、高附加值作为核心竞争力的高质量发展阶段转换。

中美贸易战3年的较量已经证明，中国出口产品大部分不可替代（这既涉及产能满足因素，也涉及技术门槛）。中国制造可以无惧价格竞争，大胆地摆脱物美价廉的标签，转为物美价优，从而实现更多的价值。

构建新发展格局的需要。 构建"以国内大循环为主体，国内国际双循环相互促进"新发展格局，核心是立足扩大国内需求这个战略基点和国内超大市场这个战略优势，使生产、分配、流通、消费各环节更多依托国内市场，实现良性循环和高水平的自立自强；改变过去"出口导向型"和"两头在外、大进大出"的发展模式，更好满足国内需求。

保持人民币强势，有助于调整经济结构，推动发展方式转型，使内需成为经济增长的主要拉动力量；有助于推动我国产业转型升级，增强出口产品和服务的竞争力；有助于推动对外贸易由重视出口和追求贸易顺差，转向更加注重进出口平衡，扩大进口，稳定出口，提高对外贸易的效益；有助于以相对低的成本进口我国所需的能源和原材料等资源，更好利用国外市场和资源，更好满足人民不断提升的消费需求，增强国内供应链产业链稳定性、可靠性。

提高国民收入和民生福祉的需要。 改革开放初期，限于当时国内的资金条件和技术水平，我国实行较低的汇率，依托低廉的劳动力、资源、环境成本价格，取得出口竞争优势，迅速发展为世界工厂、世界商品第一出口大国、全球外汇储备第一大国。

但同时，较低的汇率压低了出口商品价格，并没有带来应有的出口效益。伴随我国技术进步和劳动生产率的提高，依托强势人民币，可以使等量的出口商品实现更多价值，人民的劳动价值和技术进步因素在出口价值提升中得到应有体现，企业实现更多出口效益，从而整体提高国民收入，提升国民福利水平；强势人民币有利于进一步扩大进口，更好满足人民对美好生活的需求。

汇率升值促进国民收入增长，可以从发达国家的经验中得到实证。日本、德国的历史经验表明，汇率升值对于其人均收入增长的贡献远大于实际GDP增长。

根据国务院发展研究中心原副主任刘世锦先生领导的研究，从1975年到1991年的16年间，日本实际GDP年平均增长4.4%，累计增长99.6%；日元兑美元汇率年平均升值幅度为5.1%，累计升值幅度为120.3%。从按美元计价的日本人均GDP增长来看，日元兑美元汇率升值的贡献要大于GDP实际增长的贡献。

从1971年到1987年的16年间，德国实际GDP年平均增长2.3%，累计增长43.2%；德国马克兑美元汇率年平均升值幅度为4.3%，累计升值幅度为95.1%。从按美元计价的德国人均GDP增长来看，德国马克兑美元汇率升值的贡献远大于德国GDP实际增长的贡献。

提升我国在世界经济体系中心地位的需要。货币汇率代表国家综合实力和发展前景。保持人民币强势，有助于增强外国企业和投资者对人民币的信心，增强对我国经济稳定增长的信心，从而牢牢稳住外资企业留在中国，并吸引更多外国投资者来中国投资。

保持人民币强势，积极扩大进口，可以向世界展示我国更高水平对外开放的信心和决心，有利于巩固我国超大规模市场优势。

中国有望取代美国成为世界第一大消费市场，加上庞大的制造业对原材料、零配件和各类资源、能源的进口，中国内需将成为世界最大的市场，并成为驱动新型全球化的主要动力。

如果中国未来成为世界第一进口大国，也将使世界更多地分享中国稳定发展的红利，带动其他国家经济增长，提升中国在世界经济体系的中心地位，增强全球治理体系的话语权，为推动建设人类命运共同体发挥引领作用。

有利于增强对美博弈的战略主动。 美国从冷战思维和维护霸权的需要出发，对中国实施战略遏制和打压的行动不会停止，要取得对美斗争的战略主动，必须不断增强自身实力和斗争砝码。美国单方面发起的贸易战已经宣告破产，且已陷入债台高筑、通胀高企、经济濒临衰退的困境。

中国作为世界经济中举足轻重的经济体之一，美国要解决这些难题，离不开中国的配合。在全球供应链因疫情、战争和能源危机变得日益脆弱的形势下，美国一时难以找到足够的替代产能，对我国进口商品的依赖只会增强。咬住人民币对美元不贬值，美国的通胀压力就不太容易轻松缓解，这有利于增加我方的博弈筹码，至少可以避免欧洲和日韩等国经济被强势美元冲击的命运。

中国制造是强势人民币的可靠底层支撑

完整的工业体系、世界第一的规模和产能、稳定的产业链供应链、巨大优势和潜能的科技创新，使中国制造业拥有强大综合实力和竞争力，支撑起中国经济的强大韧性，也是我们能够保持人民币强势的底气之源。

全面的工业化是中国制造业独有的优势。中国是全球唯一拥有联合国产业分类中全部工业门类的国家。没有完整的工业体系，即使拥有个别世界顶尖技术企业，也会因缺乏产业配套而难以为继。离开了产业链条各环节和链条之间分工协作的结构网络和产业集群协同效应，哪怕是工业体系的明珠也会黯然失色。

中国制造业的产能一枝独秀。制造业产值相当于美国、日本、德国的总和，在500种主要工业产品中，200种以上产品产量世界第一。比如全球超过95%的集装箱都是中国生产。

在产能规模之上，中国制造业的竞争力已今非昔比。光伏、新能源汽车、家电、5G等重点产业领域已跻身世界前列；通信设备、工程机械、高铁、智能手机、消费级无人机等一大批旗舰企业和高端品牌走向世界；拥有一批处于全球产业链中高端的跨国企业，超过4万多家"专精特新"企业，诞生出一大批"独角兽"企业和行业隐形冠军。

更重要的，中国制造业的竞争力越来越建基于科技与创新实力上，中国科技实力正在发生一系列颠覆性变化：研发投入全球排名第二，全球创新指数从落伍者转变为领导者；人才方面，拥有全球最庞大的高端理工人才库，成为知识资本的重要创造者。

创新驱动战略成效显著，高技术制造业增长持续领先，基于新一代信息技术的新产业、新业态发展势头强劲，工业机器人、集成电路、3D打印设备、智能手表、智能制造、智能工厂、工业互联网、工业软件的发展正在引领世界新赛道。中国制造业新的竞争优势正在形成，我国在全球产业分工中加速从以劳动密集型产业为主转向以中间制成品和高技术产业为主，在全球价值链由低端向高端攀升。

在当今全球制造业版图上，中国各种综合优势在加速集聚，中国作为全球制造业中心的地位更加牢固。

新冠疫情爆发前两年间，全球生产和供应陷于停顿，中国保持了稳定连续的生产，突显出中国制造在全球产业链和供应链中不可替代的定海神针作用。

而在俄乌冲突、全球能源危机的困扰下，中国的能源供应和供应链稳定优势正吸引更多世界优秀企业落地中国。德国的巴斯夫、大众、宝马、默克等企业巨头加速在中国投资，瑞士的英力士、法国的道尔达、西班牙的达诺巴德等也达成与中国的项目合作。

同样受到高能源价格困扰的邻国日本、韩国，也在加速对中国的投资。2022年1到8月，日本、韩国对华投资分别同比增长59%和27%。国际局势的演变使得全球制造业加速向中国转移，中国正在成为全球产业资本新的"避风港"。

说到中国制造，很多人关心我国关键技术被"卡脖子"问题。确实在一些关键核心技术方面，我国还存在明显短板。比如操作系统、高端光刻机仍被国外公司垄断；高档数控机床、高档仪器装备等关键件精加工生产线的制造及检测设备、关键基础材料等仍然主要依赖进口。

"卡脖子"问题既要正视也无需过度渲染，更不必过于悲观。因为世界生产体系特别是尖端技术领域本就是许多国家分工协作、相互依赖的，任何一个国家都不可能独自在科技创新的各个领域都占据领先，中国不能，美国也不能。

实际上在大国竞技场上，中美两国各有优势，美国以创新特别是原创性技术见长，而中国则有原创性技术的市场、应用场景和使之产业化的能力与生态（科学家、工程师、合格劳动者和产业配套），两者相辅相生、相互促进，共同创造了世界科技创新的繁荣。

如果美国执意要搞封锁，与中国在科技上脱钩，那么，失去了中国这个最大市场，就失去了创新赖以发展的巨量资金投入的来源，失去了中国这个最丰富最活跃的应用场景，也就失去了持续创新的基础和源泉。

西方对中国的技术封锁，已经不是第一次了。新中国成立后，中国人民自力更生，奋发图强，已经实现了一个个重大科技突破。

回望新中国科技发展史，凡是西方封锁和控制的领域，也是中国技术发展最快的领域：远的如两弹一星、核潜艇，近的如北斗导航系统以及登月、空间站、火星探测等航天工程。在外部压力的逼迫下，中国科技与研发潜能将前所未有地爆发，中国人民蕴藏的惊人的学习力、创造力、创新力将得到空前的激发，不断产出科技成果。

可以预见，中国制造业的竞争力将继续提升，中国作为世界工厂和全球制造业中心的地位将更加牢固。这是中国有实力保持人民币强势的最强大底层支撑。

世界之变呼唤理论创新

2022年以来，人民币对美元汇率的贬值，中国有能力阻止和干预。日本、韩国都动用了外汇储备干预市场，努力稳住本国汇率，中国也没有理由被有些人的人民币"升值恐惧症"影响。有些人不自觉地用西方理论教条为强势美元寻找合理性，认为美元霸权不可打破，但这终究只是舆论神话。

今天，中国和世界都处于大变局的十字路口，国际秩序、经济体系、全球治理正在经历复杂深刻的调整与变迁，我们正面对一个高度不确定的世界和未来。面对世界之变、时代之变、历史之变，很多人们已经习惯的理论、观念、思维和经验都需要重新审视、重新建构。

俄乌危机、美西方对俄罗斯的制裁与反制裁，以及卢布在制裁前后暴跌与强势回归的反转，促使人们对货币的本质、信用货币的"硬价值"含量、金融力量与工业力量的"虚与实"做出深刻思考，对当今国际货币体系的公正性与合理性进行反思。

在西方内部已经有学者提出，世界正在进入"布雷顿森林Ⅲ"体系——以金块和其他商品为支撑。换言之，世界正在重回"商品货币"时代，以内部货币为信用的"布雷顿森林Ⅱ"体系正在坍塌。

如果说俄罗斯凭借自身天然气、石油、矿产、粮食和化肥等资源和实体商品价值，可以支撑起一个强势的卢布，那么中国规模全球领先、门类几乎无所不包且竞争力处于上升通道的制造业，实力、韧性足够强大和稳定增长的实体经济，完全能够撑起一个强势的人民币。

在历史大变局的新时代，走在复兴路上的中华民族，自立自强的中国人民，应该有更加自信豪迈的气概，更加坚定果敢的勇气，适应时代之变、世界之变，发挥历史主动精神，立足中国发展实际，既正视不足也认清优势，不盲目乐观也不妄自菲薄，打破惯性思维和路径依赖，跳出西方理论窠臼和制度框架，不迷信不盲从，勇于进行理论创新和制度创新，建构适应中国式现代化道路的中国经济学派和货币政策理论体系，引领变革的新时代，推动高质量发展。

观察者网　2022 年 10 月 10 日

第五部分

大国博弈
——中国优势与制胜之道

CHAPTER
5

挖一挖 1 万亿美元美债背后的深层逻辑

法国经济学家雅克·胡耶夫（Jacques Rueff）曾经讲过一个裁缝与顾客的故事：裁缝为顾客做衣服，卖给顾客后，再把顾客所付的钱借给这个顾客；然后顾客再用这笔钱来向裁缝买新衣服，如此循环往复以至无穷。胡耶夫说，如果我是那位顾客，这样的好事我为什么不干呢？

改革开放以来，特别是中国加入世贸组织之后，中美之间的经贸关系一度重复着这样的故事。

1 万亿美元美债是怎么来的？

在改革开放初期，中国通过以优惠条件吸引外资，开展一般商品贸易、加工贸易、"三来一补"等，依托劳动力成本优势，开启了一种外向型的经济发展模式，融入全球化浪潮。中美两国经济的高度互补性，使两国经贸合作迅速扩大和发展，中美两国形成了以经贸为纽带的共生关系。美国巨大的消费市场成为中国物美价廉商品出口的主要目的地，中国制造撑起了美国普通百姓的衣食住行。

这个故事的另一面是，长期以来，中国对美国的贸易顺差，实际上是中国以低工资、低环境成本为代价，为美国源源不断地输送消费品与各类资源，同时保证了美国长期的低物价、低通胀，中国商品的竞争优势为美国消费者提供了巨大的消费者剩余。同时，过去十几年来中国一直是美国国债的最大购买国，中国积累的巨额经常项目顺差，通过购买美国国债的形式又回流到美国，从而弥补了美国的国际收支赤字。通过"美元—商品—国债—美元"的循环，中国的实际财富持续流向美国。换句话说，美国是可以"躺着"挣钱的，中美经贸交往一定程度上带有一种剥削或合法掠夺的性质。由于中国持有的美国国债长期居高不下，这实际上意味着美国可以长期占有中国实际财富，形成了富人向穷人长期借债的模式，最终出现了中国持有1万多亿美元美国国债的局面。

在中国贸易盈余积累的外汇储备中，美国国债持续保持在1万亿美元以上，最高时达到2.44万亿美元。从2000年到2019年的20年间，中国平均持有1.8万亿美元美国国债。美国国债收益率呈下降趋势，2019年，10年期美国国债平均收益率为2.14%，较2018年平均值低77个基点，较2014—2018年平均值低了21个基点。2020年以来，随着美联储实施无限量化宽松政策，短期美债收益率更低至0甚至负值，10年期美国国债收益率一度低至0.35%。从收益角度考虑，这样巨量的资金投资于美债，在经济上是不划算的。

同时，我国还不得不承担美元超发导致的通货膨胀以及美元贬值的风险。随着美国开启天量无上限印钞模式，长期看，美元贬值几乎是必然的。例如最近，美元指数相较2020年3月已下降10个百分点，而摩根士丹利前首席经济学家史蒂芬·罗琦预测，在未来2~3年美元指数将下跌35%。

中美之间的故事，是美国以政治、军事、科技霸权为依托，以经济和金融为手段，在全世界剪羊毛和对发展中国家巧取豪夺的系列故事之一。**他们的如意算盘是，把中国锁定在低附加值的产业链低端，重复8亿件衬衫换一架波音飞机的故事，让中国长期做美国人的裁缝和长工，美国尽享他们主导的全球化下固有国际分工的红利。**至于欠下的债务，在美国人的算计中，恐怕从来就没有担心过债总是要还的。他们最常规的操作，是发新债置换旧债，或仅偿付利息；他们还可以通过发钞，直接稀释或对冲掉债务。

中国发展偏离了他们设定的轨道

然而，算盘不总是一个人打的，在几代中国人付出的血汗中，事情渐渐偏离了美国预想的发展轨道。

中国经济伴随全球化过程快速崛起。中国经济占全球经济总量的份额从1995年的2%上升到2019年的16%，中国一年的经济增量相当于一个中等规模国家的经济总量，快速成为世界第二大经济体。中国经济增长多年以来占世界经济增长的30%以上，成为全球经济增长的主要引擎。

如果是单纯"量"上的追赶，还不至于引起美国太大的惊慌，中国经济的增长越来越展示出"质"的提升。

通过融入世界经济大循环，中国实现了比较彻底的工业化，成为全球第一制造大国，发展起全球最完整、规模最大的工业体系，是唯一拥有联合国产业分类当中全部工业门类的国家，这是我国能够成为全球产业链不可或缺的国家的物质基础。**在这个过程中，我国还培养和锻造了规模庞大和素质优良的人才资本，享有全球最大的工程师红利，拥有9100万科技工作者，1.7亿人口受过高等教育和拥有专业技能。**

科技与创新越来越成为中国经济增长的主要驱动力。中国科技水平正在由跟跑到并跑，并开始向领跑迈进。2019年中国创新能力居全球第14位，中国世界500强上榜企业数量2020年首次超过美国，一批跨国企业处于全球产业链中高端。特别是在通信及互联网应用方面，中国企业实现了弯道超车。华为5G技术实现了世界领先，"这是中国百年来首次在科技领域取得的一项领先，在西方技术城墙撕开了一个巨大缺口"。阿里巴巴、腾讯等在数字经济领域笑傲江湖，TikTok在短短4年内全球用户量就超过了10亿。中国企业在5G、互联网、AI等高科技领域的群体性崛起，挑动了美国最敏感的神经。

关于美国对中国科技与创新能力发展的忧虑，《纽约时报》专栏作家弗里德曼的论述提供了一个非常贴切的注解。"在过去40年时间里，美国卖给中国的是深度产品，软件、电脑、芯片；而中国卖给美国的是浅度产品，服装、玩具、农产品。现在，情况要反过来了，他们想卖给我们深度产品了。"华为代表的是中国在科技前沿领域的硬实力，而TikTok作为一种社交软件，体现了一个国家文化软实力的输出能力。当发现中国硬实力和软实力两面同时发力时，美国人再也无法淡定了。

写到这里，笔者感慨，对于长期以来崇拜西方、对美国抱有神话般迷思的不少国人来说，如果不是美国举政府之力、不惜代价地对我国高科技企业进行封杀，我们很多人对自己在科技创新方面的惊人进步可能根本无感。

与中国在产业链上一步步向上攀爬形成鲜明对比的是，美国经济出现了越来越显著的"空心化"。

美国曾经是以工业立国的，在20世纪前半期，制造业是美国经济增长的主要动力，利用电气工业革命浪潮和世界忙于两次大战之机，美国工业实力称雄世界，登顶全球经济霸主。但20世纪下半期特别是80年代以后，伴随全球化浪潮兴起，美国开启了"去工业化"进程。产业资本出于追求超额利润的目的，为了寻求成本低廉的劳动力和更大市场，美国制造业大规模地在全球范围内布局产业链。除了保留高科技和客机、军工等高端制造业外，美国一般制造业基本所剩无几，制造业在美国经济中的比重到今天仅占11%，形成了美国经济的"空心化"。

与此同时，美国经济日益虚拟化和金融化，发展主要依赖服务业尤其是金融业。虚拟经济的高速膨胀，金融的过度创新与泛滥，导致了次贷危机的爆发，结束了美国长达20多年的长增长周期。而次贷危机，以及由此导致的国际金融危机对美国和世界的影响，至今仍未消除。当美国政府认识到"去工业化"的后果而提出"再工业化"之时，发现的却是美国制造业产业基础已经严重退化的现实。

美国经济的"空心化"以及经济结构的问题导致了美国收入分配的严重不平衡，社会财富日益集中在少数以华尔街为代表的金融精英和跨国资本集团手中。美国经济发展并没有使普通美国人受惠，甚至让他们处于不利的地位。研究表明，美国的收入分配差距达到了非常严重的地步，最顶尖的1%人口所获得的收入占到国家总收入的21%，远远超过了西方发达国家的平均水平。这种收入差距的不平衡，在2008年国际金融危机之后进一步加剧。普林斯顿大学的经济学家安妮·凯斯（Anne Case）和安格斯·迪顿（Angus Deaton）指出，"在主要发达国家中，美国是唯一一个收入排名在后半段的就业群体的实际收入在过去30年里出现下降的国家。美国这一现象导致'绝望'情绪在白人劳工群体中四处蔓延"。

收入分配的严重失衡，造成美国深刻的社会冲突和分裂。贫穷弱势人群长期居于劣势，看不到上升的希望。贫富阶层的分化，催生认知与情感的隔离，处于社会底层的大多数人，把他们命运的不公归因于全球化的冲击。近年来美国民粹主义和反全球化声浪抬头，正是美国这些内在矛盾的反映。

翟东升在他的《货币、权力与人》中尝试总结了中美之间这种强烈反差的深层原因：

这背后是如何理解财富的问题，即究竟是将财富看作对物的占有，还是人的能力的提升？如果是前者，那么美元特权的确为美国社会带来巨量的财富，因为印制一张纸片，甚至电脑系统中敲一个符号，就可以直接获得他国的资源和制成品，从交易的角度来看的确是很合算的。但是假如是后者，即把财富看作人的能力及其结果，那么美元特权带来的美国人的能力结构的改变是巨大的，美国的可贸易部门被美元所挤压，或者说印制美元符号成为美国的最大可贸易品。这种"嚣张特权"对人的能力的挤出效应，从长期来看，必然蕴含着巨大的代价。

这也算是"美元的诅咒"吧。

如果从这个角度去看，特朗普张口闭口所抱怨的"中国在贸易中占了美国的便宜，抢了美国工人的饭碗"，虽然是一种强词夺理，却也颇有一丝后知后觉的味道。

巨变前夜，黎明前的黑暗

中美之间经济和产业结构的此消彼长，终于在2020年暴发的新冠肺炎疫情中得到彰显。

一方是束手无策，全面溃败，确诊病例和死亡人数世界第一，表现出"能力之死"。一方是把人民的生命放在首位，采取最全面、最严格、最彻底的防控措施，通过全民抗疫的阻击战和总体战，在短时间内取得了新冠肺炎疫情防控的重大战略成果。人口只有中国1/4不到的美国，新冠病毒确诊人数是中国的20倍，死亡人数是中国的22倍。

一方是在新冠肺炎疫情重击之下，2022年第二季度经济深度衰退32.9%，经济复苏停滞不前，失业率持续徘徊在大萧条以来的最高水平，经济上回天乏术，只能靠政府不断出台救助计划艰难续命。一方是在全球率先实现安全的复工复产，并在2022年第二季度实现3.2%的正增长。国际货币基金组织预测，2020年美国经济下滑8.0%，而中国将是全球唯一保持正增长的主要经济体。中国成为全球唯一安全岛，在全球经济衰退的背景下风景独好，成为维持全球供应链的稳定锚。

新冠肺炎疫情应对如同一场大考，中美表现的强烈反差，更引发了美国对中国实力和治理能力的警觉。它集中展示了中国力量、中国精神和中国效率，让全世界看到了中国制度与中国模式的强大优势、活力与韧性。

中美之间这种力量的消长，引发美国对其全球领导地位的深层焦虑和危机感，也增强了其对中国实施战略遏制与打压的紧迫感。美国的精英群体达成一个共识，现在是美国遏制中国的最后战略时间窗口，一旦错过，美国将再也无法阻挡中国的崛起。

美国对中国的战略围堵，实际上从奥巴马政府时期的"重返亚太"战略就已经开始，美国政府还曾极力推动建立将中国排除在外的TPP（跨太平洋伙伴关系协定）。只是从特朗普政府上台以后，美国加速实施了对中国的战略遏制，在国家安全策略中明确把中国认定为最主要的战略竞争对手，从贸易、高科技、人文交流、政治、外交、军事及干涉中国内部事务等各个领域对中国极限施压，不断挑起和升级中美冲突，把中美关系推到冷战边缘。

从短期看，特朗普政府对中国的强硬打压似乎是出于美国2020年大选的政治需要，是其在选情不利的绝望情绪下的激进策略和行动。而从长期看，美国无论哪个党派赢得大选，为了美国自身的国家利益，为了保持美国的领导地位，出于大国竞争的政治考量，美国对中国的敌意，对中国崛起的警觉、戒备和遏制的政策不会改变，只是表现形式不同而已。尽管出于党派的利益，他们之间可以相互攻击和缠斗，但在对待中国的策略上，他们高度一致。这是国际政治的本质决定的，维护对世界的领导权是美国最高国家利益，尽管中国无意取代美国的领导地位，但美国人不相信你是否有意愿，而是看你的实力。

新冠肺炎疫情发生以来，美国政客为转移国内应对不力的矛盾，持续对中国疯狂甩锅、推责、肆意攻击、抹黑中国。共和党竞选策略备忘录简单而直接，"说到新冠病毒，不要为特朗普辩护，相反，攻击中国"。一些政客煽动"中美脱钩"，特朗普扬言美国可以完全切断与中国的联系，美国白宫贸易顾问纳瓦罗提出美国政府可以为美国企业撤离中国部分成本"买单"。对中国加强金融与贸易管控，控制对中国高技术和军民两用技术的出口。出台法案限制在美上市的中资企业。2020年7月以来中美关系加剧恶化。国务卿蓬佩奥在美国尼克松总统图书馆发表演说，把矛头直接指向中国执政党，号召世界各国组成一个"民主国家联盟"，来改变共产主义中国。蓬佩奥还出访中东欧四国，拉拢这些国家选边站队，游说这些国家放弃使用华为5G基础设施。

在两党政客竞相对中国肆意污蔑和攻击的政治氛围下，美国民众对中国的负面看法已经成为主流。两党政客把美国国内存在的严重失业、工资压力等结构性问题一概归咎于中国，毫无根据地给中国加上知识产权盗窃、网络间谍、强制技术转移等罪名，对美国公众舆论产生了恶劣影响。

美国是西方强权的典型代表。西方强权的每次建立，无一不是依靠武力征服、种族屠杀、殖民掠夺和奴役弱势族群，无一不是伴随着残酷战争与血腥杀戮，强权的根基带有与生俱来的原罪。与中国文明中和平发展、合作共赢、和而不同、美美与共的理念不同，他们文明的基因里只信奉丛林法则与强盗逻辑，思维中只有你死我活的零和博弈，骨子里根深蒂固的是"西方至上"的傲慢与优越感，他们极少能够对自身问题与责任进行深刻反思。这种文明基因和思维方式，决定了他们不容许其他大国对他们的霸权进行挑战，"匹夫无罪，怀璧其罪"，哪怕这种挑战是完全出于自身的臆想。这导致中美之间的对话，缺乏共同的底层基础和逻辑。

正是由于这种强权和丛林法则的底层意识，决定了美国在中美竞争的关系上，出发点必然是战略和政治考量，经济利益让位于国际政治，因而它可以不计一时经济利益的得失。因此，尽管美国政府清楚地明白与中国脱钩会给美国经济带来损失，但为了全面遏制中国的发展，他们仍然不惜做出杀敌一千自损八百的双输之举。

从美国政党和精英的决心来看，他们推动"中美脱钩"的行动和努力不会放松，尤其是在科技领域。对华为的围堵和封杀，对TikTok的强制收购，正是这种赤裸裸的霸权行径的集中体现。对华为和TikTok的行动，打开了美国对中国领先科技进行绞杀的"潘多拉"盒子，其打击范围还会扩大，手段还会持续升级。特朗普政府已经像一个输红了眼的赌徒，在美国大选之前，由于孤注一掷而变得非理性的特朗普政府铤而走险，做出更加超乎人们想象的惊人之举，在中美关系上掀起更危险的狂风恶浪，这种风险在上升。对此我们不能再抱幻想。

美国的金融讹诈能走多远

在美国的政策选项中，更具杀伤力、威胁更严重的手段是金融制裁。

美国可以采用多种手段对别国金融机构、实体企业及个人实施金融制裁，冻结相关实体资产；利用对SWIFT、CHIPS和Fedwire系统等金融基础设施的主导权，切断他国政府、实体或个人的美元结算与支付渠道，将其排除在美元体系之外。例如，美国曾于2018年宣布对俄罗斯38个个人和公司实施制裁，冻结其在美国管辖范围内的所有资产。美国还对伊朗政府、企业等发起金融制裁，限制伊朗对外的金融交易，并将制裁扩展到与伊朗发生商品或服务交易的第三方国家实体或个人。**金融战是美国在贸易战、科技战之后更具杀伤力的经济打击武器。**

美国已经对我国一些个人和实体实施金融制裁，如出台涉疆、涉港法案，对相关个人或实体进行制裁，并制裁与前述外国人士开展业务的金融机构，具体制裁措施包括财产冻结、制裁该金融机构的高管，禁止美国金融机构向其提供贷款或授信等。

在金融领域，两个最大威胁始终存在：一是把我国排除在美元结算体系之外。由于我国巨大的经济规模以及与世界经济广泛深入的联系，如果美国敢于走到这一步，那无论对我国还是世界经济将是一场灾难，能否有支付结算体系的替代另说，首先现有的美元支付结算体系必然立刻崩塌。

二是冻结我国海外资产。如果中美冲突不可调和，上升到尖锐化的地步，美国可能会扣押或冻结我国海外资产，甚至有不少人担心中国持有的1万亿美元美债会被"赖账"。从华为、TikTok面临的遭遇看，特朗普政府对中国的极限施压已经到了没有底线的程度，这种可能性也不能完全排除。但是不要忘记，布雷顿森林体系解体以后，世界进入的是一个信用货币时代。大规模地强行"赖账"，实际上等于信用体系的坍塌，也同样等于美元体系的坍塌。为了能够合理"赖账"，美国特朗普政府需要给自己找一个"合理说法"，他们为此正在尝试做大量的舆论铺垫。2020年4月以来，美国政府高官、议员对中国无端指责，肆意抹黑，煽动对中国开展病毒溯源调查，把新冠肺炎疫情扩散的责任推向中国；美国一些团体、个人甚至州政府对中国提起索赔诉讼；有议员提出扣押中国持有的国债作为赔偿，还有议员动议采取法律步骤取消中国主权豁免，为向中国索赔做铺垫和舆论准备。蓬佩奥在尼克松图书馆门前，开始召唤麦卡锡死魂灵的吟唱；在学术和文化领域，他们则是试图用亨廷顿的"文明冲突论"在大西洋两岸寻找共同语言，试图把中国排斥在"文明世界"之外。这是一个完整链条，他们的用心昭然若揭。但还是那句"算盘不是一个人打的"，西方如果这么做的话，其结果基本等同于上述第一种情况。

在中国产业升级撞上美国产业"空心化"的历史大势面前，他们感到再也耗不起，终于摆出一副不惜双输的对决姿态，以为能逼迫中国妥协，这本就是他们的逻辑。

这里我们需要提醒美国某些妄自尊大、逆历史潮流而动的政治势力的是，今天的全球体系，本质上是体现西方利益和霸权的体系，中国处于不公平的从属地位，任何对现有西方既得利益体系的抛弃，都是为这种霸权选定坟墓。对中国来说，如果他们非要逼迫中国脱离这个不公平的体系，我们失去的只有锁链。

"封锁吧，封锁十年八年，中国的一切问题都解决了。"

今天，美国对中国的战略围堵来势汹汹，大有山雨欲来之势。但是，从中国百年来的历史沧桑看，从全球化以来中美发展态势看，**美国对中国的遏制，恰恰暴露了其外强中干的纸老虎本质，也暴露了其对自身衰落的危机感和内心的恐惧。**他们对中国的封杀、围剿战略将注定是一个历史性的错误。

它将催生一个不再受美国不平等规则和强权主导的、彻底摆脱了产业链低端的中国经济，中国将从以劳动密集型为特征的世界打工仔模式，转向以科技和创新为驱动的高质量发展模式，实现脱胎换骨的转变。而对美国而言，失去了中国这个重要的贸易伙伴和美债投资大户，美国主导的全球体系、美元霸权将无法维系，其内部经济矛盾、社会矛盾必将更加激化，陷入内外交困的危机，并加速美国的全面崩溃。

过去30多年来中美的竞争和力量消长，是在美国主导的全球体系、框架和规则下的比拼，历史证明他们已经输了。**如果说在这样一个美国自当裁判、占尽优势的赛场上他们赢不了中国，他们更别梦想着把中国隔绝之后能够战胜中国。**

中国的发展是对人类进步和发展的巨大贡献，世界需要中国，美国可以与中国脱钩，但无法让中国与世界隔绝。

历史照亮未来。中华文明5000年海纳百川、生生不息的精神气度，自强不息、厚德载物的坚韧性格，各美其美、美美与共的价值追求，天下为公、世界大同的社会理想，远胜于武力征服、唯我独尊、零和博弈的西方价值观。**百年沧桑，中国经历过无数苦难、挫折和生死考验，其从来不能阻挡中国人民发展的脚步。**从屈辱和苦难中走过来的中国人民，捍卫民族尊严、发展权利的骨气和意志不可战胜；中国人民追求美好生活的惊天伟力、发展活力、顽强韧性、创新智慧不可阻挡。

新中国70多年发展历史，经历过西方经济封锁和技术封锁，依靠中国人民的发奋努力、自主创新，照样完成了"两弹一星"奇迹、"北斗导航"创举，照样取得了5G领先地位。历史已经证明并将继续证明，别人越是封锁，中国人民的自主创新就越快。美国的科技封锁，只能逼迫中国人民认清自己的短板，调整策略，发愤图强，美国只会给自己培养出一个无法战胜的强大对手。

今天的中国人民，尤其需要记起一位伟人穿透历史的铿锵预言："**封锁吧，封锁十年八年，中国的一切问题都解决了。**""**我们正在做我们的前人从来没有做过的极其光荣伟大的事业。我们的目的一定要达到。我们的目的一定能够达到。**"

今天，习近平总书记掷地有声地庄严宣告："我们有坚强决心、坚定意志、坚实国力应对挑战，有足够的底气、能力、智慧战胜各种风险考验，任何国家任何人都不能阻挡中华民族实现伟大复兴的历史步伐。"

观察者网　2020 年 8 月 25 日

世界变局下的中国优势与制胜之道

当今世界正处于百年未有之大变局，大国博弈与国际秩序重塑风云激荡，新冠肺炎疫情的突发与世界性蔓延进一步加快了这种变局的演进，强化了大国竞争的烈度。新冠肺炎疫情肆虐下的世界，经济衰退，民生多艰，全球化受阻，一些国家出现社会动荡，可谓纷乱交织，危机重重。

在最需要国际团结合作、协力抗击人类共同危险的关头，以美国为首的一些国家却连连发出"甩锅"、追责、索偿中国的奇谈怪论，不断推出打压、围堵中国的遏制政策，充分暴露了霸权主义与强权政治的傲慢本性与强盗逻辑。新冠肺炎疫情导致的外部需求骤减和美国发起的遏制与打压，给我国经济发展带来双重压力与考验。为此，我们既要保持底线思维，做好应对各种复杂局面、重大艰险考验的思想准备与斗争准备，也要充分认识中国经济的雄厚基础、强大韧性与增长优势，保持战略定力，坚定必胜信心，不惧浮云蔽日，化解危机挑战。

中国经济面临双重压力

进入2020年，新冠肺炎疫情暴发并在全球大流行，经济活动与社会生活按下暂停键。在全球经济紧密联系的今天，新冠肺炎疫情对人类经济、社会生活造成的冲击百年未见。

新冠肺炎疫情发生后，我国采取最全面、最严格、最彻底的防控措施，付出巨大的努力和牺牲，用3个月左右时间取得了武汉保卫战、湖北保卫战的决定性胜利，与此同时中国经济也遭受严重影响。2020年第一季度，中国国内生产总值同比下降6.8%，为中国经济40多年中首次出现季度负增长。全国范围的居家隔离，造成消费需求骤降，旅游、交通运输、餐饮住宿、娱乐等服务性行业大面积停滞，大批企业停工减产，投资、消费、出口均受到明显冲击，服务业和工业增加值大降。

虽然中国新冠肺炎疫情得到有效控制，但疫情的全球扩散对中国经济造成第二波冲击。全球主要经济体陆续采取严格隔离措施和封城封国行动，造成全球生产体系、国际贸易停摆。中国出口企业遭遇大面积退单、毁单，不少企业面临无工可复的困局，部分中小企业遭遇生存困难，影响到我国就业、消费、投资复苏。就新冠肺炎疫情目前发展形势看，全球疫情此起彼伏，跨国人员流动、商贸活动受阻，全球产业链、供应链受到双重打击，金融市场剧烈震荡，各经济体出现不同程度衰退，外部需求大幅萎缩，对中国外贸出口造成较大冲击。

新冠肺炎疫情的复杂性使得对全球经济影响的评估为时尚早。新冠肺炎疫情先后在亚洲、欧洲、美国大面积蔓延，美国成为疫情新的震中。巴西、印度和非洲陆续成为重灾区，由于经济基础薄弱、防控措施不力及公共卫生体系不完善，这些地区的感染病例远未达到高峰。进入2020年6月，虽然亚洲、欧洲新冠肺炎疫情初步得到控制，但随着陆续重启经济，不少国家出现新的病例高峰。美国在确诊达到400多万人、死亡人数超过14万的情况下，强行重启经济，放松社交距离要求，一些州创下确诊病例新高。各国在新冠肺炎疫情防控与重启经济两难下艰难权衡，不少国家放弃严格管控，以人们的健康和生命为代价维持经济运行。可以预见，在安全疫苗投入使用前，新冠肺炎疫情会在不同地区反复暴发并将与人类共存。

新冠肺炎疫情导致全球经济衰退。据国际货币基金组织6月的最新预测，2020年美国经济预计下滑8.0%，德国下降7.8%，法国下降12.5%，英国下降

10.2%，意大利、西班牙均下降12.8%，日本下降5.8%，亚洲新兴国家平均下降0.8%，拉丁美洲下降9.4%。中国是唯一保持1.0%正增长的主要经济体。

而伴随新冠病毒的蔓延，一种新的"政治病毒"也在西方肆虐。一些国家的政客为转移国内应对不力的矛盾，无视客观事实，持续对中国疯狂"甩锅"、推责、肆意攻击、抹黑中国，甚至提起荒唐的索赔、诉讼要求，对我国形成复杂的外部政治环境和压力。

美国在新冠肺炎疫情方面对我国施加"甩锅"、追责压力的同时，进一步加紧对我国贸易和科技进行打压。一些政客煽动"中美经贸脱钩"，鼓动美国企业撤出中国，甚至扬言美国可以完全切断与中国的联系，美国白宫贸易顾问纳瓦罗提出美国政府可以为美国企业撤离中国部分成本"买单"。美国政府还通过自己的国际发展金融公司为关键产业链回归美国提供数百亿美元贷款。美国对来自中国的防疫医疗设备进口施加限制与障碍。美国政府智库提出对中国加强金融与贸易管控，控制对中国高新技术和军民两用技术出口，减少对中国生物科技和基本药品产业链的依赖。最近以来又出台法案，限制在美上市的中资企业。

此外，不断升级针对华为的贸易和出口限制，封锁华为获得包含美国技术的软件、硬件的产品供应。美国把一批中国高科技企业、部分大学和科研机构列入"实体清单"，实施技术封锁。限制中国留学生入读美国前沿学科和高科技专业，以间谍嫌疑调查、开除、拘捕他们认为与中国有合作的学者，驱逐数千在读中国留学生等，阻断中美科技交流，这表明美国对中国的打压与遏制已经到了无所不用其极的地步。

由此，我国经济面临新冠肺炎疫情和美国等西方国家"去中国化"带来的双重外部环境压力。

中国经济的广度、深度与强大韧性

对于外部的"去中国化""脱钩论"，我们应该充分认识中国经济本身的内在优势和强大韧性。中国成为跨国公司布局产业链的目的地，是跨国公司根据市场考虑、逐利目的、劳动力素质、产业配套能力、基础设施成熟度等综合因素决定的，是在长期经营的历史中形成的。跨国公司撤出中国既不具备现实条件，也不具有经济上的可行性。产业链"去中国化"完全是美国一些政客们的一厢情愿。

第一，中国拥有全球独一无二的统一大市场。我国人口超过14亿，人均国内生产总值超过1万美元，中等收入群体近4亿，拥有世界最大规模的中等收入群体，是全球第二大消费市场。庞大的人口规模特别是中等收入群体，必然会带来旺盛的多样化的消费需求。我国是世界上120多个国家的最大贸易伙伴，中国提供了占世界30%的工业品、30%的全球贸易量。这意味着中国集中了世界上最大的工业生产需求和服务需求。中国的市场容量接近欧盟，且巨大的消费与生产需求集中在统一而不是分割的单一市场，这是任何一个国家、任何一个大型跨国公司都无法忽视的。

第二，中国已经具备雄厚的工业及科技基础。我国具有全球最完整、规模最大的工业体系，是唯一拥有联合国产业分类当中全部工业门类的国家，供应链体系健全、产业配套能力强、生产组织效率高，这是我国能够成为全球第一制造大国、全球产业链不可或缺的国家的原因。我国经济总量稳居世界第二，市场主体超过1亿，世界500强上榜企业数量与美国相当，已经拥有一批处于全球产业链中高端的跨国企业。我国的科技水平正在从跟跑向并跑、领跑阶段迈进，根据世界知识产权组织发布的全球创新指数报告，2019年中国创新能力居全球第14位。

第三，中国有规模庞大和素质优良的劳动力资源与人才资本。我国拥有近9亿劳动人口，其中有1.7亿受过高等教育和拥有专业技能，有9100万科技工作者。中国丰富的人力资本和人才资源，既能满足工业制造所需要的工程、技术、设计、装配、操作技能等高、中、低端劳动需求，又能提供科技研发所需要的知识创造能力。

第四，中国有完备的基础设施和产业集群配套。我国基础设施存量在2018年已居世界首位。高速铁路通车里程、高速公路里程、港口万吨级以上泊位数量、城市地铁通车里程、电网规模等均居世界首位。人工智能、工业互联网、物联网、5G网络等新型基础设施建设提速。电子商务、互联网经济突飞猛进，无处不在的移动支付、网络金融领先世界。遍布全国城乡的高效、快捷、经济的物流网络极大便利了人们的生产、生活。长三角、珠三角、京津冀、长江经济带以及各省份都培育出各具特色与竞争优势的产业集群，为跨国生产企业创造了完备的产业链配套和企业生态圈。

对比美国的经济结构、劳动力状况、供应链产业链配套等各方面，美国提出的制造业回流和企业撤离中国，基本上不具备现实条件。抛开建设工厂的投资成本不说，要满足企业生产的上下游产业链配套，就不是一朝一夕之功。最重要的是劳动力资源，美国经济构成85%集中在服务业，工业只占13.5%，要找到有意愿、能力合格的工人是个极大难题。

在这方面，曾被美国寄予厚望的富士康在美国投资设厂的案例可以说明很多问题。这个项目号称投资100亿美元、生产10.5代液晶显示屏、初期创造3000个就业岗位、最高满足13000人就业。2018年特朗普总统还亲自跑去为工厂建设奠基，甚至称该投资为"世界第八大奇迹"。然而3年过后，工厂所在地除一座毛坯厂房外，仍然是空空如也、一片荒凉。先是产业链配套问题，由于美国特殊玻璃制造商康宁公司不乐意跟着在威斯康星建厂，也没有形成完善的上游供应链产业集群，原先计划的10.5代只能缩水到6代。当地缺乏大量熟练的产业工人，不仅用工成本大幅上升，连招聘工人都成为一大难题。此外，工厂还需面对征地谈判、环保组织反对、当地政府换届导致建厂协议与政府优惠政策取消等棘手纠纷。一波三折之后，原本计划2020年开工的富士康威斯康星工厂恐将成为一场梦。除了产业链配套缺乏、劳动力成本差异之外，中国工人的勤劳刻苦、精细专注的特点以及严密的劳动组织、高效的学习能力也很突出。这也是为什么美国政府一再命令苹果公司将手机组装工厂从中国转移到美国，而苹果公司始终不为所动的原因。最近引起轰动的美国纪录片《美国工厂》，真实地反映了中美工人之间在价值观念、劳动管理、劳动效率等方面的强烈反差。

对比东南亚等地区，这些地区除劳动力成本比中国有优势外，在市场规模与纵深、产业链与集群配套、劳动力素质、整体技术水平、基础设施成熟度等方面与中国不可同日而语，这些国家或许能够在某些产业对中国制造产生局部替代，但在中短期内难以大规模对中国产业链形成整体性冲击。

相比其他国家，我国的社会主义制度优势，能够保证各项制度相互协调、有效运转，集中力量与资源，完成关系全局的重大工程，解决阻碍经济发展的各种困难，保证经济发展的正确方向。随着我国在全球率先控制住新冠肺炎疫情，有序复工、复产，中国将成为保持经济有序运行的国家，在全球经济衰退的背景下，成为维持全球供应链的稳定锚。

中国成为世界第一制造业大国，是中国人民长期艰苦奋斗积累和锻造出来的，是中国制度、市场、规模、技术、精神等综合优势决定的，既是全球产业链分工的产物，也是中国实力的证明。因此，对于西方"脱钩""去中国化"的鼓噪，我们应有坚定的自信，大可不必杞人忧天。

决胜世界新变局的中国发展之道

历史经验表明，重大疫情往往成为改变历史进程和重塑世界格局的分水岭。此次新冠肺炎疫情的全球暴发，对世界经济、政治、社会生活以及全球化进程的冲击，越来越具有分水岭般的重大影响。随着新冠肺炎疫情发展，中美竞争与博弈是不以我们意志与合作共赢的善良愿望为转移的，而是美国主动发起强加于我们头上的。在美方看来，中国国力的快速发展，特别是在部分高科技领域的突破，对美国的世界领导地位构成了挑战和威胁，尽管我们一再表明没有意愿取代美国。美国已经从国家战略上把中国认定为主要竞争对手，丝毫不掩饰对中国进行遏制、打压的战略意图。

我们期望一个良性竞争的发展环境，但随着美国变本加厉对我国进行打压与遏制，我们必须做好艰苦斗争、长期斗争的准备，坚决捍卫我国的发展与安全利益。同时要保持战略定力与战略决心，充分发挥我国经济内在优势，变中寻机，集中资源，精准发力，突破新冠肺炎疫情带来的发展困境，打破美国对我国经济的战略围堵，实现中国经济险中突围。

聚精会神办好中国自己的事。以人民的福祉为出发点，始终立足于破解国内发展难题，补齐国内发展短板。当前要全力巩固来之不易的疫情防控成果，坚持外防输入、内防扩散不松懈，依靠科学方法与手段，统筹精准防控与复工复产。集中精力抓好"六稳""六保",千方百计保民生、稳就业,稳住经济基本盘。全力完成脱贫攻坚,落实减负降税,加大财政金融支持力度,帮助企业特别是中小微企业渡过难关。加大农村和落后地区基础设施投入力度,促进区域平衡协调发展。只有中国自己发展好,才能对外形成吸引力,用发展成就证明体制优势,以雄厚实力扩大朋友圈,打下解决外部矛盾的牢固基础。

坚定不移实施扩大内需战略。扩大内需是应对外部风险挑战、保持我国经济长期向好发展的战略基点。把我国超大规模市场优势和内需潜力充分激发出来,将有力推动我国经济攻坚克难,把新冠肺炎疫情造成的损失和外部环境冲击降到最低限度。扩大内需是满足人民日益增长的美好生活需要的必然要求,要坚持民生导向,努力增加居民可支配收入,提高有效消费需求。扩大有效投资,大力推进"两新一重"建设,加强新型基础设施建设,发展新一代信息网络,拓展5G应用,夯实战略性新兴产业发展的基础,激发新消费需求,助力产业升级。加强交通、水利等重大工程建设。加强新型城镇化和智慧城市建设。发挥中心城市和城市群综合带动作用,形成产业经济带和产业集群。加强生态环境保护和绿色生态建设。

坚持推动建设人类命运共同体。新冠肺炎疫情蔓延下任何国家都不能独善其身,一荣俱荣,一损俱损,充分印证了人类利益紧密相连、相互依赖,也说明人类命运共同体理念是全球治理的真谛。中国自古崇尚"万物并育而不相害,道并行而不相悖",我们要高扬多边主义旗帜,秉承共商、共建、共享,坚持互利、合作、共赢,在人类命运共同体的旗帜下,团结一切认同我国全球治理理念的国家和力量,求同存异、凝聚共识、包容发展,努力扩大朋友圈,共同应对单边主义、霸权主义的挑战。坚持正确义利观,把承担国际责任、对外提供援助、市场开放、"一带一路"建设与构建新型国际关系结合起来,对认同我国、平等待我、道义上支持我国的国家,给予更多的经济支持和倾斜,在此基础上扩大经贸合作。以中日韩自贸区、中国—东盟自贸区为重点,积极建立区域经济合作共同体。以经贸合作为纽带,推进中欧投资协定进程,求同存异,扩大共识,加强中欧互利合作。深化中非传统友谊,推进务实合作，支持非洲国家提升自主发展能力。

抓紧完善关键核心技术攻关的新型举国体制。美国对华为及我国高科技企业的堵截打压，说明关键核心技术要不来、买不来。要突破美国的科技封锁与垄断，关键核心技术必须掌握在自己手中。必须下定决心，完善举国体制，狠抓自主创新。要着眼于前沿科技领域和战略性新兴产业的发展，选准关系全局和长远发展的战略必争领域和优先方向，实施一批国家科技重大专项和重大工程，集中优势科技力量，科学统筹、优化机制、协同攻关，从根本上扭转关键核心技术受制于人的局面。加大创新研发和基础科学研究投入力度。尊重知识，尊重人才，建立合理有效的创新型人才的培养、引进、使用、激励、评价的体制机制，打破常规培养、引进一批科技领军人才，打造一批国家级高水平科研创新团队。发挥企业、大学和研究机构等科技创新主体作用，构建更加高效的科研创新体系。突破关键核心技术瓶颈，促进我国产业水平迈向中高端。

我国曾在西方经济封锁的年代，独立自主完成"两弹一星"等重大科技成就。新时期我国同样在美国排斥的情况下，在航天领域通过自主研发创新，突破了大批关键技术，许多重要航天技术已跻身世界先进行列。最近我国自主研发的北斗卫星导航系统成功完成收官卫星发射，成为比美国GPS、欧盟的伽利略（Galileo）和俄罗斯格洛纳斯（GLONASS）等定位系统更可靠、更精准的卫星导航系统，打破了美国长期以来在这一领域的主导地位。历史必将证明，别人越是封锁，我们的自主创新发展就越快。

加快推进人民币国际化步伐。美国凭借美元霸权，滥用金融制裁与长臂管辖，肆意打压竞争对手。美国已经对朝鲜、伊朗、委内瑞拉和俄罗斯实施金融制裁，冻结相关政府、企业资产，切断美元支付清算渠道，对这些国家经济造成严重损害。在中美竞争与对抗加剧的背景下，不排除美国对我国相关企业和金融机构采取极端的金融制裁手段。对此我国必须保持充分警觉，未雨绸缪，加快人民币国际化步伐，加快人民币清算网络和系统建设。

随着新冠肺炎疫情危机持续加深，经济陷入衰退，为救助本国企业和居民，美国推出巨额经济救助计划，大举推高财政赤字，同时启动无限量化宽松政策，严重透支美元信用，美元地位正在动摇，世界各国期望改变美元独霸国际货币体系的意愿日益强烈。一些饱受美国制裁之苦的国家以及主要石油出产国，已经悄然寻求摆脱美元体系控制的途径。欧盟在2018年底公布一项旨在提高欧元地位的计划草案，要求各成员国在能源、大宗商品、飞机制造等"战略性行业"增加使用欧元的频率，并提出创建绕过美元的新支付渠道。最近，土耳其宣布用人民币支付从中国进口商品的费用，反映出新兴国家在新冠肺炎疫情引发美元流动性短缺和支付危机的情况下，谋求新解决方法的动向，人民币国际化面临新的机遇。

中国作为世界第二经济大国，经济保持持续稳定增长，拥有足够的经济规模和巨额贸易顺差，人民币已经成为国际储备货币，具备进一步国际化的基础。在中美战略竞争加剧的形势下，加快人民币国际化变得越来越必要和迫切。我国应进一步扩大与我国签订人民币货币互换协议的国家数量，加快布局和推进人民币贸易与投资结算。同时加快人民币国际化制度建设、基础设施建设和系统建设，积极推进人民币计价石油期货市场的发展和人民币跨境支付系统（CIPS）的建设。充分发挥超大规模市场的优势，积极扩大与贸易伙伴开展人民币贸易结算。目前我国从俄罗斯进口石油，宝武钢铁从澳大利亚和巴西三大供应商进口铁矿砂，均已实现以人民币支付结算。我国还应充分利用强大的工业制造能力和向世界提供工业制成品的优势，向与我国有大宗商品交易和对我国资源出口的国家发行人民币债券，此举不仅可以为其他国家提供具有稳定收益的投资资产，扩大全球优质资产池，同时也能够锁定外部市场，扩大人民币交易。

《中国发展观察》 2020年第13、14期合刊

美国经济陷"死局",中国三招可制美

2021年7月26日,中美外交高层在天津会谈。美国人死缠硬磨地要来访问,却端着"实力地位"的迷之傲慢架子而来,还幻想着给中国人"展现和示范"所谓"负责任和健康的竞争关系",结果是灰头土脸地让中国外交官"补了一课",落个自取其辱。

中国人民不接受美国的霸权,不接受这个世界有"高人一等"的国家!

我们看到,从安克雷奇到天津,在中美交锋中,中国外交官义正词严,浩气凛然,撕下了美国所谓"实力地位"的假面,戳穿了美国"竞争、合作"的谎言,批驳了美国打压别国、恃强凌弱的"家法帮规",发出了中国人民正义的呼声,令国人振奋!

中国外交从被动防守到主动出击,攻势凌厉,切中要害,为中美关系划出红线,斗争的勇气、决心越来越强,斗争的智慧和策略水平越来越高,中国外交越来越彰显大国的底气和尊严。

在这背后,是中美综合实力的消长。在经济领域,美国更多有求于中国而不是相反。今天的美国经济表面上看起来"快速复苏",实际上却是"虚火上升"，千疮百孔，危机四伏，日益暴露出其外强中干的真面目。

大国博弈的天平，越来越向中国倾斜。

美国深陷"通胀泥潭"

当前美国经济最突出、最棘手的问题是居高不下的"通货膨胀"。

2021年以来，美国通胀水平持续飙升，连续数月"高烧不退"，屡破新高。最新数据是，美国2021年6月CPI同比增长5.4%，核心CPI同比增长4.5%，创30年新高。

从食品到日用品、从汽油到交通服务、从芯片到汽车、从木材到房屋都出现持续的价格上涨，消费者物价指数、服务价格指数、房价指数一齐大幅上扬，消费者正在感受物价上涨的直接压力。

通货膨胀正成为美国经济面临的最大风险。有经济学家预计，美国未来的通胀可能直逼20世纪70年代的大通胀。《商业内幕》引述宾夕法尼亚大学沃顿商学院知名经济学教授西格尔的话，表示美国的通货膨胀率将在未来两三年内突破20%，相当于20世纪70年代美国恶性通胀的情景。

德意志银行的研究团队在最近一项研究报告中发出警告，美联储为了追求全面的复苏而忽视通胀的风险，将使美国未来1到2年的通胀无法遏制，并带来灾难性的后果，而美国通胀的爆发也使全球经济坐在"定时炸弹"上。

美国通胀持续上涨的根源在于美国政府不负责任的货币宽松及财政刺激计划。2020年3月后，新冠肺炎疫情冲击使美国股市遭遇史无前例的4次"大熔断"，为避免美国资本市场崩溃，美联储使出无限量化宽松的"大杀器"。仅2020年3月的一个月内，美联储就增发3万亿美元，此后维持每月1200亿美元的购债计划，持续向金融体系放水。

拜登政府不仅延续了特朗普时期的宽松货币政策，还一口气推出数个经济救助和刺激计划，总支出规模达到7万亿~8万亿美元。有学者指出，拜登政府支出的增长规模，已经大大超过了罗斯福新政、2008年国际金融危机时期、里根20世纪80年代初扩张军备等历次美国经济刺激计划。

如此庞大的货币、财政刺激规模，使美国货币洪水泛滥。美国家庭、企业和个人手握大把现金，单是个人储蓄就从一年前的1.6万亿美元激增至惊人的4.1万亿美元。

美国为摆脱自身危机，屡屡放出量化宽松的毒招，倚仗美元霸权的特殊地位，让全球为其经济买单。如今美国放出的货币洪水，终于让自己尝到了苦果。

种种迹象表明，美国的通胀绝非美联储高管们宣称的"是暂时的"那么简单。美国及全球新冠肺炎疫情的反复、全球供应链恢复的不确定性、美国对宽松货币政策的依赖、财政赤字继续突破新高等，都预示美国的高通胀将持续较长时期。

高通胀的局面，使美国继续维持宽松货币以刺激经济的政策面临挑战和两难。一方面是通胀猛如虎；另一方面要控制通胀，一旦美联储加息，会触发美国股市下跌的风险，而股市的下跌无异于要了美国人的命。

高通胀的局面，也意味着美国人惯用的靠"发债—印钞"来支撑经济的"庞氏"金融骗局走到了头。随着规模激增，曾经作为全球资金避风港的美债，受到越来越多质疑，美债的扩张也将面临市场的天花板。谁来为天量美债接盘，已然是个问题。

美国经济正处在危机的悬崖边上

高通胀仅是美国经济危局的冰山一角。

当前，美国经济表面上满血复活，而实际上则是千疮百孔，险象环生。拜登和特朗普比赛式的无限印钞和大把撒钱带来的后遗症正在快速显现，综合表现就是"虚火上攻"：股市泡沫风险积聚，国债利率迭创新高，天量债务无法持续。

如今美国股市已呈现极度泡沫化。持续的超宽松货币政策，源源不断的资金流入，使美国股市不仅免于2020年3月因4次熔断而崩盘，还不断攀上历史高位。而美国股市一路高歌的表面繁荣，却无法掩饰其缺乏经济基本面支撑的本质。

截至2021年6月1日，按照道琼斯威尔夏股票市场指数估算的美国股市总市值已达44.3万亿美元，而美国2021年首季GDP最新估值约为22.1万亿美元，衡量股市泡沫风险的巴菲特指数（股市总市值/GDP）突破200%。巴菲特认为该指数是衡量股市泡沫的一个指标，如果该指数创下历史新高，是"非常强烈的崩盘警告信号"。

除了巴菲特指标，投资顾问机构RIAAdvisors首席投资策略师罗伯兹也警告，衡量股市风险的五大指标均显示美股已处于严重泡沫之中，只要有一点风吹草动，都可能引发恐慌性抛售，导致股市崩盘。这种情形一旦发生，标普500指数将蒸发40%至60%。

随着美国通胀的快速上升，美国股市已进入高风险状态，投资者已如惊弓之鸟，如履薄冰地做着随时逃离的准备。美联储和财政部任何一点儿的微妙暗示，都会引起股市大起大落。美股泡沫一旦刺破，将引发美国金融市场巨震并导致全球性的经济危机。

此外，美国正面临巨额债务难以持续的风险。特朗普和拜登在财政刺激的路上接力狂奔，美国政府马不停蹄地出台一系列新冠肺炎疫情纾困与经济重建计划，导致美国财政赤字和债务爆炸式增长。

目前美国国债总额已达28.4万亿美元，约相当于美国GDP的130%。而美国政府的债务增长还远没有尽头，根据拜登政府制定的财政预算，美国2021年财政赤字为3.669万亿美元，2022财年赤字为1.837万亿美元，预计未来10年赤字累计增加14.531万亿美元。

如今美国很快将面临新的财政"悬崖"，财政部长耶伦近来不断发出警告，敦促国会采取措施批准提高美国政府"债务上限"，以避免导致美国债务违约。

货币的过度宽松与规模庞大的财政刺激，使美国经济越来越面临"过热"的风险。尽管美国的宽松货币政策面临不可持续的阻力，但为保持美国经济复苏的势头，避免过早刺破股市泡沫，同时为拜登政府雄心勃勃的基建计划、创新与竞争计划提供资金支持，并弥补和平衡不断激增的政府债务和赤字，美国政府一段时期内大概率会继续无视通胀的威胁，而维持宽松货币政策不变。

在美国经济虚幻繁荣的表象麻痹下，在美联储自欺欺人的观点的自我催眠下，美联储执意继续维持超宽松货币政策，将进一步推高通货膨胀与资产泡沫，而美国经济自身的风险也在加速积聚。美国这种不负责任的政策选择，为世界经济和金融危机埋下了祸根。

如今，美国政策制定者不得不在重重的内部矛盾中艰难地寻求平衡：遏制通货膨胀与维持货币宽松、刺激经济复苏而赤字与债务难以持续、防止股市泡沫破裂与实际利率不可避免上升、继续量化宽松与美元贬值及信用崩塌。

这些难以解决的矛盾，每一个都可能成为引爆危机的导火索。美国经济内在的结构性矛盾与政府不负责任的经济政策相互叠加，正在将美国经济推到危机的边缘。

美国经济的结构性矛盾

美国经济的"虚症"，根源在于美国经济内在的结构性矛盾。

一是美国实体经济的"空心化"。 曾经，美国工业实力称雄世界，制造业是美国经济增长的主要推动力。但20世纪下半期特别是80年代以后，伴随全球化浪潮，美国金融资本与工业资本携手走向世界，美国的制造业开始向劳动力成本更低的其他国家转移，并寻求更大的市场。美国的工业资本在世界获取了超额垄断利润，进一步加剧了制造业的外流，由此形成了美国工业的"空心化"。如今，美国制造业产值在GDP中的占比仅在11%上下，美国一般制造业基本所剩无几，外国进口的商品几乎占满美国商场的货架。

二是美国经济的高度虚拟化。 美元的世界主导地位使得美国能够通过金融手段和跨国投资在全球聚敛财富，金融资本成为美国经济和政治的支柱，金融业成为美国GDP占比最高的行业。美国经济日益虚拟化和金融化，虚拟经济急剧膨胀。股市对美国经济的"繁荣"发挥了空前的推动作用，也与实体经济表现完全背离。这表明美国经济已经高度虚拟化和泡沫化。

三是美国经济的"寄生性"。 美国依托美元在全球经济体系的绝对主导地位，选择通过发行美元，轻松从全世界获取任何需要的商品。2008年金融危机以来，美国多次开启量化宽松，放任发行美元，在全世界疯狂"剪羊毛"，将自身的危机转化为由全世界来买单。美国在新冠肺炎疫情暴发以来推出一轮轮纾困计划，开启直升机撒钱模式，慷慨补贴公民和企业，资金来源都靠美联储无限量化宽松。

2020年3月，美联储在短短几周内发行的基础货币就超过3万多亿美元，相当于中国十几年积累的外汇储备。如今美联储资产负债表突破8万亿美元，比2020年初几乎翻番，比2008年金融危机爆发前的1万亿美元左右增长了7倍。倚仗美元霸权在全球吸血，使美国犹如一个吸毒上瘾的病人不能自拔，这暴露出美国经济的"寄生性"和"剥削性"。

四是社会收入和阶层极端"两极化"。一方面经济的金融化使美国社会财富日益向以华尔街为代表的资本精英集中，美国中产阶级和底层民众无法参与股市和资本的创富活动，成为被财富"抛下"的群体。2020年下半年，800多万美国人跌入贫困线以下，美国贫困率上升了2.4个百分点。而另一方面，2021年第一季度，美国最富的1%家庭控制着41.52万亿美元的财富，是底层的50%家庭财富的16倍。

五是美国经济是典型的"生之者寡，而食之者众"。美国是消费型社会，消费是美国经济的主要支撑，而美国除高科技产业和高端制造业外，基本生活消费品主要依赖进口。在拜登的纾困支票和各种政府救济的荫护下，美国人有了"躺着挣钱"的借口和依靠，助长了美国人宁愿"躺平"也不去找工作的风气，导致美国出现大规模"用工荒"：一方面是企业面临数百万的岗位空缺，另一方面是持续上涨的自主离职人群。社会顶层在食利，而底层选择了"躺平"，美国社会到处弥漫着腐朽和堕落的气息。

美国经济的这些难以根除的结构性矛盾，是导致美国经济"虚火攻心"的根源。美国经济已经"病了"，还病得不轻！

中美经济博弈的决胜之招

对比中美两国经济结构，透视中美经贸联系的实质，则中美两国经济的虚实立判，中国经济优势更胜一筹。

中国经济的优势和底气，首先是中国完整、系统的工业体系。中国是"生产型"国家，以实体经济为主要特征。中国是世界第一制造业大国，制造业产能相当于美国、德国、日本之和，提供了占世界30%的工业品。拥有全球最完整、规模最大的工业体系，是唯一拥有联合国产业分类当中全部工业门类的国家，中国制造无所不包。中国拥有完备的产业链和配套一流的基础设施，产业体系的广度和深度已达到其他国家无法匹敌的程度。中国强大的工业化能力，与中国人民的勤劳智慧和生产组织能力相结合，形成无与伦比的竞争优势。

中国经济的优势和底气，其次在于中国经济与世界的紧密联系。中国是世界第一货物贸易大国，全球190个国家中，超过128个国家与中国的贸易额超过了与美国的贸易额，中国在全球贸易体系的中心地位进一步强化。中国抗击新冠肺炎疫情的战略性胜利，更加凸显了中国产业链的安全性和独具优势，中国成为全球经济复苏不可或缺的重要稳定力量。任何国家妄想与中国脱钩，最终是自己被世界孤立。

中国经济的优势和底气，最后在于中国超大规模和统一的内需市场。中国拥有世界上最多的人口、最大规模的中等收入群体，超6万多亿美元的消费市场。中国超大规模的内需市场成为中国经济增长的强大动力和源泉，也将成为驱动新型全球化的最主要动力。中国市场的深度和广度，使中国经济具有强大的韧性和广阔的纵深，有能力应对国际国内复杂形势和各种风险的冲击与挑战。

立足中国经济优势，着眼百年未有之大变局，着眼中美大国博弈的现实需要，着眼因新冠肺炎疫情、地区战乱、局部政局动荡、国际政治干扰对全球经济造成冲击的形势，在中美经济竞争中，中国经济在战略上可采取以下几招，能够更好地扬长避短，克敌制胜。

第一，眼睛更加向内，聚精会神办好自己的事。坚定不移构建"以国内大循环为主体，国内国际双循环相互促进"的新发展格局，彻底扭转出口导向型发展模式，推动经济转型升级，促进高质量发展。把增进国民福祉放在发展的首位，深入挖掘内需潜力，破解发展难题，补齐国内发展短板。把科技自立自强作为创新驱动的战略优先目标，集中资金和优势科技力量，实施一批国家科技重大专项，在"卡脖子"领域实现更多"由零到一"的突破；加大农村和落后地区基础设施投入力度，促进区域协调平衡发展；加强新型基础设施建设，夯实战略性新兴产业发展的基础，激发新消费需求，助力产业升级；加强水利、交通等重大工程建设；加强生态环境保护和绿色生态建设等。

第二，改革人民币汇率形成机制，大大方方允许人民币升值。我国的人民币汇率形成机制为参考"一篮子货币"，这实际是把人民币主权信用建立在西方货币的基础上，也是为美国等西方货币的信用背书。在美西方央行大搞量化宽松、大肆放水的情势下，这种汇率机制是否仍合时宜，值得商榷。同时，美国及西方任意印钞，我国没有跟随搞货币大放水，如果人民币汇率不升值，则意味着我国人民辛勤劳动创造的实体财富的贬值，或者说被打折交换。这对中国人民来说，实际是财富的流失。人民币升值既可使我国有能力抵御进口大宗商品涨价引起的输入性通胀，又能把美国、西方货币超发造成的通胀"打回去"，让他们自食其果。

主流的观点认为，人民币升值会影响我国出口，这种担心是多余的，也是没有依据的。回顾十几年来人民币汇改历程，人民币升值削弱出口的情形并未发生，反而促进了我国企业技术进步和竞争力提升，加快了产业转型升级和附加值提高。我国十几年来一直保持世界第一货物出口大国地位，占全球出口份额稳步提升。最近两年我国出口强劲增长的表现，特别是在美国对我国商品大幅加征关税和人民币汇率升值的情况下，中国对美出口仍不降反升，且大部分关税成本由美方承担的事实，表明其对中国进口绝大部分为刚需，有力证明了人民币升值影响出口这种论调是杞人忧天，也是传统出口导向发展模式下的一种惯性思维。

第三，优化外汇储备的规模和投向。首先，一般来讲，外汇储备用于防止外部冲击，保持本国汇率稳定。而我国作为全球第一制造业大国和第一货物出口大国，人民币汇率稳定具有坚实的基础。特别是中国经济体量巨大，内循环具备广阔的空间和纵深，相比一般国家，外部因素对我国经济和汇率的冲击要可控得多。我国有没有必要保持3万多亿美元的外汇储备规模，值得思考。

其次，外汇储备资产的投向。我国外汇储备中美国国债占比约1/3，在

1万亿美元以上。传统观点认为，美债是最安全的储备资产，但在美债持续膨胀、美元贬值趋势日益明显的情况下，持有美债资产面临价值缩水的风险，还能再被认为是"安全"的吗？一方面，我们以极低甚至是负值的收益持有美国国债（中国社科院学部委员余永定根据长期研究指出，我国持有的海外净资产，投资收入长期为负值，其中外汇储备在海外资产中占比最高）；另一方面，又大力吸引美国等外国资本，让他们大举投资我国优质企业资产，攫取高额收益，这种收益倒挂的交易还要继续下去吗？中国已经积累了雄厚的资金实力，不再是改革开放初期外汇短缺的情况，是时候打破对外资的迷信和超国民待遇了。

昆仑策研究院　2021年7月30日

美国重现"西贡时刻",说明了什么?

2021年8月15日,阿富汗塔利班武装以闪电般的速度和兵不血刃的方式进入首都喀布尔。

形势如此急转,显然打乱了美方原有的计划,美军不得不调用直升机,飞临驻喀布尔的美国使馆的屋顶,紧急撤离美方外交人员和公民。

一段视频显示,美国大使馆上空升起烧毁文件的浓烟。在美方人员撤离后,大使馆内被砸坏的电脑机箱、显示器等电子设备散落一地。

而仅仅在一个多月前,拜登在2021年7月8日的新闻发布会上还信誓旦旦地向美国人保证,不会发生1975年美军在越南撤退时越共军队包围美国大使馆的情形。他说:"美国驻阿富汗大使馆的屋顶上,绝不会出现直升机接人的场面。"

发生在美国驻喀布尔大使馆屋顶的一幕,却让拜登的保证被打脸,也让世人跌破了眼镜。它让人们联想起了46年前美国在越南的往事,美国和西方媒体不约而同地使用了"西贡时刻",来描述美军从阿富汗的撤离,而更有批评者直接称之为"灾难"。

美国重现"西贡时刻",说明了什么?

只不过,相比46年前的"西贡时刻",喀布尔的撤离显得更加混乱,甚至可以说是狼狈。毫无预见的部署、粗糙的情报工作、混乱无序的执行,使美国的这次撤离成为一场不折不扣的灾难。

这不堪的一幕,让一向看重脸面的美国人恐怕一时无法接受。它也将给不少美国人在心理上带来不小的震撼和冲击:我们引以为傲的大美利坚,竟然沦落成这般模样了吗?

美国在喀布尔重现"西贡时刻",说明了什么?

一

最明显的,它又一次让世人看到了美国霸权主义纸老虎的本来面目。

美国从阿富汗仓促撤军,标志着美国军事干涉主义的失败,也标志着美国实力的衰落。美国倚仗军事霸权,在全世界耀武扬威,看上去不可一世,实际上不过是外强中干,虚张声势。

弱小的阿富汗无论是军事实力还是经济力,与美国简直无法同日而语。然而,美军入侵阿富汗20年,花费2万多亿美元,死亡2000多名士兵,还纠集北约盟友加入阿富汗战争,却连只有不足10万军队的塔利班游击武装都无法解决。

弱小的阿富汗都能让美国陷入战争泥潭20年,遭受惨重损失,说明美国的耀武扬威、军事恫吓没有什么可怕。这再一次印证了毛主席一再指出的"美帝国主义是纸老虎",没有什么不可战胜的力量!

看穿了纸老虎的本质,对它就不用怕,只要跟它干就行了。就像塔利班,哪怕力量弱小,但敢于与美国斗争,坚持20年,照样把美国侵略者拖垮。

不单是阿富汗塔利班,眼下的例子还有不少。比如,美国视为眼中钉的朝鲜、伊朗、俄罗斯,对美那么强硬,美国除了嘴上威胁,又何曾敢动过他们一个指头?

这充分暴露了美国欺软怕硬、色厉内荏的本性。对美国越忍让、越妥协,它就越得寸进尺,骄气日盛,一再挑衅你的底线。对付美国,必须敢于斗争,针锋相对,迎头痛击,他才学得会尊重和收敛。

这应该是这次阿富汗政局突变给世人的一个启示。

二

美国重现"西贡时刻",是美国全球霸权走向衰落的一个重要风向标。

美国在阿富汗战争的挫败,证明美国的穷兵黩武、强权政治在世界行不通。美国在阿富汗打了20年消耗战,一无所获,最后仓促撤军,重新回到原点,说明美国继续凭武力在世界为所欲为,已经力不从心,不得不收缩全球战略的野心。

美国败走阿富汗,让美国在世界面前颜面尽失,威风不再,一再自诩的"实力地位"受到怀疑,国际影响力严重受损。无论是亲美国家,还是反美国家,都会对美国的实际力量加以重新审视,这对世界格局将产生深远的影响。

这次事件将极大增强世界反对美国霸权力量的信心。美国如果还试图对他国或地区的事务颐指气使,横加干涉,没人会再吃这一套,势必给予有力的反抗和回击。

同时,拜登政府从阿富汗仓促撤军造成的混乱结果,给国内反对党提供了攻击拜登的新素材,进一步加剧美国政党斗争和政治分裂。

卸任总统特朗普绝不会浪费这么好的机会和把柄,马上喊话敦促拜登辞职。他在2021年8月15日的一份声明中批评道:"阿富汗现在的局势令人无法接受。乔·拜登在阿富汗的所作所为非常魔幻,这将成为美国历史上最大的失败。""是时候让拜登耻辱地辞职了,不光是因为阿富汗所发生的事,还有新冠病例激增、灾难的边境、能源独立性的破坏,以及经济瘫痪。"

前副总统彭斯也随之加入讨伐战。2021年8月17日他在《华尔街日报》发表文章称,拜登政府从阿富汗的"灾难性"撤退是美国"外交政策的耻辱"。他还写道:"这使美国在世界舞台上感到尴尬,使盟国怀疑我们的可靠性,也让敌人更有胆量试探我们的决心。"

可以预计,拜登主导的这次不体面的阿富汗撤军,使拜登面临国内空前的政治压力。民调显示,近七成的美国人不认可拜登处理阿富汗问题的表现。

除面对特朗普要求辞职的呼声外,拜登甚至还面临被罢免的风险。比如,国会参议院共和党竞选委员会主席斯科特，2021年8月16日公开呼吁国会对拜登处理阿富汗问题的方式进行调查，他在推特上写道："在阿富汗发生灾难性事件后，我们必须面对一个严肃的问题：乔·拜登是否有能力履行他的职责，是否已经到了该动用第25条修正案的时候了？"

所谓宪法第25条修正案，是指如果副总统和大多数内阁成员认为总统"无法履行其职务的权力和责任"，在以书面形式通知国会后，副总统将立即作为代理总统承担总统职责。

这些激烈批评和反对声浪，使美国内部政治对立与斗争更加尖锐，拜登任内的执政将面临更多复杂性和不确定性，美国内部政策制定与协调更加步履维艰。

三

除了内部政治压力外，美国此次仓促撤军，也使西方盟友对美国的实力产生怀疑，对拜登政府能否对盟友负责的质疑在加深。

美国在阿富汗苦心经营20年，如今挥挥衣袖，一走了之，让世界感受到了美国力量的实际成色，西方盟友对美国的实力和信誉再一次产生疑虑。

英国国会外交事务委员会主席图根达特语带含蓄地说，美国进入阿富汗20年，牺牲这么多生命、投入这么多努力后突然撤出，会让世界各地的美国盟友和潜在盟友认识到，某些民主国家已经不再如以往那般强盛。

英国议会下院防务委员会主席托比亚斯·埃尔伍德讽刺道："当我们被一个仅装备火箭筒、地雷和步枪的叛乱组织打败时，你凭什么说'美国归来'？"

世界就是这么现实，人们都是看风向的。一旦小弟们感觉"大哥"实力不再，队伍就不好带了。老话说"你叫鸡手里还要有把米"，国家之间也是这样，美国过去能够在西方盟友中呼风唤雨，是因为别人认为美国真的强大，跟着混能够一起分赃。如今，西方盟友们从美国的表现似乎感觉出其在走下坡路了。

另外，美国此次撤军中所表现出的将自身利益置于盟友之上，与盟友缺乏协调等问题，也让盟友感到失望和被背叛。西方盟友开始认清，拜登本质上是另一个"特朗普上身",在奉行"美国优先"上没有两样。

拜登上台后,高喊着"美国回来了",马不停蹄游走于西方盟友与北约之间,试图以"价值观外交"重新聚拢在盟友中的信誉与人气,重塑美国在西方集团的"领导者地位"。然而,美国此次仓促撤军在盟友中造成的离心影响,使这些辛苦的努力可能付诸东流,令其一再标榜的"基于价值观"的外交政策被画上一个问号。

盟友们将不得不面对一个问题:这样的一个美国,还有没有能力继续作为"领导者"?这会让拜登上台以来处心积虑打造的所谓"民主同盟"的成色和效果大打折扣。

今后,美国还想仅靠拉起"自由、民主、人权"的大旗就号令盟友,忽悠他们充当自己战略利益的马前卒和炮灰,恐怕不灵了。

四

阿富汗的变局,也标志着美国及西方鼓吹的"自由、民主"神话的破产,标志着西方军事干涉主义和霸权体系走向终结。

美国用20年时间、花费巨资扶持的阿富汗政权,顷刻之间土崩瓦解,阿富汗政局重新回到原点,再一次让世人看到,美国频频发动军事干预,强力输出的所谓"西方民主"体制,根本不是什么"普世价值",不过是美国推行霸权主义的幌子而已。

阿富汗塔利班之所以在短短3个月内,以摧枯拉朽之势迅速推翻现政权,就是阿富汗人民恨透了美国侵略者,也看透了美国扶持的阿富汗政府的真面目。他们与美国相互勾结,出卖国家利益,腐败不堪,不过是美国奴役和压迫阿富汗人民的傀儡。

过去20年来,美国政府打着帮助"盟友"的名义,纵容和勾结阿富汗当地军阀、毒贩和承包商,形成腐败利益共同体,大肆贪污腐败。美国近年的调查揭示出,美军、美国政府和援助机构在阿富汗的各种"花式腐败",以及层层盘剥和挥霍浪费等问题,层出不穷,触目惊心。

比如,美国给阿富汗政府的禁毒专项资金打水漂,援助阿富汗的武器下落不明，援建的警察训练中心系"豆腐渣"工程，由美国和欧盟提供给阿富汗警察部队的工资被冒领，数亿美元的重建和投资资金被窃取或挪用，巨量金钱流入美军、军工复合体、阿富汗政府高官等腐败集体的私囊。阿富汗总统加尼在跑路时，装了4车的美元现金，还有一部分因为飞机装不下，丢落在机场跑道上。

一方面，阿富汗政府不能满足公民的最基本需求，士兵和警察已经几个月领不到工资，阿富汗人民生活在困苦中；另一方面，政府高官个个住着高端豪华的别墅。这就是美国扶持的阿富汗"民主"政府的真面目。

20年中，但凡这个政权做过一点儿对人民有利的事，人民也不至于对他们那么仇恨。现实是，塔利班武装所到之处，基本没有遇到什么抵抗，美国投入800多亿美元一手培训和装备起来的政府军，一枪不发就投降了。美国援助的先进武器也悉数落入塔利班之手，这实在让美国人感到尴尬。

美军撤了，原本他们预料阿富汗会陷入内战，但阿富汗人民早已厌倦了战争，在短短的3个月内，阿富汗几乎实现了和平移交权力。这说明没有美国，阿富汗人民能够自主解决内部事务，阿富汗人民自己才有权力决定自己的国家制度和治理模式。美国采取军事干预手段，强行在阿富汗复制"西方民主"，才是祸乱与动荡之源。

美国打着反恐和人权幌子，入侵阿富汗20年，使10多万阿富汗平民在美军及其盟友的枪炮下伤亡，1000多万人流离失所，每天造成6000万美元的损失。阿富汗的现实告诉人们，美国根本不是他们自己鼓吹的"民主国家"的建设者，不是"自由、人权"的捍卫者，只是战乱与动荡的制造者，世界和平与稳定的破坏者。

二战以来，美国凭借军事优势，以"自由民主教主""人权卫士""世界警察"自居，肆意干涉别国内政，以武力入侵或军事威胁的方式，把自己的价值观、政治制度强加到别国。从朝鲜到越南，从利比亚到伊拉克，从叙利亚到阿富汗，给世界带来数不清的战乱、杀戮和动荡。

美军所到之处带来的都是动荡、分裂、家破人亡，美国犯下的战争罪行罄竹难书。世界人民越来越清醒地认识到，美国穷兵黩武、军事干预的霸权主义行径一天不除，这个世界就一天得不到和平与安宁。

美国一再重复历史的错误，每一次都以可耻的失败收场。从"西贡时刻"到"喀布尔时刻"，历史一再证明，军事干预、强权政治不得人心，美国和西方的霸权主义在这个世界上已经行不通了。

美军败走阿富汗，成为美国霸权走向最后崩溃的开端。

昆仑策研究院　2021 年 8 月 20 日

捍卫国家利益，必须勇于斗争

孟晚舟归来！

一夜之间，这个消息刷屏中国人的朋友圈。

这是孟晚舟的胜利，华为的胜利，所有怀着正义和爱国之心的中国人民的胜利。

正如孟晚舟女士所言："没有强大的祖国，就没有我今天的自由。"孟晚舟归来，背后既有中国强大国力作为支撑，也是中国与美国坚持斗争的结果。

没有孟晚舟的顽强坚持、华为有效的法律斗争，没有中国政府不懈的努力营救、对美外交的据理力争，就没有孟晚舟的归来。这个过程曲折艰辛，这个结果得之不易。这是中国对美政治和外交角力的一个重大胜利。

美国一再表明，它在与中国展开"激烈的竞争"，这是他们说在明面的话，而中美关系的实质是大国博弈，是一场激烈的斗争。

中美关系障碍的根源是美国对中国的遏制与打压，外交部副部长谢锋在中美天津会谈中对此已经揭示得一针见血。"美方的'竞争、合作、对抗'三分法就是打压遏制中国的'障眼法'，对抗遏制是本质，合作是权宜之计，竞争是话语陷阱。"

既然美对中"对抗遏制是本质"，我们就不必讳言中美关系实质是一种对抗性的斗争。笔者始终认为，对于坚持与中国进行对抗的美国，对于抱着霸权思维肆意遏制中国发展的美国，我们就要敢于斗争，敢于交锋，躲避和退让换不来对方罢手，也没有出路。

中美，可谓不打不相识：打过了，交锋了，让美国感受到中方的坚强意志与决心，感受到中方的强大能力和实力，它才学得会对中国尊重，与中国平等相处，才懂得不碰触中方的底线。

一

中美，71年前就已经交过手了。那次的交手，是以战争的形式，新生的共和国对抗以美国为首的16国联军的战争。

战争的结果，是狂妄不可一世的美国不得不从鸭绿江边退回到"三八线"以南，彻底粉碎了美国对中国边境的军事威胁，打出了中国几十年的和平。

这场立威之战，让美国尝到了中国军人的铁拳，"打得一拳开，免得百拳来"，从此美帝国主义者不敢东望。

这场威武英勇的战争，是以弱胜强的典范，是在武器装备极不对称、中国物质条件极为艰难的情况下完成的伟大壮举。面对武装到牙齿的对手美国，人民志愿军以敢于"压倒一切敌人，而决不被敌人所屈服"的气概，不怕牺牲、殊死搏斗、血战到底、绝不后退的血性和勇气，让美帝国主义者受到沉重的打击，也极大振奋了中华民族的自信心。

中美的那一次交手，在世界面前展示了中国人民不畏强敌、捍卫民族尊严的英雄气概与刚健雄风，展示了中华民族威武不屈、血战到底的钢铁意志，赢得了对手的尊重，也赢得了世界的尊重。

在冷战期间，毛主席响亮地发出全世界人民团结起来，打败美帝国主义及其一切走狗的庄严号召，旗帜鲜明地反对美国霸权主义，提出"三个世界"划分的理论。中国树起反霸的道义旗帜，在精神上感召了世界，把一切追求和平、正义、平等和进步的力量紧密团结在一起，成为世界反帝反霸的中心、民族解放运动的中心、社会主义运动的中心。

中国人民敢于斗争、善于斗争的勇气，使美国认识到中国在世界的领导地位，不得不尊重中国的力量。就在这样的氛围中，尼克松总统飞越大洋，展开了与中国的破冰之旅。

在1972年2月尼克松访华后双方发表的《中美联合公报》(《上海公报》)中，中方声明第一句话就是："哪里有压迫，哪里就有反抗。国家要独立，民族要解放，人民要革命，已成为不可抗拒的历史潮流。国家不分大小，应该一律平等，大国不应欺负小国，强国不应欺负弱国。中国决不做超级大国，并且反对任何霸权主义和强权政治。"霸气地宣示了中方的坚定立场，也充分显示了中国敢于斗争的精神和勇气。

二

2018年以来，在经贸领域，中美展开了一场不见硝烟的战争。美国单方面挑起对华经贸摩擦，随后在贸易、科技、政治、军事等各领域对华极限施压。

中美之间经过3年来的贸易交锋，如今经贸摩擦的结果尘埃落定，美国不但没捞到好处，反而自食其果：对中国逆差不降反升，内部通货膨胀愈演愈烈，达到30年未见之高位，巨额债务激增，面临债务违约和政府可能停摆的局面。

在中美经贸摩擦中，中方展现了坚定的斗争勇气和灵活有效的斗争策略。2018年3月经贸摩擦烽火初起之时，面对美方强横无理和咄咄逼人的贸易挑衅，中方给予针锋相对的强势回击，《人民日报》连续发文：中方坚决反制任何挑衅，有足够能力奉陪到底。

中国面对美国经贸摩擦的坚强底气，来源于中国经济无与伦比的优势与实力：实现了全面工业化的中国，拥有强大、雄厚的产业支撑，拥有世界独一无二的超大规模统一市场，中国经济内部有广阔的纵深，外部是120多个国家的最大贸易伙伴，国际市场有充分的回旋空间。

新冠肺炎疫情暴发后，中国实施严格而强有力的疫情防控策略，取得疫情防控的战略性胜利。中国成为全球为数不多的安全岛，继续保持世界最大制造产能，成为稳定全球供应链和支撑世界经济复苏的最可靠力量。这再次证明，中国制造、中国产业链在全球的地位不可撼动。

反观美国，为拯救新冠肺炎疫情下急剧衰退的经济，美国推出无限量化宽松政策，随着货币洪水泛滥，加之美国愚蠢地挑起中美经贸摩擦，使美国近30年来第一次尝到了高通胀的苦果。

在全球产业链受限，而中国生产一枝独秀的情况下，美国对中国产品的进口不可替代，加征的关税成本90%以上由美国进口商承担，抬高了美国进口价格。另外，2020年7月以来人民币持续升值，不仅有效阻击了美国向中国输出通胀，还把通胀压力反向传导回美国。

同时，中国开始自主掌控部分优势产品出口的价格。2021年8月起，中国不仅取消部分钢铁产品出口退税，还提高了铬铁、高纯生铁的出口关税。随着中国取消钢铁产品出口补贴，国际铁矿石价格应声急挫，国际钢铁价格也随之上涨，中国钢铁企业从原材料进口和产品出口两头获益。这是中国运用产能优势，掌控国际市场定价权、话语权的一招妙棋。

中国处理对外贸易的策略也更加务实，不再追求出口规模的增长，而是注重出口效益的提升。面对全球高通胀的形势和原材料、燃煤、国际运费价格的猛涨，中国适度控制部分行业的产能，减少廉价低端制造产品的出口，有效平抑原材料进口价格，有利于提升企业的出口价格和效益。

回望中美经贸摩擦之初，在美国气势汹汹"脱钩"的叫嚣下，国内一些庸俗的经济学者随着美国的聒噪起舞，宣扬中国制造业外流的危言耸听的论调，妄图让中国屈从于美国的颐指气使。现实是怎样的呢？那些因为关税或劳动力成本因素而迁往越南等东南亚国家的企业，如今在病毒肆虐下，不得不紧急回迁中国。

事实证明，印度、越南等一些曾经被美国寄予厚望来取代中国制造的国家，无论从产业规模、工业门类完整程度、供应链配套、基础设施水平、劳动者素质、营商环境等各方面，都无法对中国形成竞争优势，实际上一些企业早在2020年就开始将生产线迁回中国。最近，上海美国商会与普华永道中国公布的一项联合调查显示，美国企业对中国业务状况的乐观态度已经恢复至2018年前的水平。哈佛大学管理学教授史兆威说："如果你想要可靠的制造业，那么中国是最佳选择。"

过去3年中美在经贸领域的交锋中,面对美国咄咄逼人的发难和挑衅,中国从容应对,保持战略定力,见招拆招,经受住了考验。在这个过程中,中国人民对自己的发展道路更加自信,也形成了新阶段正确的发展方向:加快构建"双循环"新发展格局,眼睛更加向内,实施科技自立自强与创新驱动发展战略,坚持高质量发展。

经过经贸摩擦的交锋,如今美国在经贸领域越来越有求于中国,包括化解高通胀、巨额债务等问题。2021年以来,美国从总统到财政部长、商务部长、白宫贸易代表、华尔街金融家们,轮番不停向中方呼吁"合作"。拜登气候特使克里在刚刚两次访问中国后,准备在最近几周内继续来访,美国商务部长雷蒙多也计划率团访问中国寻求"合作"。美国这么急切地与中国频繁接触意欲何为,说穿了只有一条,是期望得到中方在贸易、金融等领域的帮助,以渡过难关。

笔者期望,对美国伸出的所谓"合作"的橄榄枝,要务必看清其本质。我们欢迎合作,但需要美国拿出诚意,你不能一面做着遏制打压中国的事,还幻想着中国的帮助与合作,天下没有这样的道理。

我们还应牢记,对落水狗,不应有怜悯之心,不应有农夫之仁。要痛打,只有让它感到入骨的疼,它才会长记性,才学得会尊重对手。

三

在外交领域,在习近平总书记外交思想指引下,中国外交战线发扬果敢的斗争精神,坚决捍卫国家主权、民族尊严与核心利益,与美国霸权主义进行了正面的激烈交锋。

在安克雷奇中美高层战略对话中,杨洁篪严词正告美方:"你们没有资格在中国的面前说,你们从实力的地位出发同中国谈话。"这掷地有声的话语,一改中国以往温和含蓄的外交风格,撕下了美国所谓"实力地位"的假面,让美国受到空前的震撼,顿时乱了方寸。

这次中美对话,犹如惊天的震雷,发出了中国人民心中压抑太久的怒吼,向世界传递了中国作为世界大国的尊严、气度与磅礴力量,标志着中国外交一个新的里程碑式的转变。

中美天津会晤前夕，针对美方扬言"实力地位"的傲慢姿态，国务委员、外交部长王毅霸气回应："我要明确地告诉美方，这个世界上从来不存在高人一等的国家，也不应该有高人一等的国家，中国更不会接受任何国家自诩高人一等。如果美国到今天还没有学会如何以平等的态度同其他国家相处，那么，我们有责任和国际社会一道，好好给美国补上这一课。"这种充满自信与底气的表态，展现了大国外交的风范。

在中美天津会谈中，外交部副部长谢锋打开天窗说亮话，一针见血地指出了中美关系遭遇严重困难的根源，在于美国把中国认定为"假想敌"，戳穿了美国与中国"竞争、合作、对抗"的本质是遏制打压中国，批驳了美国打压别国、恃强凌弱的"家法帮规"。国务委员王毅向美方明确划出三条底线："不得挑战、诋毁甚至试图颠覆中国特色社会主义道路和制度""不得试图阻挠甚至打断中国的发展进程""不得侵犯中国国家主权，更不能破坏中国领土完整"。

中方第一次向美方提出两份清单：一份是纠错清单，一份是中方重点关切个案清单，其中包括"撤销对孟晚舟的引渡"。没有中国政府强有力的外交努力，就不会有孟晚舟女士的平安归来。

在中美外交一次次的较量中，中方与美方直面交锋，从被动防守到主动出击，把对美国的强烈不满与严正要求摊到桌面上，切中要害，彰显了大国的底气和尊严。中方在外交斗争中为中美关系划出红线和清晰的边界，让美方知道，中国愿意合作及管控纠纷，但也不惧对抗，不怕撕破脸。中国外交的这种斗争精神、鲜明立场和严正态度，压住了对方的嚣张气焰，迫使美方不得不收起傲慢的姿态。

中美在外交上的交锋，也是一种"不打不相识"。双方较量之后，方使美国重新评估对手的实力，不断修正自己的心态，摆正与中国交往的态度和方式。

四

美国向来说一套，做一套，对美国这种本性必须有清醒的认识。与美国打交道，要听其言，更须观其行。

拜登总统在通话中向中国领导人承诺：中美没有理由因竞争而陷入冲突，美方一直无意改变一个中国政策。但随后美国就与英国、澳大利亚缔结军事同盟，帮助澳大利亚建造核动力潜艇，在西太平洋挑起新的军备竞赛，其险恶用心昭然若揭。白宫还放话表示，美国正在考虑把驻美"台北经济文化代表处"改成"台湾代表处"，在一个中国原则问题上玩弄两面手法，不断挑衅和试探中国底线。

拜登在联合国大会上宣称对中"不搞新冷战"，随后就召开"美日印澳"四国峰会，构建地缘政治对抗的小集团。美国哪里有一点诚信！

美国长期称霸世界，自认高人一等，美国与生俱来的霸权、冷战、零和思维，已经渗入他们的骨髓和基因。他们嘴上大讲"规则、秩序"，实际奉行美国优先和例外主义；打着"自由、平等"招牌，实际崇尚丛林法则，只承认实力。

对美国的这种虚伪本性和霸道伎俩，毛主席早就看得一清二楚："美帝国主义者很傲慢，凡是可以不讲理的地方就一定不讲理，要是讲一点理的话，那是被逼得不得已了。"

在对美关系上，要防止和纠正以下认识误区：

一是"把美国想得太好"。一些学者长期浸润于西方政治理论，思维受西方话语体系影响太深，对美国"帝国主义"的本质认识不清（实际上他们的词典里根本没有"帝国主义"这样的词汇），他们对美国抱着不切实际的幻想，看不清中美竞争的本质是美国根本不接受中国的崛起，看不清美国对中国敌对的本质，认为中国单方面追求合作，中美之间就可以相安无事。

在美国的霸权思维中，根本就没有"合作共赢"的概念。在他们眼里，中国的发展和崛起就构成了对他们霸权的挑战。为了维持自己的霸权地位，美国会不择手段全力对抗中国。这不会因为哪个人当总统而改变，也不会因中国人民善良的单方面愿望而改变。

二是对现有的"全球体系"抱有谜一般的崇拜，看不清美国主导的全球经济体系和现存国际秩序中不公正、不平等、不合理的一面，畏惧美国和西方的制裁，过分强调经贸合作对中美关系的"压舱石"作用，害怕美国和西方的"脱钩"威胁，认为中国一旦脱离了美国，就无法发展。

实际情况是怎样呢？美国在其拥有优势的领域对我国疯狂打压和遏制，我们需要的技术他们"卡脖子"，我们不需要的他们硬要我们买。我们真需要这样的"合作"吗？

三是高估美国军事能力和中美军事实力的差距，对美国的优势方面看得比较多，而看不到美国的劣势。这就容易形成尽力避免与美发生军事冲突的心理。我们既要看到美国的优势，也要认清它外强中干的"纸老虎"本质，要增强斗争的勇气和胜利的信心。如果对比抗美援朝中美之间武器装备的差距，中国现在的国防力量已今非昔比。

四是坐等"时与势在我一方"，这种认识虽然看到中美实力的消长从长期来看对我方有利，但潜意识中还是认为当前与美冲突时机不成熟，其政策含义仍然是强调积蓄力量，待机而发。这种认识在战略上也有危险性，因为国际风云瞬息万变，对手不会自动等你万事俱备去解决自己的问题，你在积蓄力量的同时，对手也不会止步不前，更不会放弃打断你发展进程的图谋。在涉及大国对抗和历史转折的大势上，从来不可能有四平八稳的成熟时机。历史机遇稍纵即逝，要善于把握斗争大势，争取战略主动，推动历史前进。

中华民族伟大复兴的千秋伟业不会因为敌人的反对而停下脚步，也不会轻而易举就能实现，必然需要进行艰苦的斗争。面对任何妄想阻挡中华民族伟大复兴进程的一切势力，我们必须要准备好坚决斗争，敢于亮剑。

历史一再昭示：与美国这样的霸权国家打交道，以斗争求和平，则和平存；以妥协求和平，则和平亡。要实现中华民族的崛起，就要有不信邪、不怕鬼的勇气，在涉及国家核心利益的重大原则问题上寸步不让，寸土不让。

昆仑策研究院　2021年9月28日，原题《中美，不打不相识！》

美国拒绝中国留学生，我们值得非去不可吗？

据报道，2021年有500多名中国留学生申请美国签证被拒。这些受影响的人均为准备赴美攻读理工类专业博士或硕士学位的留学生。

这项限制中国留学生的政策始于特朗普时期。2020年5月，美国白宫发布公告，禁止"与中国军方有关"的中国留学生和学者入境美国，此举影响了大约3000名在美中国研究生和研究人员的签证。

拜登政府不仅没有停止限制中国留学生的政策，现在更有部分美国政客正在变本加厉地为这项政策加码，进一步扩大对中国留学生的限制。共和党参议员汤姆·科顿近期提出一项法案，扬言要限制所有就读理工科的中国本科生和研究生，声称这将"确保美国免受中国间谍活动的影响"。

美国这是怎么了？你们不是号称自由开放吗？你们不是一直宣扬"科学无国界"吗？连中国留学生都容不下了，你们的自信哪里去了？

为了遏制中国科技发展，美国竟然连伪装都懒得要了。堂堂"灯塔之国"，自诩的"世界老大"，竟然堕落至此！

一

美国遏制中国发展，不惜使出如此卑劣下作的招数，显示美国到了丧心病狂、慌不择路的地步。这也从一个侧面，暴露了美国对自身衰落的焦虑与恐慌。

比起他们的前辈，美国人现在的短视、狭隘与封闭，真是越活越没出息了。早年，美国在上升时期，还曾经表现出那么一种"长远"眼光和"大度"模样。

1907年，在美国伊利诺伊大学校长爱德蒙·詹姆士和美国传教士明恩溥的建议和鼓动下，美国总统西奥多·罗斯福给国会提出了一个咨文，这个咨文的大体意思为：

"我国宜实力帮助中国厉行教育，使此巨数之国民能以渐融洽于近世之境地。援助之法宜招导学生来美，入我国大学及其它高等学社，使修业成器，伟然成才，谅我国教育界必能体此美意，同力合德，赞助国家成斯盛举。"

1908年5月，美国国会通过罗斯福的咨文，并批准将美国所得"庚子赔款"的半数退还给中国，作为资助留美学生之用。这是近代中国学生赴美留学的开端。

在长达一个多世纪的中国学生留美史上，中国学生的勤奋刻苦、扎实的理论基础、对科学的领悟力与科研上的优异表现令世界惊叹。他们也为美国的科学发展做出了重大贡献，其中就有享誉世界的著名物理学家吴健雄、杨振宁、李政道等。

在早期留美的中国学生中，有不少人回到祖国，成为中国现代科学技术的开拓者和先锋，包括中国"铁路之父"詹天佑、"桥梁之父"茅以升、"航天之父"钱学森、"两弹元勋"邓稼先等。

客观地说，美国早期主动吸引、资助中国留学生的开放政策，对中美两国科技交流、文化交流做出了重要贡献，对两国、对世界都是有益的。实际上，美国长期居于世界科技的领先地位，与其大举吸引国际留学生是分不开的。

那么，我们是否因此就应该对美国感恩戴德呢？用不着。其实，美国吸引中国留学生的政策，一开始就是用心良苦，是出于不仅在商业上，而且在精神上获取长远最大回报的目的，目的是培养一批从知识和精神上为美国支配中国服务的未来领袖。这一点，在中国留学生政策的推动者、美国伊利诺伊大学校长詹姆士在1906年给罗斯福的信中体现得非常明白，他写道：

"哪一个国家能够做到教育这一代中国青年人，哪一个国家就能由于这方面所支付的努力，而在精神和商业上的影响取回最大的收获。"

"商业追随精神上的支配，比追随军旗更为可靠。"

不能不佩服西奥多·罗斯福总统和詹姆士校长富有"远见"的眼光。他们在中国留学生问题上的主张和政策对美国来说获得了无与伦比的成功。

一个世纪以来，特别是中国开放市场以来，美国不仅从中国市场和中国经济高速发展中获得了巨大的商业和经济利益，以及大批中国优秀科研人才流入美国，为美国科技发展提供了源源不断的智力资源；而且在中国培植起了一支影响广泛的亲美、崇美势力，成为美国精神和价值观的忠实拥趸。

这些持有美国文凭的人，借由早期中国对留学人员的重用，进入庙堂或高等学府，掌握了中国政策、学术、舆论等各个领域的话语权，成为中国社会的精英人士和意见领袖。

值得指出的是，在美国受教育的经历，使其中一部分人在精神上被彻底洗脑，沦为跪美、舔美一族。他们大肆鼓吹美式宪政民主，推崇美国的经济、法律制度，迎合美国的政策主张，在前些年中国的社会和舆论场上有相当大的影响力，成为美国在精神上瓦解中国人民的第五纵队。美国人在中国留学生政策上的长期投资，得到了巨大的回报。

二

20世纪50年代，随着冷战开始和麦卡锡主义在美国盛行，美国对中国留学生采取限制和敌意的政策，一些在美国科技领域做出杰出成绩的中国学者和留学生受到怀疑、审查和迫害。

比如钱学森，当时在美国已经成为全世界空气动力学和喷气式推进器领域最顶尖的专家，却无端以威胁国家安全为由，被美国FBI调查，受软禁长达5年。后来在祖国的积极协助和周恩来总理亲自斡旋下，才终于得以回到祖国。离开美国时他说:"我永远不会再踏足美国国土。"

今天美国政府的做派,又回到了麦卡锡时代。特朗普有一句名言:"中国留学生都是间谍!"美国情报部门坚持认为"中国正在利用学生间谍窃取美国机密"。对那些活跃在美国科研一线的华裔教授、学者,美国用看"贼"一样的眼光对待他们,时刻臆想他们会"偷"美国的高科技,时刻提防他们与中国有联系。这样的怀疑渗透在不少美国政客和普通人的潜意识中。

2018年11月,美国司法部出台一项"中国行动计划",目标是打击中国的"经济间谍活动"。根据法律期刊《卡多佐法律评论》发表的一项研究,从1997年到2008年因《经济间谍法》而被美国政府起诉的人当中,17%为华裔;而从2009年到2020年,被起诉的华裔占比增加到52%。

2021年以来,从麻省理工学院教授陈刚,到美国天普大学教授郗小星、田纳西大学副教授胡安明……被美国FBI逮捕或被司法部指控的华裔学者名单越来越长,而被捕和指控的罪名都是"莫须有",华裔身份或与中国有联系,似乎成了他们脱不去的原罪。

不知某天,一群荷枪实弹的FBI探员就冲进你家中,当着你的家人,给你戴上手铐带走。这样的梦魇随时可能降临到那些华裔学者身上。

即使是在读的中国留学生,如果你的专业恰好是美国政府管制的高科技领域,你在出境时,随时可能面临机场执法人员没完没了的盘问、搜查和检查。他们盘问的假设是:"你一定是来窃取技术的。"比如2021年,弗吉尼亚大学中国访问学者胡海洲准备在芝加哥奥黑尔国际机场登机前往中国时,被美国执法人员逮捕,原因是在"常规筛查"中发现他的电脑存有一种软件编码。

那些对美国抱着留学梦的孩子们和家长们,当你看到发生在美国华裔学者和中国留学生身上的遭遇时,当你看到美国对中国学者和留学生近乎歇斯底里的防范和"间谍"妄想狂时,你有没有一种脊背发凉的感觉?有没有感到后怕?你对赴美留学还会心存那种象牙塔般的美好憧憬吗?如果这些还不能让你警醒,你还认不清美国丑陋、卑劣的真实面目,那实在有些可悲。

更别说新冠肺炎疫情之后遍及美国的对华裔人群的歧视和暴力犯罪,以及频发于美国校园的枪击案,安全也成为在美国留学的一大隐忧。即使将来你"得偿所愿"留在了美国工作，在"高贵"且傲慢的美国人眼里，大部分华裔仍旧无法改变自己"永远的外国人"的卑微地位。

我真的为那些因被拒签而没能去成美国的孩子感到一丝庆幸。眼前的遇阻，却很可能让他们躲过了将来的一场劫难。

三

美国科技创新的动力和活力，很大程度上得益于通过开放的国际教育，网罗了世界上最优秀的英才。美国拒绝中国的理工科留学生，实际上是在断送美国科技的未来。

近日，CNN引述美国知名记者埃里克·菲什的话说："我们拥有世界上最优秀的大学，吸引着顶尖人才，这基于开放和国际化，这也是美国最大的力量来源之一。"

而美国科技作家、《逃出地球：太空火箭秘史》一书作者弗雷瑟·麦克唐纳德甚至直接说："美国科学的整个历史，它是由外来的人所推动的！"

美国从吸引中国留学生的政策中，收获了无比巨大的智力资源和"人才"红利。

据统计，美国有16%的理工科研究生是中国留学生。中国最顶尖的大学，清华、北大本科毕业生分别有27%和31%选择出国留学，而其中赴美国留学占比均为70%左右。单是硅谷，就吸纳了接近2万清华毕业生。

总部位于芝加哥的智库马可波罗表示，约 1/3 的顶尖人工智能研究人员是在中国获得的本科学位，其中超过一半的人在美国工作。中国成为美国高端人才最大的人才库和培养基地。

中国花费巨资倾力支持的顶尖大学，在为美国输送着中国最优秀的科研人才，这样的现实不能不令国人扼腕心痛！

有人说"科学无国界"，果真如此吗？只要看看今天美国凭借科技垄断优势，对华为等中国高科技企业近乎疯狂地进行封锁与断供，就知道这样的想法多么幼稚和天真！

中国学子不仅为美国的科技发展输送了数量巨大且优秀的高端骨干人才，

支撑了美国的科研和实验室的一片天,而且为美国大学带去源源不断的资金和经济贡献。

中国一直是美国留学生的最大生源国,中国在美留学生数量常年来保持40万以上。即便在2020年美国新冠肺炎疫情如此严峻的形势下,中国在美留学生数量也达38.3万,在全部国际学生中占比约为35%,居第一位。统计资料表明,2018—2019年,中国留学生为美国大学贡献的收入多达150亿美元。这还不包括中国留学生给美国社区带来的其他经济贡献。

美国拒绝中国留学生,对美国来说,从长远看,将削弱美国科技创新的活力,断送美国科技的未来;从现实看,还断了美国大学的财路。对中国而言,他们把中国优秀的人才挡在中国,无意间帮助中国堵住了人才外流的一个口子。

美国这样愚蠢的政策,我觉得对中国未必不是一件好事,大可不必拦着。

四

美国关闭中国理工类留学生的大门,就能够遏制中国科技的发展吗?他们是打错了算盘。

中国人民是有志气、有骨气的。以毛泽东同志为核心的党的第一代领导集体,发出"向科学进军"的伟大号召,逐步建立起现代科学技术体系,取得了以"两弹一星"为标志的重大科技成就。钱学森说:"西方人能做的,我们中国人照样能够做到!"

新中国成立后,在西方对我国实行科技封锁和禁运的时期,我国科技工作者发扬自力更生、艰苦创业的拼搏精神,瞄准世界科学前沿,相继在多复变函数论、哥德巴赫猜想、反西格玛负超子、陆相成油理论、人工合成牛胰岛素结晶等方面取得了一批重要研究成果,接近或达到了同时代的国际先进水平。

20世纪80年代以前,中国自主研制和建造了第一部通用数字电子计算机、第一代喷气式歼击机、万吨水压机、万吨级远洋轮船、第一艘核潜艇、第一枚洲际导弹等。

这些骄人的科技成就，都是在西方封锁的条件下，中国依靠独立自主、自力更生取得的。

这一时期，中国本土大学照样培养出了一大批世界级的杰出英才，如数学巨匠陈景润，杂交水稻之父袁隆平，诺贝尔医学奖得主屠呦呦，著名数学家杨乐、张广厚等。

经过70余年快速追赶，中国整体科技水平与美国差距正在快速缩小，在某些领域已经进入领跑和并跑的阶段。目前，我国在高温超导、纳米材料、超级计算机、航天技术、量子通信、5G技术、人工智能、古生物考古、生命科学等领域已经居于世界前沿水平。

今天中国的科技水平和实力已今非昔比。据《日经新闻》2021年8月10日报道，在统计2017年至2019年全球被引用次数排名前10%的论文时，中国首次超过美国，位居榜首。中国目前在科技领域的论文无论从质量上还是数量上都超过世界上绝大多数国家。报道还着重指出，中国在人工智能领域相关论文总数占据20.7%，美国为19.8%，显示中国在人工智能领域的研究成果正在大幅超过美国。

美国的科技水平目前仍然世界领先，但我们也不必对美国的科技过于迷信，没有任何一个国家能够在科技的全部领域都占据领先位置，中国如此，美国当然也如此。

随着中国科技迅猛发展，中国学子在本土照样能够学到世界先进的科学本领。长远看，中国科技发展终将超越美国。美国妄图通过切断中国留学而阻挡中国科技发展的步伐，注定是螳臂当车，必将自食其果。

科技发展的历史表明，科技发展依靠全人类的协作、交流与互鉴，封锁、封闭只会阻碍世界科技的进步。我们期待、支持国际科技合作与交流，但美国在科技上搞脱钩和关门主义的倒行逆施，让我们彻底警醒：关键核心技术是买不来、要不来的，靠不得任何人，必须走科技自立自强的道路！

今天的中国正在迎来新的"科学的春天"！中国已经确立"科教兴国""人才强国""创新驱动发展"战略，并把科技自立自强作为创新驱动的战略优先目标。依托新型举国体制优势，集中资金和科技力量，我们一定能够赢得关键核心技术的攻坚战，在一批关键和核心的基础科学和技术领域实现质的突破。

可以预见，所有美国对我们"卡脖子"的项目，都是中国下阶段发展最快的领域，从而为中国的科技人才提供施展才华的广阔舞台。中国的优秀学子、科技精英也面临空前的机遇，在中国的大地上，报效国家，为中国的科技腾飞建立更大功勋。

昆仑策研究院　2021 年 8 月 15 日

美欧对俄罗斯金融制裁加速全球经济体系重构

俄乌冲突爆发后,美欧对俄罗斯发动极限金融制裁,意图摧毁俄罗斯经济基础。这些制裁切断俄罗斯对外金融联系,打击俄罗斯对外贸易,导致卢布暴跌,金融市场剧烈动荡,对俄罗斯经济、金融运行造成严重影响。美欧凭借全球金融、贸易的主导地位,对俄罗斯发动全面金融制裁,肆意冻结俄罗斯储备资产,把一个主权国家的金融与贸易排除在全球体系之外,充分暴露了当今全球经济体系被西方霸权操控的本质,也暴露了西方一直标榜的"自由市场""公平竞争"等新自由主义价值观及其所谓规则、秩序的虚伪性、利己性,也发出了大国博弈激化形势下对国家金融安全的警示。

围绕制裁与反制裁,以美国为首的西方与俄罗斯爆发激烈对抗,连带引起大国之间贸易、经济、金融及政治的复杂博弈。此事件将深刻影响全球贸易体制、货币体系,并给全球化走向带来根本性改变,成为旧的全球经济体系重构的开端。长远来看,要为迎接全球经济体系的巨变做好思想上、体系上、制度上的系统性安排与准备。

一、美欧金融制裁的方式与运作机制

金融制裁通常指国际组织或主权国家根据国际组织或自身法律条文的制裁决议,针对特定的个人、组织、实体或他国所采取的一系列金融惩罚性措施。金融制裁的目的在于限制、阻碍被制裁方的资金融通活动,迫使被制裁方停止相关行动或接受某种条件。

美国是当今世界实施金融制裁最多的国家。第二次世界大战后,美国凭借其主导的国际金融体系和美元在跨境业务中的核心地位,形成了一套涵盖法律法规及专门的决策、执行与监督机构等在内的金融制裁运作体系。随着全球经济金融的深度融合,金融制裁越来越成为美国实现其对外政策目标的常用工具。

欧盟是仅次于美国对外发起金融制裁最多的国际组织。2003年欧盟理事会通过《欧盟限制措施(制裁)实施和评估指南》,首次将"制裁"作为欧盟共同外交与安全政策(CFSP)的重要工具,同时"制裁"也是实施欧盟综合全面政策方针的重要组成部分。

(一)美国金融制裁

美国成为世界第一强国以来,凭借其经济和军事实力,频繁运用经济制裁等多种手段来推进对外战略目标,金融制裁是其经济制裁的重要组成部分。

美国实施金融制裁主要通过限制或阻碍被制裁方(个人、机构或组织、主权国家)的资金融通活动、冻结或罚没资产、切断美元结算通道等,使受制裁方承受经济及政治压力,迫使其停止相关行为并最终接受制裁条件,进而实现其国家利益。美国的金融制裁大致分为以下几种方式。

1.冻结或罚没被制裁对象在美国的资产

冻结资产是指美国对被制裁国存入美国银行的资产进行控制,包括禁止对其实行提取、转让、支付、交易或者任何形式的处置,是美国对外金融制裁的常用手段。制裁对象通常包括国家的领导人和高级官员或主权国家政府。美国《爱国者法案》授予总统没收被制裁者在美国管辖范围内财产的权力,如2003年3月,美国总统布什根据该法案签署命令,宣布没收伊拉克政府和伊拉克中央银行等官方机构存放在美金融机构中的19亿美元并归美国财政部所有。最近的案例是，2022年2月11日，美国总统拜登签署行政命令，没收属于阿富汗前政府的70亿美元资金。

2. 限制被制裁方在美国金融市场投融资

美国依托其自身高度发达的资本市场，对国外企业在其资本市场上的投融资行为进行限制。被美国纳入制裁名单的国家或企业，将无法在美国境内开展投融资行为，甚至被取消或冻结国家间或国际机构前期已批准的财政或大型项目资金融资。

3. 切断美元获取能力和使用美元结算渠道

美国凭借美元在国际结算中的核心地位及其管理的国际金融交易渠道，通过切断金融活动的交易媒介，实施对他国的制裁。一方面，美国能通过自身金融力量削弱其他国家获取美元的能力；另一方面，美国可以借助其在国际金融体系中的巨大影响，要求其他国际金融组织或机构停止对被制裁国提供美元结算和其他服务。这项制裁除直接影响被制裁国的金融服务业外，还会对其国际贸易与投资造成负面影响。由于美国限制或禁止了与被制裁国银行的间接金融业务往来，很多第三国银行也被迫放弃与被制裁国银行的业务，从而大大增强制裁效果。

跨国银行和支付清算机构是美国金融制裁实施的主要渠道。银行是国际资金流动的重要通道，同时也是美国财政部海外资产控制办公室（OFAC）的重点监管对象，负责具体实施OFAC所要求的资产冻结、禁止或限制被制裁者在美国银行体系内的金融活动等。支付清算机构通过切断被制裁者获取和使用美元的渠道，大大提升了美国金融制裁的影响。一方面是通过美元清算系统（包括联邦电子资金转账系统Fedwire、纽约清算所同业支付清算系统CHIPS、自动清算中心ACH等）对被制裁者相关交易进行筛查拦截，甚至冻结资产；另一方面是通过国际银行结算通道（主要是环球银行间金融电信协会SWIFT）拒绝为被制裁者提供国际结算服务，使得被制裁者无法在以美元为支付结算货币的金融体系内活动。

4. 禁止其他国家金融服务机构与被制裁对象交易

禁止其他国家金融服务机构与被制裁对象交易，是指制裁国或国际机构切断其管辖领域内的金融机构与被制裁国之间的金融业务如融资、贷款等业务往来，从而达到切断被制裁国资金供应的目的。有时制裁发起方还可以要求作为第三方的国际机构参与制裁。跨国金融机构如果不遵从美国的意志行事，美国可采取巨额罚款或吊销其美国业务牌照等方式惩罚跨国金融机构，这就是美国的"长臂管辖"。因此，全球金融机构会被迫选择遵守美国的制裁要求，切断与被制裁对象的金融往来。

（二）欧盟的金融制裁

欧盟的金融制裁是指停止被制裁国的部分或全部金融交易，包括冻结外国资产、减少或停止信贷支持、限制或禁止进入欧盟的国内金融市场。主要包括三类：①配合执行联合国实施的所有制裁；②通过采取额外的、更加严格的措施来加强联合国实施的制裁；③在必要时，欧盟自主决定实施制裁措施。

欧盟共同外交与安全政策（CFSP）为欧盟对目标国实施贸易与金融制裁提供了法律依据和决策程序。2004年，欧盟政治和安全委员会制定了《关于使用限制措施（制裁）的基本原则》，确定了制裁措施的基本原则及相关决策程序。

（三）美欧针对特定国家实施金融制裁的历史实例

历史上，美国和欧盟对朝鲜、伊朗、委内瑞拉、俄罗斯、古巴、叙利亚等国家实施了不同程度的金融制裁。

美国对朝鲜的制裁。朝鲜是遭受美国经济、金融制裁历史最长、措施最严厉的国家。1950年朝鲜战争爆发后，美国根据《敌国贸易法》对朝鲜实施全面制裁，包括冻结朝鲜在美资产，美国企业和个人不得向朝鲜投资，不得向朝鲜输出武器、高科技产品、粮食等"战略性物资"，以及一系列的金融、贸易禁令。2005年9月，美国财政部认定朝鲜利用澳门汇业银行从事洗钱和制造假美钞活动，下令美国金融机构中断与该银行的商业往来，并警告全球金融机构，将实施更严厉的措施来处理该事件。汇业银行终止了与朝鲜的业务，并冻结了朝鲜政府存在该行的2400万美元资金。

美国对伊朗的制裁。在2012年通过的《2012伊朗自由及防扩散法案》中，美国将金融制裁的范围扩大到任何与伊朗进行金融业务的金融服务部门，制裁对象也扩展到第三国的金融机构。同时，伊朗中央银行、其他金融机构和伊朗政府在美国的所有资产遭到冻结。除冻结资金、制裁伊朗金融机构等方式外，还切断伊朗4家银行使用SWIFT进行金融交易，致使多国与伊朗的跨境金融交易受到重大影响，伊朗进出口业务基本陷于停滞，石油出口受到重创。2018年5月，美国政府单方面退出伊核协议，宣布对伊朗实施最高级别的经济制裁，伊朗50家银行被禁用SWIFT。

美国对俄罗斯的制裁。自2014年"克里米亚危机"以来，美国对俄罗斯发起了持续多轮金融制裁，制裁对象包括俄罗斯政府高官、能源公司、金融机构、军工企业等。制裁措施包括冻结被制裁对象在美资产，禁止美国实体和个人与被制裁对象开展任何交易等。2014年4月，美国冻结了俄罗斯领导层7名核心成员与17家实体在美国共计1.56亿美元的资产。2014年8月，美国先后对俄罗斯国家石油公司和天然气公司、俄罗斯开发银行发布中长期融资禁令，禁止其进入美国资本市场融资，导致俄罗斯企业海外债券损失超过400亿美元。

欧盟对其他国家的制裁。除了依据联合国安理会制裁决议对15个国家实施制裁外，还通过欧盟自主决议对26个国家实施了贸易及金融制裁。

二、美欧新一轮对俄罗斯金融制裁及对俄罗斯的影响

（一）新一轮制裁及特点

2022年2月以来，随着俄乌战事升级，美欧对俄罗斯发动"毁灭性制裁"，对俄罗斯祭出号称"金融核弹"的撒手锏。2022年2月26日白宫发布联合声明称，美国、欧盟、英国、加拿大决定将部分俄罗斯银行从SWIFT系统中剔除。

美欧联手把俄罗斯部分银行逐出SWIFT系统是迄今为止对俄罗斯最严厉的金融制裁措施。一般认为，把一国银行从SWIFT系统中排除，将切断该国

银行与国际金融市场的联系,极大限制该国对外贸易及获取外部资金的能力,因而具有类似"金融核弹"的威力。

除了切断SWIFT,美欧还联手制裁俄罗斯央行。白宫声明将对俄罗斯央行国际储备运用实施限制措施,美国财政部随后宣布冻结俄罗斯中央银行在美资产,禁止美国人与俄罗斯央行、俄罗斯国家财富基金和俄罗斯财政部进行交易。欧盟委员会主席乌尔苏拉·冯德莱恩(Ursula von der Leyen)宣布,将瘫痪俄罗斯央行的交易,使其存在欧洲银行的储备资产冻结。

美欧此次对俄罗斯金融制裁的规模与烈度是空前的,几乎用尽了全部制裁手段。

一是金融制裁主体范围显著扩大。一周内美国3次升级对俄罗斯制裁,首次制裁就对俄罗斯央行、俄罗斯国家财富基金、俄罗斯财政部发行的主权债务施加了交易限制。美国财政部把俄罗斯120余家实体,14名包括总统普京在内的政府高官、能源和金融行业高管等个人主体,列入金融制裁清单SDN,对13家俄罗斯国有和大型私营金融机构的债务和股权交易实施禁令。

二是制裁烈度前所未有。受制裁银行包括多家俄罗斯系统性重要银行,对大部分受制裁银行实施冻结资产、禁止交易等措施,同时宣布将部分俄罗斯银行从SWIFT移除。2014年美国曾威胁对俄罗斯使用该项制裁,但因受到SWIFT内部抵制而未实施。

三是联合盟友同步实施广泛制裁。2022年2月25日,欧盟与美国同时对俄罗斯总统普京和外长拉夫罗夫实施制裁,并针对俄罗斯金融、能源和科技领域及赴欧签证等开展广泛制裁和限制。英国、加拿大、欧盟委员会、法国、德国、意大利等与美国联合宣布将确保能够通过SWIFT系统对俄罗斯实施制裁。

(二)对俄罗斯的影响

以上严厉的金融制裁,尤其是切断SWIFT和制裁俄罗斯央行,对俄罗斯外贸、出口收入、国际储备、货币汇率、金融市场造成沉重打击。

一是国际储备被冻结。截至2022年3月初,俄罗斯共计6000多亿美元国际储备,其中存在欧美银行的约3000亿美元的国际储备被冻结,这接近俄罗斯全部国际储备的一半。国际储备运用受限,严重影响俄罗斯对外支付、债务清偿及汇率稳定。俄罗斯卢布连续暴跌,2022年3月8日跌至1美元兑138卢布,创下历史新低,骤跌78%。

二是俄罗斯跨境银行及海外企业资产安全面临严重威胁。受制裁银行被冻结资产和禁止交易,其资产安全、正常经营及未来生存面临极大挑战。俄罗斯在欧盟的最大银行——奥地利Sberbank Europe AG,受俄乌冲突及制裁影响发生支付危机后被立即清算。俄罗斯在欧美的企业也面临同样的资产安全威胁。

三是影响能源出口及俄罗斯获得外汇的能力。欧洲对俄罗斯的能源贸易锐减,同时在制裁背景下,国际原油买家在支付、开立信用证、获得保险等方面都面临较大阻力,并由于担忧受制裁牵连而压低报价。金融制裁对俄罗斯能源出口的实质性影响已经显现,俄罗斯出口原油与国际市场差价显著上升。

四是导致外资加速流出。严厉的金融制裁逼迫在俄罗斯的外资企业、金融机构及跨国组织加速撤离其资产及业务,英国石油公司、麦当劳、迪士尼等西方跨国公司及普华永道、毕马威等机构均宣布永久或暂时退出俄罗斯市场,苹果等公司停止了在俄罗斯的产品销售。

五是金融市场剧烈动荡。由于大型银行及金融机构的债务和股权交易被禁止,俄罗斯股市、债市面临暴跌,金融市场动荡加剧。

六是俄罗斯主权信用评级遭到降级。美欧控制的国际评级机构将俄罗斯主权债务评级下调,穆迪将俄罗斯长期发行人和优先无担保债务评级从B3下调至Ca,评级展望为负面。信用评级下降大大影响俄罗斯获得国际融资的能力,使其对外融资成本提高。

(三)美欧对俄罗斯金融制裁发出大国金融安全警示

当一个国家存在境外的储备资产因政治需要可以被随意"冻结",当作为全球金融基础设施的组织,因为国际政治的冲突可以把其他参与者肆意排除,现存全球经济体系与金融市场的合理性、公正性已经备受质疑。美欧对俄罗斯的新一轮金融制裁,彻底撕去了其一再标榜的"自由市场""公平竞争""私有财产不可侵犯"等伪装,彻底暴露出霸权主义的本质,也暴露出被西方主导的现存全球经济体系被美国操控及不平等的一面,暴露出美欧推崇的一系列价值观及其"规则"虚伪、双标的一面。

SWIFT作为全球重要金融基础设施,频频被西方用作金融制裁和肆意进行国际政治打压的工具,丧失了其应有的独立性和公正性。这也为世界其他国家敲响了警钟。今天SWIFT剔除了俄罗斯,当国家间博弈和政治利益激烈冲突的时候,它也可能被美国用作对付其他国家的工具。SWIFT此次对俄罗斯的举动对其公信力打了一次折扣,这将警醒其他国家寻求构建更加可靠和独立的国际结算渠道和支付系统。

俄罗斯遭受金融制裁的惨烈影响,也深刻警示了大国博弈下一个国家的金融主权独立与金融安全的重要性,对世界各国特别是大国发出了金融安全的警示。通过此次事件,我们看到了以美国为首的西方国家通过控制国际清算支付机构、信息传输机构以及信用评级机构,滥用"长臂管辖",对其他主权国家采取大额罚款、冻结资产、禁止其进入全球金融系统、影响信用评级等手段,构成了多层次的单边金融制裁体系,其后果及造成的国家金融资产损失是难以估量的。

(四)美欧对俄罗斯极限金融制裁对中国的启示

美欧此次对俄罗斯发动全方位金融制裁,对中国也有极大的警示意义。我们不应被美西方长期宣扬的"全球化""自由市场"等教条所迷惑和欺骗,必须认清美西方主导的现存全球货币与贸易体系、规则被西方霸权操控的本质,它们随时可以利用其把持的金融交易与结算体系、国际组织、市场规则等工具和手段,打击战略对手,推行单边主义,使现行貌似"自由、独立、公正"的全球金融与贸易体系沦为西方国家实现战略利益的政治工具和武器。

美国在战略上将中国作为最大竞争对手,当中美博弈发生激烈摩擦时,今天对俄罗斯所使用的制裁手段,对中国来说可能是一次预演。从俄罗斯的应对情况看,美欧的金融制裁不可能摧毁像俄罗斯这样的大国的经济,以中国经济的体量及与世界经济深度紧密的联结,中国有充足的底牌和反制措施能够挫败美国的制裁。

但也要看到,美西方虽不至于完全没有底线,它们可能不敢对中国发起全面金融制裁，却可能以"流氓"手段对中国个别行业、个别银行、个别企业发动有针对性的制裁和打击。中国深度融入全球经济，持有1万亿美元左右美债储备资产，拥有大量海外投资及海外净资产。对此，我们必须要居安思危，从国家金融安全和资产安全的高度，对美国的无理制裁保持高度警惕，并未雨绸缪，制定应对预案；同时强化自主的金融制度建设、体系建设和金融基础设施建设，构筑防御金融制裁的牢固"防波堤"；加快构建反金融制裁的法律制度和机制，建立对等的、具有强烈反制效果的政策工具箱，对美西方金融制裁形成足够震慑，为维护国家金融安全与国家利益提供法律、制度支撑及措施保障。长远来看，只有打破美元金融垄断霸权，并在各个关键领域实现自主可控、提升国际话语权，中国才能有力捍卫发展安全。

三、美欧对俄罗斯金融制裁对旧全球经济体系具有分水岭意义

（一）俄罗斯的反制从根本上挑战了西方主导的旧全球体制

俄罗斯自2014年以来已经遭受超过100次经济与金融制裁，其抗御制裁的能力也在增强。经历克里米亚事件后，对于被西方切断SWIFT联系，也在俄罗斯预料之内。为此，俄罗斯未雨绸缪，已经预先采取应对措施及系统安排，具体如下。

一是在国际储备中大举减持美债，增加黄金储备。到2021年11月，俄罗斯持有的美国国债已从2010年巅峰时期的1763亿美元降至24.09亿美元，仅占原来外债规模的1.4%不到。二是在对外贸易中努力使用双方本币结算。俄罗斯政府已与中国、印度、土耳其和欧亚经济联盟其他成员国，包括白俄罗斯、亚美尼亚、哈萨克斯坦和吉尔吉斯斯坦等国签署协议，将在双边贸易中优先考虑使用本国货币。俄罗斯大型国有能源公司开始更多使用欧元和卢布进行国际交易。三是打造旨在替代SWIFT的国际贸易支付系统。俄罗斯在2014年受到经济制裁后，为解决SWIFT系统禁入对其造成威胁和影响的问题，俄罗斯央行启动建设俄罗斯金融信息传输系统（SPFS），作为SWIFT系统被切断后的替代方案。

俄乌冲突爆发并遭受美欧极限金融制裁升级后，俄罗斯并非一筹莫展、被动挨打，而是发起强烈、有力的对等反制，使美欧的制裁不仅没有起到遏阻俄罗斯军事行动的目的，反而使自身遭到对等反噬。俄罗斯反制裁措施归纳起来有五条。

第一，用卢布清偿外债。普京总统2022年3月6日颁布新法令：参与制裁俄罗斯的国家，我们将用卢布支付它们的债务。参与制裁的国家都是"卢布还债"的对象。既然美元、欧元的获取及结算通道被封杀，那么以卢布且按俄罗斯官方公布的汇率偿还外债，就丝毫没有道义和规则上的把柄，因为是美欧破坏规则、"不讲武德"在先。这一反制，有利于稳定卢布汇率，并对美欧有极大震慑力。俄罗斯对外总负债为1.18万亿美元，其中包括对美欧国家金融机构的负债。当既有的规则和秩序被打破时，美欧在俄罗斯的金融资产同样面临风险。

第二，对参与制裁国家的天然气供应以卢布结算。2022年3月23日普京总统下达命令，要求俄罗斯天然气工业股份公司修改合同结款，对供应给被命名为不友好国家的天然气转为以俄罗斯卢布结算。普京表示，向欧盟、美国供应商品并接受美元、欧元结算是没有意义的。此举对卢布汇率立即起到止跌回升的效果。俄罗斯天然气产量约为6390亿立方米，约占全球的1/6，是世界最大的天然气出口国。这一措施对欧洲影响极大，欧盟的石油、天然气进口中，俄罗斯占比约30%、40%，德国对俄罗斯的能源进口比例更高。

第三，封禁外资出逃通道。非俄罗斯公民，其他居住者不得将卢布换成美元。这断绝了美欧机构在俄罗斯外汇市场抛售卢布、打压卢布汇率并把资产转移出俄罗斯的可能。

第四，对试图撤离的美欧企业宣布国有化。俄罗斯列出反制裁"黑名单"，依据情况对列入黑名单的59家美国企业实施"账户及资产查封、引入外部管理、财产国有化"等措施。这对美欧企业形成强烈震慑。

第五，列出"不友好国家和地区名单"。宣布取消向名单上的国家和地区支付"专利费"，并不再进行专利保护，此外还禁止向列入名单的"不友好国家和地区"出口小麦、化肥等。

这些有针对性且效果极强的反制举措，表明俄罗斯对于美欧的制裁做了充分准备，在周密评估与研判的基础上制定了系统的应对预案与整套的反制安排，有效保护了其金融独立与安全。

俄罗斯对美欧制裁的系统反制，标志着俄罗斯与美西方主导的现存经济、贸易、金融体系的彻底决裂。这是世界上第一次一个国家挺身而出，向以美国为首的西方主导的、不平等的全球经济体制与秩序发起全面反抗与挑战，在美西方所把持的贸易、金融体系的制裁、控制与封锁的严密铁幕上撕开第一道口子，有可能成为打破旧全球经济体制的历史进程的开端，具有分水岭般的历史意义。

俄罗斯是一个世界大国，具有丰富的石油、天然气等能源储量及出口能力，在钛、钯、氖、镍、铝、铀等稀有和关键战略矿产资源出口上占据主导地位，在能源、矿产、粮食等方面具有很强的自给自足能力，对军工、航天、航空、航海、芯片和电子元器件、汽车制造业等全球产业链、供应链有举足轻重的影响力。这是俄罗斯敢于挑战美西方主导的现有全球经济体系的底气所在。

俄罗斯宣布以卢布清偿外债，以卢布作为对"不友好国家和地区"能源及战略资源出口的结算货币，直接挑战了美元霸权，打破了美元在全球贸易及金融体系中不可撼动的垄断地位。俄罗斯为其他国家做出了榜样，也就是说，美国依仗美元霸权及其操纵的金融市场体系肆意对其他国家打压和霸凌的做法，已经行不通了。

2022年3月，尼古拉斯·慕德（Nicholas Mulder）在美国《外交事务》刊发文章《经济战的代价——对俄制裁将如何影响全球秩序》，指出西方对俄罗斯的经济制裁是一场史无前例的行动，它们试图孤立一个拥有大型油气行业、复杂军事工业综合体以及多样化商品出口的G20经济体。虽然它们习惯于以低代价对小国实施制裁，但是对制裁一个与全球联系紧密的经济大国，经验及认识十分有限。西方对俄罗斯制裁带来的后果将难以估量，可能会以失败告终。

2022年3月16日，普京总统发表电视讲话指出："诚然，世界上许多国家早已放弃抗争，接受了跪着生的命运，顺从地接受君主的每个决定，谄媚地望着君主的眼睛。这的确是许多国家的生存状态，欧洲也是如此。但是，俄罗斯绝不会沦落到如此悲惨和屈辱的境地。"俄罗斯对美欧金融制裁的反制，有力挑战了以美国为首的西方金融霸权及旧全球体制不平等的规则与秩序，极大撼动了现存的美西方主导的旧的全球贸易、货币体系与市场体系，成为加快旧的全球化体制重构的重要转折点。

（二）全球货币体系面临深刻调整：美元霸权加速走向终结

美欧与俄罗斯金融制裁与反制裁对现存全球经济体系的第一个深远影响是将加速全球货币体系的重塑：由美元占据绝对主导地位向更加均衡的多极化货币体系转变。

目前的全球贸易、金融体系建立在美元处于绝对主导地位的全球货币体系上。美欧之所以能够对他国实施单边的金融制裁，就源于其货币霸权。以美元为主导的现行全球经济体系使得美国在国际贸易与金融领域拥有垄断地位和全球性权力：一是主导全球金融规则的制定；二是控制国际支付清算体系，美元全球使用的系统外部性导致国际贸易计价、结算的路径依赖；三是拥有全球最强大的金融机构和金融服务网络；四是控制全球性的信用评级机构；五是不受约束的金融制裁权力。

美国倚仗美元强权，基于"长臂管辖"的霸道规则和单边主义，频频挥舞金融制裁大棒，肆意制裁战略对手、霸凌盟友并推行单边主义。但美国肆意使用这种嚣张的特权，把金融制裁作为打压战略对手、推行强权政治的武器，严重损害了其他国家的利益，干扰了正常的国际经济秩序，必将招致世界上越来越多国家的反对，也将迫使更多国家加入"去美元化"的行列。美欧对俄罗斯新一轮的金融制裁将加速世界进入"后美元时代"。

在俄乌冲突爆发前，长期遭受美国制裁的伊朗、俄罗斯、委内瑞拉等国已经开启"去美元化"行动，包括减少国际储备中的美债、在国际贸易中采用非美元结算等。即便是美国的盟友，对于自己对美元的过度依赖也保持充分的警惕。2021年1月19日，欧盟委员会通过了一份战略文件，强调要"减少对美元的依赖"，同时提升欧元地位并加快欧盟金融体系建设。土耳其已经宣布对中国的进口采用人民币结算。沙特央行近年来大幅减持了美国国债资产，还露出石油贸易引入非美元货币计价结算的苗头。

俄乌冲突爆发及美欧对俄罗斯实施极限金融制裁以后，越来越多的西方人士认为，滥用金融制裁将损害美元的垄断地位。摩根大通银行首席执行官杰米·戴蒙（Jamie Dimon）警告，将俄罗斯银行与SWIFT结算系统断开，不仅难以取得预期的效果，反而会破坏美元和欧元的储备货币地位，全球投行高盛也持类似观点。而美国著名投资家罗杰斯则直言美元霸权将迈向终结。

在美国财政部和纽约联储任职的瑞士信贷全球短期利率策略主管佐尔坦·波扎尔（Zoltan Pozsar）在最新报告中称，世界正在进入"布雷顿森林Ⅲ"体系——以金块和其他商品为支撑。换言之，世界正在重回"商品货币"时代，以内部货币为信用的"布雷顿森林Ⅱ"体系正在坍塌。在新的货币体系里，美元趋微，人民币趋强。

英国《金融时报》刊发拉纳·福鲁哈尔（Rana Foroohar）的评论文章《去美元化后的世界》，指出俄乌冲突是一个关键的经济转折点，将会产生许多深远影响，其中之一是促使世界加速向两极金融体系转变：一个体系基于美元，另一个基于人民币。文章指出，随着俄罗斯被西方市场拒之门外，中俄将形成更加紧密的金融联系。两国在2019年达成协议，以各自的货币而不是美元结算所有贸易。俄乌战争将加速这一进程。2022年年初中国宣布将从俄罗斯进口小麦，并与俄罗斯天然气工业股份公司达成了一份新的长期供气合同。俄罗斯将成为以人民币结算所有交易的众多国家之一。所有这些都在加速形成"后美元化"的世界。

美欧此次对俄罗斯的强力制裁，实际上是美国及西方在大国博弈中无法通过合理正当竞争手段赢得优势的黔驴技穷之举，它恰恰反映了美国及西方国家经济的凋敝与加速衰落。美国越是玩弄金融制裁，就越发动摇美元霸权的根基，加快世界"去美元化"的进程。2022年3月15日，欧亚经济联盟五大成员国与中国举行视频会议，讨论共同构建独立的国际货币结算体系，以加速形成更加稳定、可靠且安全的货币结算体系。

"天下苦美元久矣"，随着美国肆意实施金融制裁及"美国优先"的单边主义,更多国家将掀起"去美元化"行动。美欧与俄罗斯战略对抗及在金融战场上的制裁与反制裁,将成为全球货币体系的一个分水岭:以美元霸权为特征的现有国际货币体系面临重塑,一个"后美元化时代"正在加速到来。

在均衡的多极化国际货币体系建立起来前,全球货币体系将经历复杂、激烈的斗争,并伴随着全球贸易格局的裂变与重组、全球金融市场的剧烈动荡与变革。

(三)旧全球经济体系的裂变与重构

俄乌冲突之后,俄罗斯与美欧的战略对抗成为定局,在美欧制裁下,俄罗斯与西方贸易和金融体系的全面脱钩将难以避免,这将成为以西方为主导的现存全球经济体系的一个重大转折点。

在美欧全面制裁下,俄罗斯与外部的经贸与金融联系将加速倒向中国,本就"上不封顶"的中俄战略伙伴关系将更加紧密。在这种形势下,中俄两个大国的"走近"将加速全球经济体系的深刻变局与重构。而在此之前,中国与伊朗的战略合作也在加深。2021年中国与伊朗签署25年全面合作协议。俄伊两国原本在经济金融、核能开发、军工装备和打击恐怖主义等方面存在共同利益,近年来共同面对来自美国的压力和威胁,促成了俄罗斯和伊朗之间的多领域合作。俄乌战争后,中、俄、伊形成紧密战略合作的趋势越来越清晰。

美国前国家安全顾问兹比格涅夫·布热津斯基在其1997年出版的《大棋局》一书中预言过,对西方来说,最危险的地缘政治局面将是"中国、俄罗斯,或许还有伊朗结成大联盟"。如今,美国及西方对中、俄、伊的战略围堵,迫使中、俄、伊一步步走近。

近年来,美国从国家战略上把中国作为主要竞争对手,不断对中国进行战略围堵。自2018年特朗普政府对中国挑起经贸摩擦以来,从贸易、科技、人文交流、政治、军事等各方面对中国极限施压。拜登总统上台后,尽管美国政府口头上宣称"四不一无意",但在行动上却加紧实施"印太战略":强化"五眼联盟",兜售"四边机制",拼凑三边安全伙伴关系,收紧双边军事同盟,在亚太地区排出"五四三二"、旨在战略围堵中国的阵势。

以俄罗斯与美欧战略对抗为起点，现行以美西方为主导的全球经济体系面临深刻变局。俄乌冲突后，美方不断对中国施压，以所谓"后果"相威胁，要求中国配合对俄罗斯的制裁。围绕制裁与反制裁，中国与以美国为首的西方阵营的博弈与斗争将更加激烈。中国当然不会屈从于西方压力而停止或减少与俄罗斯的正常贸易往来。在这样的形势下，以中俄、中伊、中国与欧亚联盟国家等为基础，以及其他与上述国家有密切经济往来且不愿追随美欧制裁的国家和地区，将形成一个"去西方化、去美元化"的贸易、金融与经济圈，以相互尊重、平等合作、互利共赢为原则，建立在公平、正义、合理的规则之上，摆脱西方货币霸权与不平等规则，成为与西方贸易体系平行的经济贸易体系。中国将成为这个新的贸易金融体系的中心，人民币将成为主导货币，并建立一套独立于西方的货币体系、贸易与结算体系及相应的支付体系。

未来一段时期，在这一全新的"去西方化、去美元化"的贸易、金融体系全面建立起来之前，美西方主导的旧全球体系仍处于强势，美国仍可能利用霸道的"长臂管辖"，以满足所谓"制裁合规"要求为由，对中国金融机构和企业涉俄业务无理实施限制或罚款，使中国与俄罗斯开展贸易与金融合作面临损失或陷入商业纠纷与法律诉讼。中国企业特别是跨国银行与跨国企业在开展涉俄业务时，需要慎重研究和防范相关业务的风险性与敏感性，制定风险隔离措施。中国应深入评估相关风险，制定特殊的金融制度安排，建立专门的银行体系与结算体系，成立一批专门办理涉美西方制裁业务的银行和跨国企业，以有效隔绝制裁风险。初期，类似办理中国与伊朗石油业务的专门银行及企业可以作为借鉴。

（四）中国将成为未来新型全球体系的推动者和主导力量

从短期看，以中、俄、伊、欧亚经济联盟、部分中东与亚洲国家为基础的，独立和平行于西方与美元的贸易、投资、金融交易的经济体系，规模和影响会相对弱小，但是由于世界各国经济的相互依赖，这个新的体系将会加速壮大。一是由于美欧对俄罗斯制裁，欧洲与俄罗斯的贸易将受到阻碍，而在能源、化肥和其他重要战略资源方面，欧洲对俄罗斯的依赖无法根本断绝，因此欧洲与俄罗斯的部分贸易将被动地通过这个"去西方化、去美元化"的贸易体系来实现，或部分地借助于中国作为贸易中介来实现。二是由于中国在全球产业链、供应链和全球贸易中的优势地位，以及中国与东盟、中国与中东及非洲国家、中国与欧洲的经贸合作紧密，越来越多的国家无法割断与中国的经济联系，离不开中国庞大的市场或离不开中国的产业链供应，因此将不得不逐步融入这个新的贸易与金融体系，并接受体系内的规则、惯例、结算货币与结算体系等安排。

从中长期看，中国经济规模与美国的差距正在加速缩小，而中国与世界的经贸联系尤其是在全球生产与贸易体系中的地位占据明显优势。中国是120多个国家的最大贸易伙伴，拥有全世界最齐全的工业门类和完备可靠的供应链体系，中国超大规模的市场、产业体系的广度与深度、科技创新能力的显著提升、经济结构转型与增长动能的转换，使中国成为世界经济增长的主要引擎和引领新型全球化的中心。

中国坚持和平、发展、公平、正义、民主、自由的全人类共同价值，追求全人类共同福祉，致力于构建人类命运共同体，随着中国经济的崛起和中华民族伟大复兴的实现，一个崭新的、平等的、更加公平正义的全球经济体系将打破旧的体系与秩序，在更高的起点上得以重建。

《东方学刊》 2022年夏季刊

论大国崛起中的精神力

随着中国迅速崛起，前所未有地接近中华民族伟大复兴，中国面临的大国竞争不可避免。尽管中国无意与任何国家对抗，尽管中国从来不谋求称霸，但美国及西方一些国家，从维护其世界霸权的本性出发，从零和博弈的思维出发，对中国的崛起是无法接受和不能容忍的。

美国在其国家安全战略上明确将中国定位于"最大竞争对手"，从政治上、经济上、军事上对中国进行战略遏制与对抗，不择手段，不遗余力，并拉拢西方国家和盟友打造对抗中国的小集团。

因此，中国的崛起，注定不可能风平浪静、一片坦途。崛起的道路必然荆棘密布，坎坷崎岖，必然伴随空前激烈、复杂的斗争。习近平总书记指出，担负民族复兴的历史使命，"实现伟大梦想，必须进行伟大斗争"。

历史照亮未来。我们党艰苦卓绝的百年奋斗史就是一部"迎难而上"的历史，一部"不畏强敌"的历史，一部"以弱胜强"的历史。我们党波澜壮阔的百年历史一再证明，面对任何敌人，只要我们坚定必胜的信心，抱定奋战到底的决心，不怕牺牲，敢于斗争，敢于胜利，无论多么强大的敌人，最终都能够战胜。

历史也一再证明，无论是战争的胜负，还是大国间的较量，物质实力、军事装备等条件和力量固然重要，但战略远见、信心、决心和勇气等精神力量更为重要。"狭路相逢勇者胜"，加入精神力的因素，竞争双方的"势"就能转化。有了强大精神力量的统御，看上去物质实力较弱的一方，往往能够"以弱胜强"。

一

说到艰难，看看我党初创时的形势及面对的敌人：列强虎狼环伺，军阀武力强大，新生的中国共产党要推翻帝国主义、封建主义两座大山，这样的事业前无古人，其困难犹如滚石上山，更好比愚公带着儿孙用铁锹挖掉门前两座大山一般。

但中国共产党人抱定了改造中国的决心，毅然向帝国主义和反动军阀发起了挑战。

1927年，年轻的共产党人在国民党反动派叛变革命、大肆屠杀共产党人的白色恐怖下，没有屈服，他们从血泊中站起来，掩埋好战友的尸体，擦干身上的血迹，拿起武器继续战斗。

井冈山时期，面对敌强我弱，面对革命低潮，有人对革命前途感到悲观和迷茫。毛泽东以巨人的眼光洞察形势，写下《星星之火，可以燎原》，预见了革命的高潮即将到来：

"我所说的中国革命高潮快要到来，决不是如有些人所谓'有到来之可能'那样完全没有行动意义的、可望而不可即的一种空的东西。它是站在海岸遥望海中已经看得见桅杆尖头了的一只航船，它是立于高山之巅远看东方已见光芒四射喷薄欲出的一轮朝日，它是躁动于母腹中的快要成熟了的一个婴儿。"

这种对革命形势的战略远见，对革命必胜的信念，指明了前进的方向，鼓舞了红军的战斗意志。井冈山的红军队伍，在战斗中壮大，从几百人，到成千上万。红色根据地的火种，也在全国成为燎原之势。

在四次反"围剿"斗争中，在毛泽东灵活机动的战略战术指引下，中央红军面对装备和兵力数倍于我的敌人，无所畏惧，扬长避短，彻底粉碎了国民党的四次"围剿",并大量歼灭敌人有生力量。

在长征中,几十万国民党军倚仗飞机大炮,对红军围追堵截。在极端危险和艰难的境地中,英雄的红军浴血奋战,百折不回,行程二万五千里,经历380余次战斗,攻克700多座县城,击溃国民党军数百个团。可以说,在长征胜利完成的那一刻起,中国共产党及其领导的人民军队已经向世界证明,这支队伍是不可战胜的。

长征,是中华民族一部惊天动地的英雄史诗。长征精神的精髓是坚定的革命理想和信念,坚信正义事业必然胜利的精神;是为了救国救民,不怕任何艰难险阻,不惜付出一切牺牲的精神;是大无畏的革命英雄主义精神。

1946年6月底,国民党反动派倚仗军事优势和美帝国主义的支持,悍然撕毁停战协定,对解放区发动全面进攻。蒋介石更嚣张扬言,要在三五个月内消灭共产党领导的人民军队。

此时国民党军总兵力约430万,武器装备精良,并有成建制的海、空军;解放军部队总数约为127万人,其中野战部队61万人。国民党统治着约全国76%的面积、3.39亿人口的地区,控制着几乎所有大城市;解放区的土地面积只约占全国的24%,人口约1.36亿,大部分为乡村。

1947年3月18日,在国民党军进攻延安清晰可闻的炮火声中,毛泽东还在延安的窑洞中接受外国记者采访,神情镇定自若,满怀必胜信心。在那次集体采访中,毛泽东对美国记者安娜·路易斯·斯特朗说:

"蒋介石是纸老虎,一切反动派都是纸老虎"。

"反动派总有一天要失败,我们总有一天要胜利。这原因不是别的,就在于反动派代表反动,而我们代表进步。"

在撤离延安时,毛主席和党中央预计解放战争可能要打5年。在挫败国民党全面进攻后,根据战争形势发展,1947年6月,毛主席把握战略时机,争取战争主动,命令刘邓大军强渡黄河,千里挺进大别山;陈毅、粟裕的华东野战军挺进豫皖苏;陈赓、谢富治兵团挺进豫西。战争格局从此发生根本转变,解放军转入战略反攻。随后展开辽沈、平津、淮海三大战役,以摧枯拉朽之势消灭了国民党军主力。

1949年4月21日拂晓，解放军发起渡江战役，靠着数千只木帆船，在千里战线上强渡长江。4月23日人民解放军占领南京，国民党反动政权土崩瓦解。"虎踞龙盘今胜昔，天翻地覆慨而慷。"

渡江战役中，在上万运送战士渡江的船工中，就有14岁的小姑娘马毛姐。她死磨硬缠请求为解放军划船渡江，未被允许，结果她一直等到渡江开始时，趁着大家不注意，拿着船桨跳到哥哥担任船工的船上。等到哥哥划船到了长江的激流地带时，大家才发现船尾的马毛姐已经在熟练地划着船桨，配合哥哥划船。就这样，在渡江时她冒着敌人的枪弹，忍着子弹穿过手臂的伤痛，奋不顾身地划着船，勇敢地把战士们渡过对面。战斗中，她还跳入冰冷的江水，奋力救起落水的战士。

解放战争历时3年多，比毛主席当初预计的时间大大提前。

28年浴血奋战，中国共产党由小到大，以弱胜强，夺取全国胜利，靠的是坚定的信仰，靠的是不屈不挠、英勇无畏、百折不回的伟大斗争精神。中国共产党人以坚定的信心升华出压倒一切的革命英雄主义和乐观主义精神，在极其艰难的情况下保持昂扬的斗志，战胜千难万险，谱写出"为有牺牲多壮志，敢教日月换新天"的不朽史诗，创造了开天辟地的伟业。

二

抗日战争是近代以来中华民族第一次取得完全胜利的民族解放斗争，也是反抗外敌入侵持续时间最长、规模最大、牺牲最多的民族解放斗争。

"九一八"事变后，日军凭借军事和经济上的优势，骄横跋扈，大举入侵我东北、华北，使用各种残暴手段，对中国人民进行骇人听闻的屠杀、摧残和奴役，妄图以此来彻底摧毁中国军民的抗日意志。

从当时中日两国国力、军力看，日本占据绝对优势。1937年，不到1亿人口的日本工业总产值达60亿美元，而超过4亿人口的中国不足14亿美元。日本年产飞机1580架，大口径火炮744门，坦克330辆，汽车9500辆，战舰52422吨，而这些现代化武器装备，中国的生产能力均为零。

面对日军的野蛮入侵，一些人吓破了胆。蒋介石奉行"绝对不抵抗"政策，东北军一枪不发使东北沦丧。相当多国民党高官及知名学者散布"战必大败"的悲观论调,"亡国论"的阴影四处弥漫。

民族危难之际,以毛泽东为首的中国共产党人果敢地担负起民族救亡的历史重任,不仅对抗战前途展现出坚定的必胜信心,更明确认识到通往胜利的方向和道路。

1935年12月27日,毛泽东在瓦窑堡党的活动分子会议上作《论反对日本帝国主义的策略》的报告,自信和豪迈地指出:

"我们中华民族有同自己的敌人血战到底的气概,有在自力更生的基础上光复旧物的决心,有自立于世界民族之林的能力。"

英国记者詹姆斯·贝特兰在延安采访了毛泽东,毛泽东说:

"我们将决不允许悲观主义或失败主义的情绪在中国滋长。我们将承认持久战的事实,为了最后的胜利而坚持不懈地、无所畏惧地创造条件。"

1938年5月毛泽东发表《论持久战》,分析了抗日战争的艰苦性和持久性,揭示了侵略者必然失败的本质,正确预测了抗日战争的进程,深刻阐明最后的胜利必将属于中国。《论持久战》是中华民族顽强意志和必胜信念的高度凝聚,为抗战最终胜利奠定了精神基石。

在中国共产党倡导的抗日民族统一战线旗帜下,中华民族激荡起"天下兴亡、匹夫有责"的爱国情怀,汇聚起战胜一切的磅礴伟力。面对穷凶极恶的日寇,中华儿女没有屈服,而是义无反顾地投身到抗日战争的伟大洪流,不惧牺牲、奋起抗争、愈挫愈勇。

共产党人坚信人民是抗战的力量之源。毛泽东指出:

"战争的伟力之最深厚的根源,存在于民众之中。日本敢于欺侮我们,主要的原因在于中国民众的无组织状态。克服了这一缺点,就把日本侵略者置于我们数万万站起来了的人民之前,使它像一匹野牛冲入火阵,我们一声唤也要把它吓一大跳,这匹野牛就非烧死不可。"

在抗日战争中,共产党人站在抗日最前线,以自己的政治主张、坚定意志、勇敢行动,支撑起全民族救亡图存的希望,引领着战争胜利的正确方向,成为全民族抗战的先锋和中流砥柱。

中国共产党领导的八路军、新四军等人民抗日武装挺进敌后,建立抗日民主根据地,广泛发动人民群众,开展地雷战、地道战等各种形式的游击战争,把广阔的中国大地变成埋葬日本侵略者的人民战争的汪洋大海。

在冀南抗日根据地,有一份报纸,叫《人山报》,这个名字是怎么来的?冀南是大平原,没有山地做依托,能不能坚持游击战,建设根据地?中国共产党和人民的回答是:能!没有自然的山,千千万万的老百姓就是人山,这个山比任何山都更坚实、更可靠。

美国记者白修德在对比了国民党统治区和共产党领导下的延安后写道:

"共产党在和国民党相形之下是光耀四射的。在国民党是腐化的地方,它保持洁白;在国民党是愚昧的地方,它是英明的;在国民党压迫人民的地方,它给人民带来了救济。整个抗战时期该党用英明的领导,不仅抗击敌军,保护人民,而且使人民脱离古老的苦难,这样获得了威权。"

抗日战争中,无数优秀的中华儿女展现了视死如归、宁死不屈的民族气节,不畏强暴、血战到底的英雄气概。他们大义凛然、奋起抗争,宁肯站着死,绝不跪着生,谱写了激昂慷慨的英雄乐章。八路军"狼牙山五壮士"、新四军"刘老庄连"、东北抗联八位女战士等,就是其中的杰出代表。

在民族生死存亡的关键时刻,中国人民表现出百折不挠、坚忍不拔的必胜信念,不屈服,不自弃,以毅力、勇气、智慧和牺牲战胜了重重困难,终于赢得最后的胜利。

在14年的英勇抗争中,中国人民以前仆后继赴国难、以血肉之躯筑长城、以铮铮铁骨战强敌,坚持战斗,不懈抗争,最终把日本侵略者赶出中华大地,捍卫了民族自由与尊严,成为弱国战胜强国的典范。

习近平总书记指出:

"伟大抗战精神,是中国人民弥足珍贵的精神财富,将永远激励中国人民克服一切艰难险阻、为实现中华民族伟大复兴而奋斗。"

三

1949年4月20日,在人民解放军发起渡江战役前夕,我英勇的人民解放军对闯入我军防区、无视警告、肆意在长江游弋的英舰"紫石英"号断然予以炮击,令其挂起白旗,不敢移动。随后解放军对两次前来试图支援和营救的其他3艘英舰进行痛击,打得英舰仓皇败退。

人民解放军炮击"紫石英"号震动了世界。中国人民第一次以铁拳向世界宣告:"中国人民真正站起来了!"从此,帝国主义在中国土地上恣意横行的日子一去不复返了。

4月20日,我军决定发起渡江战役。此前我方对长江航道上外国舰只发出通牒:所有外国军舰一律不得进入我防区内,凡是进入警戒范围的,我军将予以警告,如若无视我方警告,我炮兵部队可以随时开火炮击来犯之敌。

当日,英舰"紫石英"号护卫舰对我方的通牒置若罔闻,于拂晓大摇大摆地闯入了长江下游江面。在英国人看来,中国人没有胆量向他们开炮。在这种狂傲自大心理的作祟下,"紫石英"号肆无忌惮地在长江上横行。

我军渡江在即,英舰却横在长江防线上,其挑衅的意味不言而明。我军炮兵第3团立刻鸣炮示警,勒令英舰离开。然而,英舰不但对解放军的警告置若罔闻,反而将舰上的炮口转向长江北岸,悍然向我炮兵阵地开炮。

面对帝国主义者的嚣张气焰和武装挑衅,炮兵第3团立即开炮警告,"紫石英"号继续无视警告,继续加速逆行。我军六门火炮随即开火,双方展开激烈炮战。在我军猛烈炮火打击下,"紫石英"号正、副舰长负重伤,前主炮被击毁,舰体被洞穿。慌乱中的"紫石英"号仓惶转向南岸,搁浅在浅滩,无路可逃的英舰不得不挂起白旗投降。我军停止炮击,派出一个步兵排登上搁浅的"紫石英"号,对该舰上的全部英军进行了控制。经此一役,英舰"紫石英"号17人阵亡,20人重伤。

事件到此并未结束。在收到"紫石英"号求救信号后,当日下午,驻在南京的英军"伴侣"号赶来三江营江面,企图救走"紫石英"号。"伴侣"号驱逐舰一进入有效射程,即向我炮兵阵地猛烈开火。我炮兵当即进行还击,"伴侣"号舰连续中弹五发,舰桥中弹、两座前主炮被击毁,遂仓皇逃离。在下游,他们又遭到了我军第1团的火力打击,被打得惶惶如丧家之犬,拼命逃往江阴。

英国远东舰队获悉两艘军舰在长江受重创，舰队副总司令梅登海军中将不甘心失败，决心报复，亲自指挥旗舰"伦敦"号，率驱逐舰"黑天鹅"号，于4月21日晨气势汹汹地驶过江阴，至七圩港江面抛锚停泊，舰上的火炮都指向北岸。

我军向"伦敦"号连放三颗黄色信号弹进行警告，对方不为所动。在我方继续鸣炮警告英舰后，两艘英舰自恃其武器装备优势，竟明目张胆地一齐向我炮6团阵地及其附近村落射击。我指挥员立即下令向英舰猛烈还击："给我狠狠地打！"

在我军密集炮火轰击中，两艘英舰连续中弹，一发击中"伦敦"号的司令塔，舰长卡扎勒海军上校被当场击成重伤倒在甲板上。梅登这才发现我炮兵火力远远超过他们的预先估计，只得下令掉转船头。"伦敦"号、"黑天鹅"号带着累累的弹孔和伤痕，夹着尾巴驶向上海方向。

"紫石英"号事件发生后，毛泽东亲自起草了新华社4月22日《抗议英舰暴行》的社论，指责"英帝国主义的海军竟敢如此横行无忌……向中国人民和人民解放军挑衅，闯入人民解放军防区发炮攻击，英帝国主义必须担负全部责任"。

7月30日，"紫石英"号偷偷摸摸夜逃，沿途遭到我守军炮击，终于夹着尾巴逃离了长江。

我军炮击英舰"紫石英"号，是1840年以来一直被帝国主义踩在脚下的中国人，第一次向"日不落帝国"敢于亮剑并迎头棒喝！它向世界展示出中国共产党人捍卫国家主权和尊严的决心坚如磐石。

四艘英舰被打成"落水狗"、仓皇逃命的下场也表明，在中国人民钢铁般的意志面前，张牙舞爪、不可一世的帝国主义也不过是"纸老虎"。

四

新中国成立不久，正当中国人民欢欣鼓舞建设新生活的时候，外部侵略的威胁又降临到中国人民头上。

1950年6月25日，美国武装干涉朝鲜内战，并派遣第七舰队侵入台湾海峡，阻挠中国的统一大业。10月初，美军无视中国政府一再警告，悍然越过三八线，把战火烧到中朝边境。

敢不敢、能不能迎战世界上经济实力最雄厚、军事力量最强大的美帝国主义，对于刚刚成立、百废待兴的新中国来说，是一个生死攸关的挑战。

当时，中美综合国力与军事实力根本不可同日而语。美国是世界头号强国，工业发达，经济实力雄厚。我国的钢产量不及美国一个零头，工农业总产值相差28倍。论军事装备，美国拥有包括原子弹在内的大量先进武器和现代化后勤保障，而我军基本还处于"小米加步枪"水平。

毛泽东主席夜不能寐，反复权衡。在经历了艰难的18天后，为了维护祖国和人民的利益，为了捍卫国家和民族的尊严，毛泽东同志高瞻远瞩，果断决策：

"我们认为应当参战，必须参战，参战利益极大，不参战损害极大。"

9月5日，在中央人民政府委员会会议上，毛泽东说道：

"我们中国人民是打惯了仗的，我们的愿望是不要打仗，但你一定要打，就只好让你打。你打你的，我打我的，你打你的原子弹，我打我的手榴弹，抓住你的弱点，跟着你打，最后打败你。"

对于出兵朝鲜，毛泽东看得极为深远。10月5日，在中央政治局会议上，他说：

"如果我们对朝鲜问题置之不理，美国必然得寸进尺，走日本侵略中国的老路，甚至比日本搞得还凶。它要把三把尖刀插在中国的身上：从朝鲜一把刀插在我国的头上，从台湾一把刀插在我国的腰上，从越南一把刀插在我国的脚下。天下有变，它就从三个方向向我们进攻。那我们就被动了。所以，打得一拳开，免得百拳来。"

"你打你的，我打我的"，"打得一拳开，免得百拳来"。抗美援朝的历史决策，显示出毛泽东对重大战略问题敏锐的政治洞察力和深谋远虑，体现了在严峻形势面前敢于斗争，不惧怕任何敌人和任何困难的革命气势，以及牢牢把握正确斗争方向，善于斗争的大智大勇。

1950年10月19日，中国人民志愿军雄赳赳、气昂昂跨过鸭绿江。经过艰苦卓绝的战斗，中朝军队打败了武装到牙齿的对手，打破了美军不可战胜的神话，迫使不可一世的侵略者于1953年7月27日在停战协定上签字。

彭德怀元帅在签字仪式结束后，豪迈地说：

"西方侵略者几百年来只要在东方一个海岸上架起几尊大炮就可霸占一个国家的时代是一去不复返了！"

在朝鲜战争中，志愿军在朝鲜人民军协同下，对抗了16个国家的联合国军，给敌人以惨重的打击。其中，死亡：美国54246人，联合国军628833人，合计近70万人；失踪：美国8177人，联合国军470267人，近48万人；被俘：美国7140人，联合国军92970人，共10万余人。

在朝鲜战争结束之后，中方统计总共伤亡52.5万，其中牺牲11.8万，负伤38万，失踪2.5万，在加上伤重不治的有3.5万，志愿军在朝鲜战争总共牺牲了15万人。截至目前统计，全国抗美援朝烈士总数为183108人。

抗美援朝的胜利是在极不对称、极为艰难条件下完成的英雄壮举，是以弱胜强的典范。面对强大而凶残的敌人，身处恶劣而残酷的战场环境，人民志愿军以"钢少气多"力克美军的"钢多气少"。

这个气，就是"压倒一切敌人，而决不被敌人所屈服"的精神，就是不怕牺牲、殊死搏斗的精神。志愿军勇士为了祖国人民的和平，绝不后退半步！这种血性令敌人胆寒，让天地动容！

在波澜壮阔、气壮山河的抗美援朝战争中，中国人民和英雄的志愿军锻造了伟大的抗美援朝精神：

祖国和人民利益高于一切、为了祖国和民族的尊严而奋不顾身的爱国主义精神，英勇顽强、舍生忘死的革命英雄主义精神，不畏艰难困苦、始终保持高昂士气的革命乐观主义精神，为了完成祖国和人民赋予的使命、慷慨奉献自己一切的革命忠诚精神，为了人类和平与正义事业而奋斗的国际主义精神。

抗美援朝书写了中华民族惊天地、泣鬼神的英雄史诗。它打出了中华民族的志气、威风和尊严，是共和国的立国之战。他显示了中国人民不畏强敌、反对强权的英雄气概与刚健品格，显示了中华民族威武不屈、血战到底的钢铁意志，第一次给帝国主义者以沉重的教训，让他们懂得：

"现在中国人民已经组织起来了，是惹不得的。如果惹翻了，是不好办的。"

五

今天，我们重温党一路走来同内外部敌人进行的一次次顽强英勇的斗争，重温中国人民在这些斗争中形成的伟大精神、伟大风骨，就是因为在民族复兴的伟大征程上，我们又面临着以美国为首的反华势力的肆意威胁和疯狂挑衅。这些伟大的精神力量，对今天的中华民族来说，尤其具有重大启示。

在国际格局深刻转变的新时期，在大国博弈风云激荡的交锋中，比拼的从来不是单纯的经济实力、武器和军事实力，更是意志、精神与信念的较量。有没有必胜的信念，有没有敢于亮剑的勇气，有没有战斗到底的意志和决心，决定着竞争的"势"和结果。

我们要认清美国及西方势力的本性，始终记住"美帝国主义者很傲慢，凡是可以不讲理的地方就一定不讲理，要是讲一点理的话，那是被逼得不得已了。"今天的美国，其傲慢本性依然没有改变，其遏制中国发展的罪恶之心依然没有改变。他们的字典里根本没有和平共处、合作共赢，他们承认的只有实力。

那么，对待他们，就得用他们听得懂的语言同他们对话，这就是以战止战、以武止戈，用胜利赢得和平、赢得尊重。

我们更要认清他们表面强大、内里虚弱的"纸老虎"本质，只要敢于斗争，善于斗争，揪住他们的弱点打，他们就会"一戳就破"。历史证明，中国人民有勇气、有能力战胜一切困难和一切敌人。

习近平总书记在纪念抗美援朝出国作战70周年的讲话中指出：

"中国人民不惹事也不怕事，在任何困难和风险面前，腿肚子不会抖，腰杆子不会弯，中华民族是吓不倒、压不垮的！"

面对来自内外部的一切挑战，我们就必须进行坚决斗争，毫不动摇，毫不退缩，直至取得胜利。

在纪念中国共产党成立100周年大会上,习总书记向世界庄严宣告:

"中国人民是崇尚正义、不畏强暴的人民。""中国人民也绝不允许任何外来势力欺负、压迫、奴役我们,谁妄想这样干,必将在14亿多中国人民用血肉筑成的钢铁长城面前碰得头破血流!"

现场经久不息的掌声和欢呼声表明,这发出了绝大多数中华儿女最强烈、最深沉的呐喊和吼声!

实现中华民族伟大复兴,必须进行伟大斗争。中国人民要弘扬历久弥新的井冈山精神、长征精神、抗战精神、抗美援朝精神等宝贵精神财富,不断增强斗争的勇气、斗争的信心、斗争的能力,把握时代大势,顺应人民愿望,推动历史发展,勇敢担负起完成祖国统一大业和民族伟大复兴的历史重任。

昆仑策研究院　2021年7月19日

后 记

本书是我2020年至2022年近3年发表的国际经济、金融评论及随笔的选集。在本书写作过程中，得到众多媒体的编辑同志的大力支持、精心指导和辛勤付出，他们的工作展现出一流的专业水准和敬业精神，对我学术成长给予了热心扶持。在本书出版之际，对这些为本书做出贡献的编辑朋友表示诚挚感谢，他们是：

《财经》杂志袁满副主编、张威高级编辑，观察者网评论部周远方编辑，《环球时报》评论部主任、编辑高颖女士，《中国金融》杂志首席记者、编辑贾瑛瑛，《中国发展观察》杂志原总编辑杨良敏，《证券时报》专栏编辑孙勇，星图金融研究院编辑陈霞，《第一财经》专栏姜筱舟、杨健编辑，《环球时报》英文版编辑王一，昆仑策研究院副院长兼秘书长王立华大校，以及本书策划编辑高旭先生、责任编辑李强女士。

另外，本书所选文章多为时评，部分内容及数据有当时的历史背景，本书出版时对这些内容做了修订。为了保证论述的完整性与逻辑性，个别内容仍保留原貌，并注明发表时间，方便读者理解。

一尘
2023.12.04